Les Rois
qui ont fait
la France

DU MÊME AUTEUR

ROMANS

La Caste, Prix du renouveau français 1952 (Julliard).
Pavane pour un enfant (Julliard).
Les Armes à la main, prix Ève-Delacroix 1956 (Julliard).
Le Bûcher (Julliard).
Deux cents chevaux dorés, grand prix littéraire des Libraires de France 1959 (Julliard).
L'Enterrement du comte d'Orgaz (Julliard).
Les Tentations (Julliard).
Requiem pour Gilles de Rais (Julliard).
Les Quatre Cavaliers, ouvrage couronné par l'Académie française (Julliard).
Les Atlantes (Éditions R. Laffont).
Les Lances de Jérusalem, prix de l'Académie de Bretagne 1967 (Laffont).
La Toccata (Laffont).
Guillaume le Conquérant (Laffont).
Le Chevalier du Landreau (Laffont).
Le Dernier Chouan (Pygmalion).
Le Viel Homme et le Loup (Chien de Feu) (Pygmalion).

ÉTUDES HISTORIQUES

Les Templiers (Fayard).
La Guerre de Vendée (Julliard).
Les Rois fous de Bavière (Laffont).
Le Roman du Mont-Saint-Michel (Laffont).
Prestiges de la Vendée (Éditions France-Empire).
Mandrin (Hachette-Littérature).
La Guerre de Six Cents Ans (Laffont).
Richelieu (Hachette-Réalités. En collaboration).
Voltaire (Hachette-Réalités. En collaboration).
Histoire du Poitou (Hachette-Littérature).
La Vie quotidienne des Templiers au XIIIe siècle (Hachette).
Le Naufrage de « La Méduse », bourse Goncourt du récit historique 1974 (Laffont).
Les Marins de l'An II, prix de la Cité 1975, ouvrage couronné par l'Académie française (Laffont).
La Vie quotidienne en Vendée pendant la Révolution (Hachette-Littérature).
Grands Mystères et Drames de la Mer (Pygmalion).
Foucquet, coupable ou victime ? (Pygmalion).
Jacques Cœur (Pygmalion).
La Vie quotidienne de Napoléon en route vers Sainte-Hélène (Hachette).
Vercingétorix (Pygmalion).
Napoléon (Pygmalion).
Histoire secrète de Paris (Albin Michel).
Jean le Bon (Ramsay).
Les rois qui ont fait la France (Pygmalion) :
Les Précurseurs : *Tome 1 : Clovis. Tome 2 : Charlemagne* (à paraître).
Les Capétiens : *Le fondateur : Hugues Capet. Tome 1 : Philippe Auguste. Tome 2 : Saint Louis. Tome 3 : Philippe le Bel.*
Les Valois : *Tome 1 : Charles V. Tome 2 : Charles VII. Tome 3 : Louis XI. Tome 4 : François Ier. Tome 5 : Henri II. Tome 6 : Henri III.*
Les Bourbons : *Tome 1 : Henri IV. Tome 2 : Louis XIII. Tome 3 : Louis XIV. Tome 4 : Louis XV. Tome 5 : Louis XVI.*

ESSAIS

Montherlant (Éditions Universitaires).
Molière génial et familier, prix Dagneau 1967 (Laffont).
Molière (Hachette-Réalités. En collaboration).

GEORGES BORDONOVE

Les Rois
qui ont fait
la France

CLOVIS
ET LES MÉROVINGIENS

Pygmalion
Gérard Watelet
Paris

Sur simple demande aux
Éditions Pygmalion/Gérard Watelet, 70 avenue de Breteuil, 75007 Paris
vous recevrez gratuitement notre catalogue
qui vous tiendra au courant de nos dernières publications.

ISBN 2-85704-281-7

AVERTISSEMENT

Il m'est apparu nécessaire d'inclure cet ouvrage sur Clovis et les Mérovingiens dans la collection des *Rois qui ont fait la France*, non seulement pour répondre au souhait de nombreux lecteurs, mais aussi parce que la construction socio-politique de notre pays n'est pas le seul fait de la dynastie capétienne. Elle a ses premières racines, non les moins tenaces, dans l'histoire des Mérovingiens comme dans celle des Carolingiens (qui fera l'objet du volume suivant). Hugues Capet n'usurpa point le trône de France; il n'accomplit même pas de révolution institutionnelle; il se coula simplement dans le moule carolingien et se tint pour continuateur des héritiers de Charlemagne. Semblablement le grand empereur reprit-il à son compte l'héritage mérovingien, avant de l'élargir aux dimensions de l'Occident.

Il est une autre raison qui m'incite à évoquer les Mérovingiens et les Carolingiens. C'est que leurs activités et leurs ambitions débordent nos frontières, touchent à l'édification même de l'Europe. Or aucun sujet n'est d'une actualité plus brûlante, ne soulève autant de réflexions, où l'appréhension se mêle à l'espoir! L'idée d'une Europe unie – ou réunifiée – n'est point nouvelle; elle a traversé les siècles; elle remonte au vieil Empire romain. Elle passe par la tentative éphémère des Mérovingiens et des Carolingiens, aussi par le Saint-Empire germanique et par Charles Quint, et même par Napoléon Ier. Après avoir nourri les intrigues et les rêveries des penseurs de l'Église (un pape, un empereur) et, simultanément, les ambitions de princes avides de puissance, impatients d'imiter les Césars romains, elle répond aujourd'hui aux besoins des peuples. Rien, en effet, ne remplaça jamais sur cette vieille terre la Pax romana (la paix romaine) dont les poètes célébraient à l'envi la majesté et les bienfaits. C'est précisément à quelque nouvelle pax romana que ces peuples sont à présent conviés, las de tant de siècles de guerres fratricides!

Mérovingiens et Carolingiens furent, à leur manière, des « Européens », des précurseurs. Ils se voulurent, non les destructeurs du vieil Empire dont le souvenir rayonnait encore dans les mémoires, mais, en quelque sorte, ses restaurateurs plus ou moins conscients. L'heure qui va sonner sera celle de l'Europe. Leur histoire y trouvera donc un regain d'intérêt.

G.B.

On trouvera en fin d'ouvrage les cartes suivantes : l'apogée des Francs; le royaume des Francs sous Dagobert Ier; les conquêtes de Clovis Ier; le partage de 511 entre les fils de Clovis.

PREMIÈRE PARTIE

LES ROIS CHEVELUS

276-481

Païens et chrétiens du terroir gaulois ont également leurs raisons pour l'aimer. Sulpice Sévère oppose hardiment ses saints à ceux de l'Orient; Ausone chante ses cités et ses paysages, et le rhéteur Pacatus, après avoir contemplé à Rome l'empereur Théodose, ne désire que de revoir ses amis et ses villes de la Gaule. Pour tous, elle est une mère et une patrie. Et quoique le mot de "patrie" s'applique en ce temps-là à bien des êtres différents, à l'Empire, à l'Église ou au municipe, il renferme en soi tant d'attraits et tant de mérites, qu'une fois uni au nom de Gaule, il assure à ce nom le prestige d'une idée souveraine.

Si les Augustes romains, fils ou héritiers de Théodose, avaient compris ces sentiments humains, ces leçons de l'histoire, ces lois de la nature, s'ils avaient laissé grandir la patrie gauloise à l'ombre de l'Empire, ils auraient peut-être procuré à cet Empire de nouveaux siècles de durée. Ils ne l'ont point fait, ils ont méconnu l'existence ou la vitalité de la nation, ils ont refusé de s'appuyer sur elle; et ils ont ainsi rapproché le jour de la chute suprême. Mais la Gaule échappera à la ruine du monde impérial, elle trouvera son salut dans les Francs de ses frontières, et c'est à eux que reviendra la tâche de reprendre et de continuer son unité nationale. Quand les empereurs de Rome n'écouteront plus les voix de la Gaule, un roi des Francs sera près d'elle pour répondre à son appel. »

Camille Jullian,
Histoire de la Gaule.

I

ROME ET LA GAULE

La conquête de la Gaule fut pour la puissance romaine une chance décisive. Mais qu'était-ce alors que cette terre gauloise chère à Camille Jullian? Un conglomérat d'Ibères, de Ligures et de Celtes dont les ethnies s'étaient tant bien que mal amalgamées, sans atteindre à l'unité. La civilisation celtique, avec sa religion et son industrie, avait fini par s'imposer, mais il est difficile de cerner ses contours. Naguère les Celtes avaient déferlé sur l'Europe, pris Rome (en 387 avant J.-C.), fondé un royaume en Orient. Ces temps étaient révolus. A mesure que la République romaine s'élevait dans la hiérarchie des nations, les Celtes régressaient. Ils furent chassés de la Gaule transalpine, d'Illyrie, de Galatie. Non qu'ils eussent perdu leur pugnacité, mais ils étaient incapables de former un État cohérent. Divisés en nombreuses tribus, le plus souvent rivales, l'anarchie était pour eux la règle. Tout au plus consentaient-ils à se grouper en d'éphémères fédérations, pour faire face à quelque danger ou pour mener quelque entreprise sans lendemain. Tout concept d'autorité semblait contraire à leur nature. On ne saurait pourtant porter un jugement trop rigoureux sur « nos ancêtres, les Gaulois ». Ils étaient braves, généreux, laborieux, ingénieux, mais l'inorganisation de leur nation réduisait à néant ces belles qualités en face de la double menace qui pesait sur eux. Cette terre fertile et prospère, ce grenier à blé et ce vivier de soldats, les Romains les convoitaient depuis longtemps; mais ils attiraient aussi, et pour d'autres raisons, la convoitise des Germains, peuples sans cesse agités, à l'étroit dans leurs ténébreuses forêts de la rive droite du Rhin. Les Romains n'avaient point oublié leur panique de 387, les insolentes paroles du Celte Brennus: « Malheur aux vaincus! » Avec une rare continuité, en dépit des convulsions politiques qui étaient les leurs, ils avaient poursuivi l'encerclement de la Gaule, puis sa pénétration méthodique. Leurs marchands entretenaient des échanges nombreux avec les différents peuples gaulois, pratiquant une politique d'infiltration pacifique, mais efficace. On apprit ainsi à connaître mieux ces redoutables guerriers et surtout à déceler leurs points faibles. Une circonstance fortuite (l'appel à l'aide de la cité de Marseille rançonnée par ses voisins) permit aux Romains d'annexer la Provence et le Languedoc (la Narbonnaise). Une vaste région située entre les Alpes et les Pyrénées se trouva détachée de la patrie gauloise; elle se romanisa très vite. L'invasion des Cimbres et des Teutons (victoire de Marius à Aix en 102 avant J.-C.) permit aux légions romaines de s'installer. Il faut dire que les Gaulois, nonobstant leurs prétentions, étaient incapables de contenir les Germains. Des discordes ancestrales opposaient les tribus. L'aristocratie avait évincé les rois et se disputait le pouvoir. L'unification de la Gaule était donc impossible à réaliser, fût-ce par un homme de génie. Certains peuples, comme les Lingons et les Éduens, penchaient même ostensiblement pour Rome. Quant aux druides, il semble que leur influence eût décru; la facilité avec laquelle les dieux romains se substituèrent aux divinités gauloises est significative.

LES ROIS CHEVELUS

Il y avait quarante ans que Marius avait remporté sa victoire d'Aix, quand César jeta les yeux sur la Gaule. Il songeait à la dictature et il avait besoin, pour réaliser ses projets, d'accomplir quelque exploit retentissant. Cette Gaule, dont le sud appartenait déjà à Rome et que les agents romains gangrenaient depuis des décennies, lui parut une proie facile. Il faut insister sur le fait que les Gaulois, égarés par leurs luttes intestines, ne comprirent pas le danger auquel l'ambition du Romain les exposait. Ils ne surent pas oublier leurs querelles. Ils offrirent même à César l'occasion qu'il attendait : en 58 avant J.-C., les Éduens l'appelèrent à l'aide contre les Helvètes. Vercingétorix vint trop tard. Il eut le plus grand mal à imposer son autorité, puis à se maintenir. Sa victoire de Gergovie ne servit à rien, non plus que la belle défense d'Alésia. En dépit de son courage et de son talent, il ne pouvait triompher d'un adversaire aussi coriace. La conquête de la Gaule conduisit tout naturellement César à la dictature (en 44) et son neveu Octave à l'empire. Lorsque, le 16 janvier 27 avant J.-C., le Sénat romain octroya à Octave le titre d'Auguste, réservé jusque-là aux dieux, la république se trouva abolie de fait. Auguste n'accepta point le titre de dictateur ni celui de roi; il se contenta du principat. Il s'intitula cependant « imperator », cumula les pouvoirs et laissa se répandre le culte impérial. Il remodela le Sénat et l'ordre équestre, institua une armée permanente. L'Empire était fondé. Sous son règne, l'Espagne fut entièrement conquise. Il en fut de même de la Germanie, de la Suisse orientale, de la Bavière, de l'Autriche, de la Hongrie, de la Bulgarie et de la Yougoslavie. Et, bien entendu, la Gaule fut dotée de structures solides.

L'ancienne *Provincia* prit le nom de Narbonnaise et fut administrée par le Sénat. Auguste se réserva le reste de la conquête qui fut divisé en trois régions : l'Aquitaine, la Celtique et la Belgique, gouvernées par des légats. Il leur adjoignit les Alpes maritimes et les Alpes pennines, lorsqu'il eut soumis leurs populations. Politique habile, il ne chercha point à effacer les particularismes. Les vaincus conservèrent leurs coutumes, leurs cités et leurs biens. Cependant, les cités reçurent des statuts différents : les unes furent « fédérées » par suite de leur amitié, ou de leur complaisance, envers les Romains; les autres furent « stipendiaires », c'est-à-dire soumises à l'impôt et relevant de l'autorité directe de l'empereur; une douzaine de peuples furent fictivement qualifiés de « libres ». Les Gaulois se rallièrent en masse au nouvel ordre. Quelques révoltes, d'ailleurs tardives, furent aisément réprimées. Sous les successeurs d'Auguste (Tibère, Caligula, Claude et Néron), l'Empire crût en puissance et en richesse. Il en fut de même sous le règne des Flaviens (Vespasien, Titus et Domitien). Toutefois, on commençait à recruter des légionnaires dans les provinces et l'influence des militaires ne cessait de s'étendre; Domitien fut le dernier des douze Césars évoqués par Suétone. Tous étaient issus de l'aristocratie ou de la riche bourgeoisie romaines.

Les Antonins qui leur succédèrent (Nerva, Trajan, Hadrien, Antonin le Pieux, Marc Aurèle et Commode) venaient d'Espagne ou de Gaule, et non plus d'Italie. Ce furent de remarquables hommes d'État, à l'exception du dernier d'entre eux. Cependant, sous leur règne, si le pouvoir central s'était renforcé, l'extension territoriale avait cessé; l'Empire, à l'abri du limes[1], était réduit à la défensive. Marc Aurèle, l'empereur philosophe, dut combattre les Parthes au Moyen-Orient et tenta de juguler l'invasion des Quades et des Marcomans dans la région du Danube. Les Romains ayant perdu le goût de la guerre, les empereurs limitèrent le recrutement des légions aux provinces. Cette armée hétérogène paraissait déjà peu capable d'arrêter le flot des Barbares.

Nous voici au IIe siècle de notre ère. La Gaule achève de se romaniser. Elle est devenue gallo-romaine ou latine. Elle est désormais divisée en neuf provinces : les deux Germanies (inférieure et supérieure), les trois Alpines (maritimes,

1. Ligne fortifiée, comparable à la muraille de Chine.

cottiennes et pennines), la Narbonnaise, et les trois provinces de la Gaule dite chevelue (l'Aquitaine, la Celtique, la Belgique), que l'on appelait les trois Gaules et qui avaient Lyon pour capitale. C'était à Lyon que siégeait le gouverneur et que se réunissaient une fois l'an les délégués des soixante cités pour célébrer le culte de l'empereur. Le chef de cette assemblée, à caractère politique et religieux, portait le titre de prince des sacerdotes et jouissait d'un immense prestige. Les Gaulois acceptèrent volontiers de célébrer le culte impérial, de même qu'ils acceptèrent de révérer les dieux de Rome. L'habileté des empereurs et de leurs représentants fut de les laisser venir à eux librement, si l'on peut dire. L'organisation romaine, le mode de vie romain s'imposèrent progressivement, et d'abord aux notables. Ainsi qu'on l'a indiqué plus haut, les Romains se gardèrent bien de détruire l'aristocratie gauloise. Peu à peu, quasi sans heurts, les chefs gaulois adhérèrent à l'ordre nouveau, par intérêt sans doute, mais aussi parce que la grandeur de Rome les fascinait. Bientôt les cités gauloises se transformèrent. Elles furent administrées par un sénat composé de décurions. Ces derniers n'étaient autres que les ci-devant chefs de clans, c'est-à-dire les plus riches propriétaires. Insensiblement, les Romains substituèrent l'argent à l'épée, émoussant par là même le bellicisme des Gaulois. Bien plus, une classe moyenne émergea rapidement, celle des financiers et des commerçants qui s'agrégèrent aux sénats des cités et balancèrent l'influence des fortunes terriennes. Les décurions élisaient les duumvirs, comme les assemblées gauloises élisaient naguère les vergobrets. Les duumvirs, assistés des édiles et des questeurs, administraient la cité. Leurs fonctions étaient gratuites, mais ils étaient responsables de la rentrée des impôts. Le système fiscal s'était mis en place, appuyé sur une bureaucratie de plus en plus efficace et pointilleuse. Les impôts étaient nombreux : impôt personnel, impôt foncier, chrysargyre (taxe sur le chiffre d'affaires), impôt sur les successions, sur les ventes et marchés, tonlieux. A quoi s'ajoutaient les corvées, le monopole du sel, les prestations en nature pour l'armée, l'obligation d'héberger les soldats et les fonctionnaires de passage dans la cité. On retrouvera la plupart de ces impôts et taxes au Moyen Age. Il ne semble pas cependant que la pression fiscale ait été excessive, si l'on en juge par la prospérité qui fut celle de la Gaule jusqu'aux invasions des Barbares et dont témoignent les monuments. Le développement du commerce avec Rome, l'intensification des échanges entre tribus jadis hostiles, la construction d'un réseau routier (dont le tracé rappelle à peu de chose près celui de nos autoroutes!) favorisèrent l'extension des cités. Les vieux oppidums avec leurs remparts et leurs maisons de bois devinrent des villes gallo-romaines. Ces villes eurent un forum décoré de statues et bordé d'édifices publics: temples, grenier municipal, basilique, où l'on traitait les affaires, où l'on débattait des questions politiques, où siégeait le tribunal. Elles avaient des thermes, un théâtre et des arènes. Les Gaulois avaient pris goût au spectacle des combats de fauves et de gladiateurs. On imitait Rome. Il revenait aux riches sénateurs d'offrir des spectacles pour maintenir leur popularité. « On se fait un jeu de voir mettre les hommes en pièces, écrit Salvien, tandis que le cirque retentit des cris de joie que pousse un peuple assemblé, applaudissant à la férocité des ours et des lions. » Comme on peut le voir à Pompéi, les corps de métier se groupaient par quartiers, cependant que les demeures des riches se signalaient par leur luxe.

Ce que l'on entend alors par cité correspond en réalité à une unité administrative englobant le pays environnant. Chaque ville tirait le meilleur de ses ressources des propriétés agricoles sur lesquelles son contrôle s'exerçait. Les villas gallo-romaines pouvaient rivaliser avec celles d'Italie. Elles étaient habitées par les sénateurs ou décurions, qui possédaient aussi une demeure dans la cité où leurs charges officielles les appelaient le plus souvent. Elles englobaient parfois dix mille hectares de terres cultivées et de bois. La résidence du maître, généralement située dans un site agréable, comportait un portique orné de statues, conduisant au péristyle autour duquel se répartissaient les salles de réception, les salles à manger d'hiver et d'été, les chambres à coucher. Elles étaient dotées de salles de bain munies d'hypocaustes, de cuisines spacieuses. Les frustes palais de bois de Vercingétorix et de ses lieutenants laissaient place à ces vastes demeures de pierre et de briques, décorées de plaques et de colonnes de marbre achetées en Italie. A quelque distance s'élevaient les bâtiments agricoles, les habitations des artisans travaillant pour le maître et de ses nombreux esclaves. Nous touchons du doigt l'une des conséquences majeures, au plan social, de la romanisation de la Gaule : un net affaiblissement de la condition libre au profit de l'esclavage, l'appauvrissement de l'ancienne clientèle des seigneurs gaulois au profit des classes supérieures. Le nombre des hommes libres diminuait à mesure que les grands propriétaires s'enrichissaient. Car ces derniers devenaient hommes d'affaires. Ils vendaient non seulement leurs récoltes en blé ou en vin, mais les produits de leurs ateliers (forges, menuiseries, briqueteries, poteries, verreries, tissage), voire de leurs mines. Il n'est donc pas surprenant que ces grandes villas gallo-romaines aient donné naissance à la plupart de nos villages actuels. Elles formaient de véritables unités économiques.

La romanisation de la Gaule marqua donc un progrès certain du point de vue matériel, mais elle profita surtout aux classes dirigeantes. Cependant l'enrichissement des habitants des villes, la montée d'une classe moyenne, aboutirent à la création d'une infinité de petits domaines, mais qui, dans les siècles suivants, supporteront difficilement le poids d'une fiscalité croissante, et seront plus ou moins absorbés par les grands propriétaires.

L'enseignement des druides s'effaçait des mémoires. Il ne restait rien de l'épopée celtique, les druides ayant dédaigné l'écriture. Ne subsistaient que des bribes de cette prodigieuse histoire, comme, dans les régions isolées, survivaient des superstitions, débris de l'antique religion. Les Romains n'avaient point touché aux sanctuaires gaulois. Ils n'empêchaient ni les pèlerinages, ni le culte rendu à la déesse Épona, au dieu Teutatès. Leurs temples tout neufs attiraient les foules. Ils y admettaient les vieilles divinités après les avoir latinisées. Leurs écoles achevaient, brillamment, d'implanter la civilisation latine : à Marseille, à Autun, à Bordeaux, à Toulouse, à Trèves. On y apprenait la grammaire et la rhétorique, le grec et l'histoire. Ces bavards de Gaulois se distinguèrent bientôt par leurs talents d'orateurs, sinon de discoureurs. La poésie donnait quelques fleurs, à la vérité dépourvues de parfum : mais « le siècle d'Auguste » était révolu! Écrivains et poètes s'efforçaient de copier les modèles romains, d'imiter Virgile, Horace ou Lucain; il ne leur venait pas à l'esprit d'évoquer le passé celtique, de tirer des motifs de la grande histoire en train de se perdre à jamais, ni même de célébrer les exploits de leurs aïeux. Ils étaient devenus romains. Leur patrie était désormais la Ville de la Louve.

Le christianisme avait fait de timides progrès. On a déjà souligné le syncrétisme romain en matière religieuse. Rome faisait son miel de tous les cultes, par calcul sans doute, mais aussi par scepticisme. Elle avait adopté les cultes venus d'Orient, en particulier celui d'Isis qui comptait de nombreux adeptes. Cependant le christianisme constitua très vite à ses yeux un danger social. Il proclamait l'égalité des hommes et récusait la divinité impériale. Les premiers chrétiens se groupaient par infimes communautés, quasi clandestines, sans hiérarchies apparentes, sans le moindre signe suggérant l'existence de leur Dieu unique. Ils révéraient un crucifié, c'est-à-dire un condamné qui s'était vu infliger le supplice réservé aux brigands et aux larrons. Ils s'entouraient par force de mystère. Il était donc facile d'inventer contre eux les pires calomnies. La société romaine, son éclatante réussite, sa richesse insolente avaient l'esclavage pour assise et l'empereur pour clef de voûte. On comprend son hostilité instinctive contre cette nouvelle secte qui honorait un esclave à l'égal d'un sénateur et refusait de rendre à l'empereur le culte qui lui était dû. Il semble que ce fût sous le règne de Néron, vers l'an 63, que les premiers évangélistes se manifestèrent en Gaule, probablement à Marseille. Il fallut presque un siècle pour que la doctrine du Christ remontât la vallée du Rhône, par Vienne, et fît des adeptes à Lyon. Bientôt cependant l'église de Lyon essaima à Autun, Besançon et Trèves. Une autre communauté s'installa à Toulouse. Le IIIe siècle vit naître les églises de Bordeaux, Rouen, Paris, Sens, Bourges et Cologne. La nouvelle foi recrutait ses fidèles dans les couches populaires et, par la force des choses, se limitait aux villes. Elle laissait les classes supérieures et la bourgeoisie moyenne indifférentes, en raison même de son humilité. Comment les riches hommes eussent-ils pu révérer ce dieu, que l'on disait fils d'un charpentier? Quant aux duumvirs, aux décurions et à leur entourage, l'attitude des chrétiens envers l'ordre établi et la personne sacrée de l'empereur les inquiétait et les irritait. La persécution commença en Gaule sous le règne du plus humain sinon du plus sage des empereurs, Marc Aurèle. Sur son ordre, les chrétiens de Lyon et de Vienne furent décapités; on réserva les autres pour les jeux du cirque. Leur évêque, saint Pothin, périt dans les supplices. Ses compagnons furent jetés aux fauves. Qui ne connaît l'interminable mort de sainte Blandine, une jeune esclave! Saint Irénée succéda à saint Pothin comme évêque de Lyon. Il avait été désigné par saint Polycarpe, évêque de Smyrne et disciple de saint Jean l'Évangéliste. Sous son impulsion, l'Église gallo-romaine accomplit de rapides progrès. L'empereur était alors cette brute sanguinaire de Commode qui ne se souciait en rien des questions religieuses.

Jetons un regard sur la carte du puissant Empire romain encore inentamé. Il englobait le pourtour entier de la Méditerranée. En Afrique, et d'ouest en est : la Mauritanie, la Numidie, l'Afrique proconsulaire et la Byzacène, la Tripolitaine et l'Égypte; la totalité du Moyen-Orient, de la Palestine au Pont. En Europe, l'Italie, l'Espagne, la Gaule, l'Angleterre, une partie de la Germanie, la Grèce et la Thrace. A l'image de la Gaule, cet immense puzzle politique se composait de provinces sénatoriales (pacifiées depuis longtemps, donc non occupées militairement) et de provinces impériales. Les premières étaient administrées par un préteur, souvent ancien consul, nommé pour un an et réunissant entre ses mains les pouvoirs civil et judiciaire. Les secondes avaient un légat pro-préteur, nommé par l'empereur et assisté pour les finances par un procurateur. Ce légat, d'ordre sénatorial, détenait également les pouvoirs militaires. Les villes avaient pour la plupart reçu droit de cité et s'administraient elles-mêmes, soit selon le droit romain, soit selon la coutume locale, mais le droit romain se généralisait. La tendance était à l'unification, même pour ce qui regardait la société divisée en cinq classes (l'ordre sénatorial, l'ordre équestre, la plèbe, les affranchis et les esclaves). Les impôts directs et indirects étaient les mêmes, levés en fonction du stipendium (montant global fixé par l'empereur); les tribunaux, identiques. Pour mouvoir cette énorme machine administrative, fiscale et judiciaire, l'empereur disposait d'un conseil privé formé en principe de techniciens et d'une bureaucratie de plus en plus nombreuse et pesante. Cependant le pouvoir illimité qu'il détenait, restait fragile. Le colossal État romain était menacé au nord et à l'est par les Barbares. Par nécessité, le César Auguste devint une sorte de roi militaire, avec tous les risques que cela comporte.

En dépit de ressources apparemment inépuisables, l'Empire va connaître une crise économique qui ira en s'aggravant. Il perdra sa dynamique. Les facilités de l'argent, le luxe, l'effondrement des principes moraux, ont amolli le caractère des Romains. Ils croient leur Ville indestructible, parce qu'elle est la reine du monde connu. Pour quelque temps encore la Pax romana va combler les peuples de ses bienfaits. Pourtant le ver est déjà dans le fruit.

II

LES BARBARES

Les premières lézardes de l'édifice apparurent après la mort de Commode. La garde prétorienne choisit comme empereur Pertinax (193) que récusèrent les armées du Danube, de Syrie et de Bretagne. Elles nommèrent chacune un empereur, dont Septime Sévère qui mit fin à l'anarchie en s'emparant du pouvoir. Sous son règne, la Mésopotamie fut annexée. Son fils Caracalla combattit avec vigueur les Goths et les Alamans et périt assassiné par Macrin, préfet du prétoire. Il avait, par un édit de 212, accordé la citoyenneté romaine à tous les hommes libres de l'Empire, probablement pour des raisons fiscales. Macrin fut promptement éliminé. Élagabal ne régna que quatre ans et Alexandre Sévère fut assassiné en 235 par ses soldats alors que les Barbares menaçaient une nouvelle fois le Rhin.

C'est ici le commencement de ce qu'on appelle le Bas-Empire que l'on fait généralement débuter avec Dioclétien. La disparition d'Alexandre Sévère ouvrit une désolante période d'anarchie militaire. Il n'y eut pas moins de vingt-six généraux qui furent reconnus empereurs par le Sénat avant de périr de mort violente. L'Empire était attaqué quasi sur toutes ses frontières: en Orient par les Sassanides, sur le Danube par les Goths, par les Francs et les Alamans sur le Rhin. Certains de ces Césars éphémères se signalèrent par leur valeur, tels Maximin (235-238), Gordion III (238-244) ou l'empereur gaulois Probus (258-267). Tout laissait alors prévoir la catastrophe. Quelques empereurs originaires d'Illyrie (Claude II, Aurélien, puis Dioclétien) sauvèrent encore une fois la situation. Dioclétien divisa l'Empire en quatre circonscriptions pour en faciliter l'administration et surtout la défense. Ce fut ainsi que Constance Chlore eut la charge de la Gaule. Le système de la tétrarchie inventé par Dioclétien échoua, mais le redressement qu'il avait opéré assura la survie de l'Empire pendant deux siècles. Constantin évinça ses rivaux et rétablit l'unité, mais abandonna Rome et fixa sa capitale à Constantinople. Il mit fin aux persécutions contre les chrétiens par l'édit de Milan (313) et se convertit lui-même. Malgré les guerres fratricides qui suivirent sa mort et la pression croissante des Barbares, l'Empire était encore intact. Après l'épisode de Julien l'Apostat, vainqueur à la fois des Alamans et des Perses, Valentinien Ier et Valens se partagèrent l'Empire, qui fut réunifié pour la dernière fois par Théodose (379-395), mais partagé ensuite entre ses fils mineurs placés sous la tutelle du Vandale Stilicon. Il y eut désormais un Empire d'Occident appelé à disparaître promptement et un Empire d'Orient qui durera jusqu'en 1453 (prise de Constantinople par les Turcs).

Cette brève esquisse de l'histoire romaine aide à comprendre la destruction de l'Empire d'Occident, la facilité avec laquelle, à partir des IVe et Ve siècles, les Barbares s'implantèrent notamment en Gaule et imposèrent leur pouvoir aux populations. Le monolithisme apparent de l'Empire fait écran, masque les transferts de peuples qui s'accomplissaient en Occident au-delà du fameux limes. Ces migrations, qu'elles fussent ou non volontaires, procédaient par vagues successives, un peuple repoussant l'autre, du nord au sud, d'est en ouest. Tant que l'Empire resta fort, les Barbares ne se hasardèrent point à l'attaquer; sa puissance, son prestige les impressionnaient. On n'enregistrait que de brèves et rares escarmouches sur le limes. Toutefois les Germains, guerriers par nature, s'enrôlaient volontiers dans les légions. Ils y atteignaient parfois des grades élevés. Ils apprenaient en tout cas à connaître les faiblesses du système défensif romain. Les empereurs pratiquaient volontiers le « mercenariat », afin d'exempter les citoyens romains du service militaire, méthode dangereuse, car ils introduisaient le loup dans la bergerie, mais sans doute n'avaient-ils pas le choix.

Il y avait eu une première alerte grave en 166. Plusieurs peuplades germaniques rompirent le limes en Vénétie et en Achaïe. Il fallut une guerre en règle pour les refouler au-delà de la ligne fortifiée. Un siècle s'écoula dans une fausse sécurité. Vers 259, les Francs envahirent le nord de la Gaule. Postumus les écrasa. Entre 276 et 278, nouvelle rupture du limes par les Germains qui ravagèrent la Gaule et poussèrent jusqu'en Espagne, sans rencontrer de résistance. Ils ne cherchaient point à conquérir, mais pillaient, razziaient et incendiaient. Les villas flambèrent par milliers. Le nombre des morts et des prisonniers emmenés en esclavage fut certainement considérable. Ce fut pour la Gaule romaine un désastre irréparable. Les villes s'enfermèrent dans des remparts élevés le plus souvent avec les débris des temples et autres monuments. Les grandes villas furent fortifiées à la hâte. Dans la même période, les Alamans se ruaient sur l'Italie, tandis que les Goths sévissaient en Grèce et en Asie Mineure. Les Barbares étaient parfaitement informés de la situation politique dans l'Empire. Ils mettaient à profit les luttes pour le pouvoir. Ils étaient restés relativement tranquilles pendant la durée de la tétrarchie dioclétienne et le règne de Constantin. La discorde qui s'était mise entre les fils de ce dernier enhardit les Alamans. Ils franchirent le Rhin, prirent Strasbourg, Worms, Spire, Mayence et Cologne. Ils poussèrent jusqu'à Troyes, Sens et Autun. L'empereur Julien l'Apostat les refoula. Il dut pourtant autoriser les Francs saliens à s'installer en Toxandrie (l'actuel Brabant hollandais), en qualité de fédérés. Les Alamans revinrent à la charge. Julien les écrasa à Strasbourg en 358. Il s'installa à Lutèce (Paris) et s'employa à assurer une meilleure défense des villes frontières. Quand il quitta la Gaule pour rejoindre le front d'Orient menacé par les Perses, les incursions barbares reprirent de plus belle. Les Alamans marchèrent sur Reims et sur Lutèce. Ils furent à nouveau battus. Le nouvel empereur Valentinien dut prendre lui-même la situation en main. Deux autres peuples manifestaient leur existence : les Saxons et les Burgondes. Les premiers étaient devenus pirates. Ils commencèrent à sévir vers 360 sur les côtes de la Grande-Bretagne et de la Gaule. Les seconds, originaires de Scandinavie, s'étaient installés dans la vallée du Main. Ils disputaient leur territoire aux Alamans. Ces derniers furent à nouveau défaits par les Romains en 378. S'ensuivit une période d'accalmie toute relative.

En 404, les Barbares se ruèrent sur l'Italie sous le commandement de Radagaise. Stilicon leur infligea une sévère défaite à Fiesole. Mais il avait dégarni la frontière du Rhin. En 406, un torrent d'envahisseurs (Suèves, Vandales, Alains) se répandit en Gaule qui fut à nouveau mise à feu et à sang. Les Suèves et les Vandales franchirent les Pyrénées et passèrent en Espagne. Dans le même temps, les Wisigoths envahissaient l'Italie, sous le commandement du roi Alaric, bien qu'ils eussent le statut de fédérés. Ils avaient naguère vaincu l'empereur Valence à Andrinople (378). Depuis lors, ils erraient dans la péninsule balkanique. Par deux fois, ils avaient menacé Constantinople. Il fallut leur abandonner l'Illyrie et l'Épire. Alaric les dirigea soudain, on ne sait pourquoi, vers l'Italie. Ils occupèrent la Vénétie, puis marchèrent sur Milan, où résidait l'empereur Honorius qui se replia sur Ravenne. Ce fut le moment que choisit Honorius pour faire assassiner Stilicon, le seul général capable d'affronter Alaric. Le 24 août 410, ce dernier entrait à Rome. La ville fut mise à sac. Une grande partie de la population s'était enfuie pour ne plus revenir. Maître de l'Italie, Alaric voulut passer en Afrique (en emmenant en otage Placidia, sœur de l'empereur). Il mourut en Calabre à la fin de 410. Son beau-frère, Athaulf, remonta vers le nord et passa en Gaule en 412. Il s'empara de Narbonne, Toulouse et Bordeaux et il épousa Placidia, espérant que ce mariage scellerait un accord définitif avec Honorius. Ainsi, alors qu'il aurait pu chasser l'empereur de Ravenne, il se mettait à son service, tant le prestige impérial fascinait encore les Barbares! Athaulf périt assassiné pour avoir voulu fonder un royaume. Les Wisigoths étaient jusqu'ici des errants. Quand ils avaient épuisé les ressources d'un pays, ils se transportaient dans un autre. Ils répugnaient à se fixer : la guerre et le pillage étaient leur mode de vie, en quoi d'ailleurs ils ressemblaient assez aux autres Barbares, du moins à la plupart d'entre eux. Le successeur d'Athaulf, Wallia, les emmena en Espagne. Il accepta pourtant, à la vérité dans des circonstances obscures, de rentrer en Gaule avec le titre de fédéré. Rome lui accorda l'Aquitaine et récupéra une partie de la Narbonnaise.

Dans le nord et l'ouest de la Gaule, la confusion n'était pas moindre. Les Burgondes occupaient à titre de fédérés la rive gauche du Rhin. Il en était de même des Francs saliens et ripuaires. Rome ne pouvait les empêcher de s'installer en maîtres, le fœdus (pacte de fédération) sauvant la face. Elle croyait ainsi les opposer aux autres envahisseurs, préserver ce qui restait de la Gaule. Car, dans le même temps, les pirates saxons s'en donnaient à cœur joie; ils fondaient de petites colonies à Boulogne, à Bayeux et à l'embouchure de la Loire. Les Britanniques, fuyant les incursions saxonnes, traversaient la Manche et venaient se fixer en Armorique, qui leur doit son nom de Bretagne. Les Vandales quittaient l'Espagne et passaient en Afrique. Saint Augustin mourut pendant qu'ils assiégeaient Hippone (Bône). Leur roi Genséric finit par s'emparer de Carthage et fut dès lors maître de toute l'Afrique du Nord. Rome lui accorda le statut de fédéré, ce qui ne l'empêcha pas de débarquer en Sicile et de menacer l'Italie.

Comme la Gaule, l'Empire d'Occident s'en allait par morceaux. Il serait inexact d'imputer aux Barbares la responsabilité de l'effondrement romain. Ce n'étaient que des peuplades inorganisées politiquement, groupées en d'éphémères fédérations et le plus souvent sans stratégie. Les légions les tinrent en respect pendant des siècles. Elles les écrasaient à chaque rencontre et les brèches ouvertes étaient colmatées aisément. Cette situation aurait perduré si l'Empire avait conservé sa cohérence. Or, si l'institution impériale restait debout, et si l'autorité de l'empereur apparaissait inentamée grâce à la fiction des fœdus, l'État se désagrégeait depuis longtemps. Il était miné de l'intérieur. Les causes de cette décomposition sont multiples : refus du service militaire obligeant les empereurs à recruter des mercenaires barbares de plus en plus nombreux et exigeants, à leur confier de hauts commandements, à les installer comme colons, à leur abandonner des terres réputées pauvres ou désertes; dénatalité consécutive à la dépravation des mœurs; crise économique provoquée par le manque de bras et par une pression fiscale insupportable, avec la hausse des prix et la dévaluation de la monnaie pour conséquences; sclérose d'une société uniquement soucieuse de défendre ses intérêts et provoquant périodiquement des révoltes populaires; centralisme exacerbé et absolutisme administratif.

Cependant le mirage persistait. Au temps de Stilicon, Claudien célébrait encore la Ville éternelle : « C'est elle, écrivit-il, qui seule a reçu dans son sein ceux qu'elle a vaincus et, se conduisant en mère, non en reine, a donné un même nom à tout le genre humain; de ceux qu'elle a domptés, elle a fait des citoyens; elle a réuni par des liens sacrés les peuples éloignés. C'est grâce à une politique pacifique que partout nous retrouvons une patrie, que nous formons une nation. Jamais il n'y aura de terme à la domination romaine! » Rome ne domptait plus les nations. Elle cédait des territoires, contrainte et forcée. Elle négociait laborieusement ses fœdus, feignant de croire à la sincérité de ses nouveaux alliés, se flattant de les subordonner à son autorité. Elle n'avait pas un empereur capable d'arrêter ce déclin, du moins en Occident. Et pourtant une sorte de patriotisme survivait, non seulement au sein des vieilles familles romaines, mais dans la vieille terre gauloise, dont il semble qu'en dépit de ses malheurs elle conservât plus de vitalité que l'Italie; en tout cas fut-elle le dernier rempart de la romanité. Déjà s'approchaient les Huns avec Attila. Ils faisaient trembler l'Empire d'Orient. L'attitude énergique de l'empereur Marcien les détourna vers l'Occident.

III

LES ANCÊTRES DE CLOVIS

Le lecteur aura compris que, dans le tourbillon des invasions barbares, je n'ai indiqué que les points forts, de même que j'ai simplement esquissé les phases majeures de l'histoire romaine. L'un et l'autre de ces chapitres constituent la double préface de cet ouvrage. Les indications qu'ils fournissent, l'évolution des événements qu'ils proposent, soulignent le caractère extraordinaire de l'épopée mérovingienne et de la réussite d'un peuple que rien à l'origine ne semblait désigner pour un tel destin.

L'origine de la dynastie mérovingienne se perd dans la nuit des temps, formule commode pour masquer notre ignorance! Mais, faute de documents, on ne saurait établir sérieusement la généalogie de Clovis. L'auteur des *Grandes Chroniques de France* imagine que les Francs descendaient des Troyens, et il écrit sans rire que Pharamon, premier roi des Francs, était un lointain rejeton du vieux Priam. Il lui assigne pour fils Clodion le Chevelu, père de Mérovée, lui-même père de Childéric.

Grégoire de Tours, évêque-historien, par surcroît contemporain des petits-fils de Clovis, a fait un louable effort pour reconstituer l'ascendance de ces princes. Il disposait d'une documentation incertaine, d'ouvrages qui ne sont pas parvenus jusqu'à nous et dont il est impossible d'apprécier l'exactitude. Il n'aboutit qu'à un récit chaotique, où les faits s'imbriquent et se chevauchent, avec çà et là l'émergence de quelques noms : Genobaud, Marcomir, Sunno, Théodomir, Richimir, et de quelques faits historiques. Il ignore, et nous ignorons avec lui, si Théodomir était un aïeul de Clodion, donc de Clovis. Il rappelle simplement que Richimir et sa mère Ascyla étant tombés au pouvoir des Romains, ceux-ci les égorgèrent. Tantôt Grégoire de Tours dit que les Francs étaient commandés par des ducs et tantôt par des rois qu'il qualifie par ailleurs de « roitelets ».

Essayons d'être plus clair et plus précis. On a vu les Francs battus par Julien l'Apostat, qui leur abandonna néanmoins la Toxandrie en leur accordant un fœdus. Dotés du statut de fédérés, ils colonisèrent paisiblement cette région marécageuse dont Rome se désintéressait en raison de sa pauvreté. Beaucoup d'entre eux avaient servi dans les légions. Certains s'étaient élevés jusqu'aux plus hauts grades. On doit les considérer parmi les Barbares comme les plus proches de la romanité. En 406, ils respectèrent leurs engagements envers Rome et ne prirent point part à la grande ruée à travers la Gaule. Rome ne put sauver Trèves, ni Cologne, ni Mayence. Il est probable que certaines peuplades proches des Francs participèrent au siège et au pillage de ces villes. Rome semblait renoncer à défendre le nord-est de la Gaule. La préfecture s'était repliée à Arles, loin du théâtre des opérations. Les Francs de Toxandrie s'étaient signalés par leur inactivité. Renonçaient-ils pour autant à sortir de leurs marais? Ils profitèrent simplement de l'abandon des territoires du nord-est. Ils avaient alors pour roi cet obscur personnage que Grégoire de Tours appelle Clodion : ce n'était probablement qu'un diminutif.

Clodion est le premier roi reconnu par les historiographes. Il résidait à Dispargum, lieu qui n'a pas été identifié. Se croyant assuré de l'impunité, il descendit vers le sud, traversa la Forêt Charbonnière qui s'étendait de l'Escaut aux Ardennes, s'empara de Tournai, puis de Cambrai, quasi sans coup férir. Il ne semble pas que les vainqueurs se soient livrés aux massacres habituels. Sans doute y eut-il quelques actes de violence et ces deux villes furent-elles pillées, mais les populations survécurent; elles ne furent pas emmenées en esclavage. L'intention de Clodion était nette : non point razzier un riche territoire et déguerpir, mais le conquérir. La différence entre les Francs et les autres Germains tenait à cette volonté de Clodion de fonder un royaume. Si peu que l'on sache de lui, il est permis d'affirmer que son autorité était suffisante pour contraindre ou convaincre les siens de se fixer, donc de ne pas se comporter en simples pillards. Ne rencontrant pas de résistance, il traversa l'Artois. Arras lui ouvrit ses portes. Il suivait la vallée de la Canche, quand il se heurta aux légions du général romain Aetius.

Ici, je me dois d'ouvrir une parenthèse et d'évoquer brièvement la personnalité de cet Aetius que l'on peut qualifier de dernier grand Romain, car, pendant vingt ans, il s'efforça de sauver un empire auquel il s'obstinait à croire. Il avait pourtant commencé sa carrière comme un aventurier sans scrupules. Envoyé en otage chez les Huns, il s'était lié d'amitié avec Attila. Par la suite, il n'avait pas hésité à lever une armée parmi les Huns afin de soutenir un usurpateur du trône impérial. L'entreprise fit long feu. Aetius s'imposa néanmoins à l'impératrice Placidia, mère de Valentinien III. Nommé consul et patrice romain, il dirigea dès lors pendant vingt ans la politique impériale. Cet arriviste avait d'indiscutables qualités d'homme d'État; il était aussi un excellent stratège. Comprenant que le sort de l'Empire d'Occident se jouait en Gaule, il refoula les Wisigoths de Provence. Les Burgondes, bien qu'alliés des Romains, essayaient de s'agrandir. Aetius déchaîna contre eux ses amis les Huns. Ils furent écrasés. La mort de leur roi Guntiarius et celle des princes de sa maison inspirèrent plusieurs chants épiques, dont celui des Nibelungen. Les Burgondes demandèrent asile à Aetius qui leur accorda la Sabaudia, c'est-à-dire une région englobant le Jura et une partie de la Suisse. Il tablait sur leur reconnaissance et pensait les utiliser contre les Alamans, dont les turbulences l'inquiétaient. On sait fort peu de chose de la rencontre des Francs et des légions d'Aetius. Il ne reste que ce bref passage de Sidoine Apollinaire, relatant un simple coup de main :

« Sur une colline voisine de la rivière, les Barbares célébraient un hyménée par des chants et des danses, à la manière des Scythes : une blonde épousée se mariait à un époux blond comme elle. Ils furent écrasés... Sur les chariots on voyait briller les apprêts de la fête, les plats, les mets, les chaudrons débordants, couronnés de guirlandes qu'y entassaient les Barbares; avec les chars, l'épousée elle-même tomba au pouvoir du vainqueur. »

Quoi qu'il en soit, Clodion demanda la paix. Aetius la lui accorda : politique habile, il laissa aux Francs les villes et les territoires qu'ils avaient conquis. Les Francs s'installèrent donc définitivement entre la Somme et le Rhin, la Meuse et la mer. Le même Sidoine Apollinaire trace d'eux ce portrait : « Leurs cheveux roux sont ramenés du sommet de la tête vers le front, laissant la nuque à découvert; leurs yeux sont verdâtres et humides, leur visage est rasé, et le peigne, au lieu de barbe, ne rencontre que de maigres moustaches. Des vêtements collants serrent les membres de ces guerriers à la haute stature et laissent le jarret à nu. Un large ceinturon presse leur ventre étroit. C'est pour eux un jeu de lancer au loin leurs francisques, sûrs qu'ils sont d'avance du coup qu'ils porteront, de faire tourner leurs boucliers, et d'un bond de sauter sur l'ennemi, devançant le javelot qu'ils ont lancé. Dès l'enfance, la guerre est leur passion. S'ils sont écrasés sous le nombre, ou par suite d'une mauvaise situation, la mort les terrasse, non la crainte. » Le bon évêque Grégoire complète ce tableau en soulignant le paganisme des Francs : « Mais il est avéré que cette génération d'hommes a toujours manifesté de la complaisance pour les cultes idolâtriques et n'a certainement pas reconnu Dieu. Ils se forgeaient des idoles empruntées aux forêts et aux eaux, au monde des oiseaux et des bêtes, ainsi qu'aux autres éléments et ils étaient accoutumés à les honorer comme dieux et à leur offrir des sacrifices. »

Cependant ces farouches guerriers étaient également agriculteurs, ce qui les rapproche singulièrement des Celtes gaulois, eux aussi d'ailleurs d'origine germanique. La guerre était substantiellement pour eux une aventure; elle ne répondait pas à une pensée politique quelconque et se limitait à d'épisodiques expéditions. Clodion parvint donc à les fixer. Il est probable que les riches propriétaires – ceux qui subsistaient – furent partiellement dépouillés de leurs biens. Les villes furent laissées aux Gallo-Romains, ainsi que les petits domaines. Les luxueuses demeures laissaient indifférents ces guerriers paysans, habitués à l'inconfort et préférant la vie campagnarde à la vie urbaine. Il y eut donc cohabitation entre les Gallo-Romains et les Francs encore peu nombreux. La suite de leur histoire tend à montrer que ces derniers ne furent pas de trop mauvais maîtres. L'onomastique nous renseigne sur leur concentration, compacte en Belgique et dans les départements du nord, plus rare en Artois méridional et autour de Cambrai.

On a déjà signalé que, par son attitude énergique, l'empereur d'Orient Marcien avait détourné Attila vers l'Occident. Ce dernier, après avoir assassiné son frère Bléda, régnait sur les Huns dont il était parvenu à rassembler les tribus. L'empire des Huns s'étendait de la mer Caspienne aux Alpes, avec la Hongrie pour centre. N'ayant pu s'emparer de Constantinople, Attila se rua sur les Balkans et ravagea la Grèce. Plusieurs hypothèses ont été avancées pour expliquer son irruption en Gaule. Il aurait accordé asile au chef des Bagaudes[1] qui l'eût informé de la situation en Gaule, en particulier de la faiblesse des défenses. Les Vandales l'eussent par ailleurs incité à châtier leurs ennemis les Wisigoths. Honoria, sœur de Valentinien III, lui eût offert sa main, afin d'humilier son frère coupable d'avoir fait tuer son amant. Attila avait trop d'intelligence pour se lancer dans une expédition hasardeuse. Il eut garde de se donner pour adversaire de l'empereur; par contre, il prétendit combattre en son nom les Wisigoths qui avaient usurpé une grande partie de la Gaule. Cela dit, son dessein n'était autre que d'amasser au meilleur compte un prodigieux butin. Il tablait, en cas de mauvaise rencontre, sur la supériorité de la cavalerie hunnique. Par surcroît, de nombreux peuples germaniques et autres, non moins avides de butin, s'étaient agrégés à son armée, après que leurs chefs eurent fait leur soumission. La horde d'Attila franchit le Rhin entre Bingen et Worms, au début d'avril 451. Le 7 avril, elle s'emparait de Metz qui fut mise à sac et incendiée. Attila se dirigea ensuite vers Orléans. Sans doute passa-t-il non loin de Paris dont les habitants pris de panique s'apprêtaient à fuir quand sainte Geneviève leur prédit que la ville serait épargnée. Attila mit le siège devant Orléans, où l'évêque saint Aignan organisa la défense. Aetius avait prévu l'invasion des Huns et rassemblé ses légions en toute hâte. Étranges légions à la vérité où les Wisigoths côtoyaient les Burgondes, les Francs commandés par Mérovée et les Bretons, sans parler des mercenaires amenés d'Italie et des Gallo-Romains. Tous avaient répondu à son appel, ce qui porte à croire qu'Attila n'avait pas volé son surnom de « Fléau de Dieu » et qu'une réputation sinistre le précédait. On observera en outre que la politique pratiquée par Aetius à l'égard des Francs, des Burgondes et des Wisigoths, portait ses fruits. Chez lui la mansuétude succédait à la force. Après avoir fait sentir son autorité, il usait de douceur et du vaincu de la veille se faisait un allié. L'invasion des Huns ne fut peut-être pas pire

1. Bandes formées de paysans, de petits propriétaires ruinés par le fisc et d'esclaves, révoltés contre les riches.

que la grande ruée de 406. Elle fut pourtant assez redoutable pour gommer les rancunes et rallier sous les étendards romains des peuples aussi divers. A l'approche de cette armée Attila lâcha prise. Il leva le siège d'Orléans et remonta vers la Champagne. Aetius le suivit à quelque distance, cherchant le combat. Il avait imposé quelque discipline à ses « légions » : il est vrai que la stratégie romaine était familière aux Wisigoths comme aux Francs et aux Burgondes et qu'ils en comprenaient l'utilité. Le choc décisif eut lieu dans les environs de Châlons (les champs Catalauniques) ou de Troyes, le 20 juin 451. Selon l'auteur de la *Vie de saint Loup*, écrite au IXe siècle, la bataille eût été précédée par un combat d'avant-garde où les Francs de Mérovée se seraient distingués. Je n'entrerai point dans le détail de cette bataille, faute de sources sérieuses. « Ce fut, écrit Jordanes, une lutte atroce, multiple, monstrueuse, acharnée. L'Antiquité n'a rien de comparable à nous raconter, et celui qui n'a pas été témoin de ce merveilleux spectacle ne rencontrera plus rien qui le surpasse dans sa vie. » Il fait état de 160 000 morts! Il parle d'un ruisseau grossi par des flots de sang. Il précise qu'Attila vaincu s'était retranché dans un cercle de chariots, prêt à les incendier et à périr par le feu plutôt que de tomber entre les mains du vainqueur. La réalité paraît avoir des contours plus modestes. S'il est vrai qu'Aetius avait vaincu Attila, en dépit de la disproportion des forces, il n'avait point anéanti son armée. Il n'osa même pas le poursuivre. Tout au plus surveilla-t-il sa retraite, avec l'aide du seul Mérovée et de ses Francs, si l'on en croit la tradition. On ne peut cependant contester l'importance de la bataille des champs Catalauniques, du moins quant à ses effets. Elle débarrassa la Gaule des envahisseurs. L'année suivante, les Huns submergèrent l'Italie du Nord. Ils ravagèrent Padoue, Mantoue, Vérone, Bergame, mais évitèrent Ravenne où l'empereur Valentinien III résidait et dont les remparts étaient renforcés par des marécages impraticables. Les Huns n'étaient point capables de faire un véritable siège. Ils ne savaient que charger furieusement et quitter le combat au premier revers. Attila eût sans doute ravagé Rome si le pape Léon n'eût sauvé la ville en offrant au roi des Huns un lourd tribut et Honoria, sœur de l'empereur. Satisfait, gorgé de richesses, Attila se retira en emmenant Honoria. Il mourut en 453 et l'empire hunnique ne lui survécut pas. Aetius lui-même ne devait pas longtemps survivre à sa victoire. Valentinien III, jaloux de sa gloire et sans doute inquiet de l'autorité qu'il avait acquise en Gaule, le fit assassiner en 454. Il privait l'Empire de sa dernière chance.

Quant à Mérovée, il rentra dans l'ombre. Les renseignements que l'on a sur lui sont si minces, si douteux que certains auteurs ont nié son existence, prétendu qu'il s'agissait d'un personnage légendaire. Pour Grégoire de Tours, son existence ne fait pas de doute. La plupart des historiens partagent cet avis. Ce n'est point en effet par hasard si la dynastie royale emprunta son nom, si son peuple même prit un moment le nom de Mérovingien : Mérovings, hommes de Mérovée! On peut donc admettre que Mérovée fut le fils du roi Clodion. Cependant la question se pose de savoir s'il était son fils unique et son unique héritier. L'histoire de Clovis suggère que Mérovée eut des frères. Selon la coutume franque, le royaume fut divisé. Mérovée aurait reçu pour sa part la ville de Tournai et sa région. Il est possible qu'au moment de l'affrontement décisif entre Aetius et Attila, il ait exercé le commandement de tous les Francs, ce qui eût d'ailleurs été conforme aux coutumes de ce peuple. Héros éponyme de la dynastie mérovingienne, sa naissance revêtit promptement un caractère merveilleux. D'après la *Chronique de Frédégaire,* le roi Clodion, comme il se reposait sur le rivage en compagnie de sa femme, celle-ci voulut se baigner. Un dieu marin, ou un monstre, jaillit des flots et la féconda. De cette étreinte naquit un fils qui fut Mérovée. Grégoire de Tours n'ignorait point cette fable, mais il était évêque et l'on comprend pourquoi il garde le silence sur cet accouplement d'une reine et d'un dieu marin. A la vérité, la légende du dieu marin se rattachait à la tradition franque. La dynastie des Francs était sacrée, car elle passait pour descendre d'un des dieux du panthéon germanique. Cette origine divine conférait aux princes de cette famille un droit incontestable à régner.

IV

LES ABEILLES DE CHILDÉRIC

Childéric, qui fut le père de Clovis, succéda à Mérovée en 457. Sa vie est mieux connue que celle de ses prédécesseurs. Elle l'est peut-être même trop, car elle s'encombre de légendes dont on ne sait si elles sont l'invention des vieux chroniqueurs ou reprennent une tradition. On ne peut entièrement négliger ces fables d'autrefois, et d'autant moins qu'elles recouvrent parfois des événements bien réels, mais enjolivés voire complètement dénaturés par la fantaisie des scribes. Ainsi, à propos des débuts de Childéric, Grégoire de Tours reprend à son compte cet extravagant récit. « Childéric, écrit-il, qui menait une vie dissolue dans une débauche excessive et qui régnait sur la nation des Francs, commença à détourner leurs filles pour les violer. Dans leur indignation, ceux-ci le détrônèrent. Or Childéric, s'étant aperçu qu'ils voulaient aussi le tuer, gagna la Thuringe en laissant dans le pays un homme qui lui était cher, pour tenter d'apaiser le cœur des hommes furieux par de douces paroles et en lui donnant un signe pour qu'il sût quand il pourrait rentrer dans la patrie; ils partagèrent donc entre eux une pièce d'or et Childéric en emporta avec lui un morceau, tandis que son ami garda l'autre en disant: " Quand je t'enverrai cette partie et si les deux réunies font un sou, alors tu pourras rentrer avec l'esprit en sécurité dans la patrie. " Childéric partit donc pour la Thuringe où il se cacha chez le roi Basin et son épouse Basine. Les Francs qui l'avaient rejeté choisissent pour roi Aegidius qui avait été envoyé par l'Empire comme maître de la milice. Pendant la huitième année de son règne sur les Francs, l'ami fidèle qui les avait apaisés en secret envoie à Childéric des messages avec la partie du sou divisé qu'il avait gardée. Celui-ci, reconnaissant par un indice certain qu'il était désiré par les Francs, que même ceux-ci le demandaient, revint de Thuringe et fut rétabli dans son royaume. »

Le fond historique de cette légende peut être le suivant, sans que l'on puisse toutefois rien affirmer. Aetius étant mort, Aegidius, qui était d'origine lyonnaise, reçut le titre de maître de la milice, c'est-à-dire de commandant en chef. Représentant de l'empereur, il ne put que continuer la politique de bascule qui avait été celle de son prédécesseur, c'est-à-dire imposer aux rois barbares la suzeraineté théorique de l'Empire et les empêcher d'étendre leurs royaumes, tout en les tenant en réserve. Burgondes, Wisigoths et Francs tiraient en effet parti de la décadence impériale. Les derniers empereurs avaient trop à faire en Italie pour se préoccuper de la Gaule. Les territoires d'obédience encore romaine en Narbonnaise, entre la Somme et la Loire, s'amenuisaient rapidement. On peut donc supposer que les Francs ne furent pas en reste, cherchèrent à s'approprier de nouvelles terres au-delà de la Somme et que Childéric eut maille à partir avec Aegidius. Dans ce cas, quand Grégoire de Tours déclare que les Francs choisirent ce dernier pour roi, cela signifierait qu'ils se soumirent à lui de gré ou de force. Je le répète, ce n'est là qu'une hypothèse. En tout cas, à partir de 463, Aegidius n'eut pas d'allié plus fidèle que Childéric. Le roi franc fut de toutes les expéditions et se signala par son zèle.

Relativement au mariage du même Childéric, l'évêque Grégoire se fait l'écho d'une autre fable non moins plaisante : « Pendant qu'il régnait, Basine, la femme que nous avons mentionnée ci-dessus, abandonna également son mari pour se rendre auprès de Childéric. Comme il la questionnait avec insistance sur la cause pour laquelle elle était venue à lui d'une région si lointaine, on rapporte qu'elle aurait répondu : « Je connais ton mérite, aurait-elle dit : je sais que tu es très énergique, et c'est pourquoi je suis venue pour habiter avec toi. Tu sauras en effet que, si dans un pays d'outre-mer, j'avais connu quelqu'un de plus méritant que toi, j'aurais cherché à tout prix à habiter avec lui. » Childéric plein de joie s'unit à elle par le mariage. Elle conçut, enfanta un fils et lui donna le nom de Clovis [1]. Ce fut un grand homme et un guerrier éminent. »

Les *Grandes Chroniques de France* mentionnent cette fable, enrichie de détails savoureux. La reine fugitive tient le même discours à Childéric, mais le soir de leur mariage, une fois au lit, elle le prie de s'abstenir pour leur première nuit conjugale, d'aller à la porte et de lui dire ce qu'il aura vu. Une croyance germanique voulait que la chasteté volontaire engendrât des songes prophétiques. Notre royal don juan obéit et se rend à la porte. Que voit-il? « Grandes formes de bêtes, comme de licornes, de léopards, de lions qui allaient et venaient devant le palais. » Épouvanté, il retourne près de la reine, qui le rassure et le renvoie à la porte. Cette fois, il aperçoit des ours et des loups sur les marches du palais. Il vient faire son rapport à Basine qui le renvoie à nouveau. Les ours et les loups ont fait place à des chiens et de petites bêtes qui « s'entre-dépeçaient ». Il demande à la reine ce que signifient ces trois visions. Basine, qui était quelque peu sorcière ou devineresse, le prie de se tenir tranquille jusqu'au lendemain et promet de satisfaire sa curiosité. Elle tint en effet sa promesse et

1. En réalité, Clodovegh, peut-être synonyme de Louis.

déclara à Childéric que ces trois visions annonçaient l'avenir de la race qui sortirait d'eux. Le lion et la licorne figuraient le fils qui serait leur premier-né (Clovis). L'ours et les loups, les enfants de ce fils qui seraient comme ces bêtes « sapineux » (voleurs et cruels). Les chiens étaient les petits-fils et leurs successeurs, en raison de leur paresse et de leur méchanceté. Et les petites bêtes symbolisaient le menu peuple enhardi par la faiblesse des princes. On ne pouvait mieux prophétiser la destinée de la lignée mérovingienne. Malheureusement il s'agit d'une prophétie a posteriori. Nul n'ignore que les *Grandes Chroniques de France* furent entreprises par Primat, moine de Saint-Denis, par ordre de saint Louis, donc huit siècles après le règne de Clovis! Admettons que Primat ait disposé de récits aujourd'hui perdus, ou qu'il ait fait état d'une tradition persistante. Le début de toutes les dynasties s'enveloppe ainsi de merveilleux!

Quittons le domaine légendaire et revenons aux réalités, si ténues soient-elles. Aegidius veillait au salut de la Gaule. Il s'efforçait de la maintenir dans l'obédience romaine. On le vit en 459 empêcher les Wisigoths, hôtes encombrants, de s'emparer d'Arles. En 460, il participait à l'expédition de l'empereur Majorien en Espagne. Les Wisigoths prirent Narbonne par trahison et, dès lors, Aegidius dut se replier sur la Loire, défendre pas à pas ce qui subsistait de l'État romain en Gaule. Les liens avec Rome étaient définitivement tranchés. Aegidius menait un combat sans espoir. Les Wisigoths menacèrent Orléans. Aegidius les vainquit. Il avait à ses côtés Childéric et ses Francs. Peu après, des pirates saxons menacèrent Angers (463). Aegidius les repoussa, mais il mourut l'année suivante lors d'une épidémie. Il laissait un fils trop jeune pour lui succéder : Syagrius (que nous retrouverons au début du règne de Clovis). Un certain comte Paul prit le commandement de l'armée « romaine ». En 468, les Saxons menacèrent à nouveau Angers. Le comte Paul avait Childéric pour second. Angers fut libéré, mais le comte Paul périt au cours du combat. Childéric continua la lutte contre les Saxons et nettoya leur réduit de la Loire. Il n'empêche qu'on le retrouve, à une date indéterminée, allié des mêmes Saxons, combattant les Alamans qui venaient de piller le nord de l'Italie. On ne sait plus rien de lui jusqu'à sa mort qui survint à Tournai en 481.

Au cours de la même période, Genséric, roi des Vandales, avait pillé Rome (455) malgré l'intervention du pape Léon le Grand, puis il était retourné en Afrique avec les trésors de la Ville éternelle. Des fantômes d'empereurs se succédaient sur le trône. Le vrai maître de l'Empire était alors le Germain Ricimer. Quand il mourut (472), un ancien conseiller d'Attila, Oreste, s'empara du pouvoir et proclama empereur son fils, Romulus Augustulus. En 476, le Germain Odoacre tua Oreste et déposa Romulus Augustulus. Il ne se proclama pas empereur, mais renvoya les insignes du pouvoir à Constantinople. L'Empire d'Occident avait vécu!

Childéric mourut donc cinq ans après la chute du dernier empereur. Il laissait un fils, Clovis, et trois filles : Lanthilde, Alboflède et Aldoflède. Il fut inhumé dans le cimetière voisin de la ville de Tournai, sa capitale, selon la coutume franque. Par la suite, on oublia jusqu'à l'existence de sa tombe, mais il était dit qu'il devait resurgir du néant des siècles, nous révéler ses richesses et presque son visage... Le 27 mai 1653, alors qu'on démolissait des bâtiments dans le voisinage de l'église Saint-Brice de Tournai, un ouvrier sourd-muet découvrit des objets d'or qu'il porta au doyen de la paroisse. Celui-ci récupéra le trésor ainsi mis au jour. On ne procéda pas à une fouille méthodique. Les ossements furent, semble-t-il, dispersés. Certains objets furent négligés ou perdus. Alerté, l'archiduc Léopold-Guillaume, gouverneur des Pays-Bas, se fit remettre le trésor, à l'exception de quelques pièces et de l'anneau sigillaire du défunt. Un des chanoines de la cathédrale prit l'empreinte de l'anneau qui portait l'inscription : « Childerici Regis » (du roi Childéric). Cette empreinte fut envoyée à l'archiduc qui se fit remettre l'anneau. En 1658, Léopold-Guillaume emporta le trésor à Vienne. L'empereur en offrit la plus grande partie à

Louis XIV. L'anneau, les pièces, les objets furent déposés au Cabinet des Médailles : aucun inventaire n'en fut établi. Ils furent volés en 1831 et partiellement retrouvés dans la Seine. L'épée de Childéric, la tunique de brocart et la chlamyde de soie qui l'habillaient, les broderies de fils d'or sont perdues. Restent une centaine de monnaies d'or à l'effigie de Théodose II et de Zénon, empereurs d'Orient, deux cents pièces d'argent, un talisman sphérique en cristal de roche, une francisque en fer, le fourreau d'un sacramasaxe, la poignée d'une spatha, un bracelet, une fibule, une tête de taureau en or, deux abeilles également en or et l'anneau sigillaire. Cette liste n'est pas exhaustive. Les abeilles ornaient le manteau royal; elles étaient probablement l'emblème des Mérovingiens. Certains auteurs ont affirmé que les fleurs de lys des Capétiens n'étaient pas autre chose que la stylisation des abeilles mérovingiennes, affirmation toute gratuite! Ce qui est certain, c'est que ces abeilles furent reprises par Napoléon Ier : on peut les voir brodées sur le manteau de son sacre. L'anneau sigillaire (reproduit dans le présent ouvrage) mérite une attention particulière. Childéric a les cheveux longs, privilège des rois francs. Il porte la cuirasse et le paludamentum des généraux romains, mais aussi la lance, symbole royal par excellence. L'inscription est latine. Nul document ne pourrait exprimer avec plus d'exactitude la double appartenance de Childéric, roi barbare et officier romain. Barbare déjà romanisé et officier pourvu d'un grade important par Aegidius ou par le comte Paul. A coup sûr, pendant quelques années, le roitelet de Tournai eut un rôle prépondérant en Gaule. Il avait été l'homme fort du dernier État gallo-romain. Il voulait laisser de lui le souvenir d'un grand roi et d'un chef de guerre victorieux. Il se voulait aussi « romain ». Cette attitude non douteuse éclaire singulièrement le comportement et les ambitions de Clovis.

V

« LE ROYAUME DE SYAGRIUS »

Désormais il ne restait rien de la puissante organisation gallo-romaine, hormis le pseudo-royaume de Syagrius entre la Somme et la Loire; encore ses limites étaient-elles indécises et le pouvoir de Syagrius sujet à caution. Le préfet du prétoire, les gouverneurs des dix-sept provinces qui formaient les deux diocèses de Gaule avaient été balayés. L'Église elle-même, si forte et si prospère depuis l'édit de Constantin, et qui avait calqué son implantation sur le système romain (un évêque par cité), se voyait menacée dans sa survie même. Elle devait affronter la double menace du paganisme et de l'hérésie arienne, sans parler de la cupidité des occupants barbares.

Au moment où Clovis allait succéder à Childéric, la situation politique de la Gaule était celle-ci.

Les Wisigoths étaient installés en Aquitaine depuis 416, en qualité de fédérés, c'est-à-dire légalement. Ils avaient reconnu la suzeraineté de l'empereur. Depuis lors, la décomposition du pouvoir central leur avait donné toutes les audaces et rien n'avait pu arrêter leur expansion. Ils se prétendaient néanmoins sujets de l'Empire et l'on avait vu leur roi Théodoric aux côtés d'Aetius en 451 dans la grande bataille contre Attila. Il y fut tué et les Wisigoths accusèrent Aetius d'avoir ourdi sa mort. Ils invoquèrent ce prétexte pour entrer en guerre contre lui. Aetius parvint difficilement à les contenir. Leur roi Euric (466-484) s'était emparé de Bourges et de Tours. Il eût franchi la Loire sans l'énergique intervention d'Aegidius et du roi Childéric. Déjà maître d'une partie de l'Espagne et du tiers de la Gaule, Euric venait de mettre la main sur la Provence et de conquérir (difficilement) l'Auvergne, inquiétant par là même les Burgondes. Les Wisigoths étaient ariens. Euric persécuta les catholiques, non sans doute à la façon des Romains, mais perfidement. Il interdisait le remplacement des évêques décédés. Il fermait les temples ou empêchait leur entretien. Agissant ainsi, il dressait contre lui l'Église, méconnaissant son influence sur les populations. « Dans les diocèses, dans les paroisses, tout est à l'abandon, écrit Sidoine Apollinaire. Les toits des églises pourrissent et s'effondrent, les portes en sont arrachées, l'entrée en est obstruée de ronces. Ô douleur! les troupeaux y pénètrent et broutent l'herbe qui croît au flanc des autels. Dans les villes même les assemblées de fidèles deviennent plus rares. »

Les témoignages contemporains, qu'il s'agisse de l'occupation wisigothique, burgonde ou franque, attestent qu'à une première époque de violence, voire de terreur, succédait une espèce de normalisation. Selon ces témoignages et en faisant la part de l'exagération, il semblerait pourtant que l'installation des Wisigoths en Aquitaine fut spécialement néfaste pour les habitants. L'évêque d'Auch, Orientius, affirme que ni les montagnes, ni les fleuves, ni les remparts des villes, ni les châteaux ne mirent les populations à l'abri des Barbares. Partout, selon lui, sévissaient la mort, la douleur, la destruction, les incendies, les massacres, les deuils. « Toute la Gaule, écrit-il, a brûlé sur le même bûcher. » Un autre Gallo-Romain regrette les richesses perdues. Il écrit : « Celui dont cent charrues fendaient les terres a du mal à trouver des bœufs; celui qui traversait les villes sur des chars superbes, exténué, parcourt d'un pied fatigué la campagne déserte; celui qui possédait dix grands vaisseaux voguant sur la mer conduit maintenant lui-même une petite barque. Campagnes, villes, tout a changé d'aspect, tout est entraîné dans une chute précipitée à la ruine. » Un autre encore souligne les crimes des Barbares. Il affirme qu'ils ont indifféremment massacré l'aristocratie et la plèbe, les vieillards et les enfants. Il les montre faisant irruption dans une villa, enlevant l'argent, les meubles, se disputant les bracelets des femmes, vidant la cave, ravissant les troupeaux et incendiant les bâtiments avant de porter leurs méfaits dans un autre lieu. Il montre aussi les églises profanées et détruites par le feu, les évêques réduits à la condition de leurs ouailles, enchaînés, fouettés, parfois brûlés. Il se montre lui-même couvert de poussière, chargé d'un fardeau, cheminant avec peine, au milieu des chars et des armes des Goths, près de son évêque chassé de son église et de sa ville.

Ces scènes de violence – dont on ne peut contester l'authenticité – n'intéressent cependant que la première phase de l'occupation. Lorsque les Wisigoths arrivèrent en Aquitaine, la plupart d'entre eux n'avaient nullement l'intention de s'y installer, bien qu'ils eussent la qualité de fédérés. Ils croyaient passer en Espagne et continuer leurs pilleries. On a vu dans quelles conditions ils s'y fixèrent. Dès lors, ils durent changer de comportement, et d'autant qu'ils représentaient une minorité au sein de la population gallo-romaine. Leur roi commença par leur attribuer les terres vacantes, celles du domaine public et celles qui avaient été abandonnées. Puis les propriétaires des grands domaines durent partager, c'est-à-dire céder légalement le tiers de leurs esclaves et les deux tiers de leurs terres à l'occupant. Les velléités de résistance furent, on s'en doute, promptement brisées. Pourtant, par la force des choses, on apprit à se connaître et des rapports de bon voisinage, voire d'amitié, s'établirent. Les Gallo-Romains conservaient leur droit. Les Wisigoths suivaient leurs coutumes. Il n'y avait point égalité entre les uns et les autres et les mariages mixtes restaient interdits. Mais le roi Euric, ayant rompu les derniers liens avec l'Empire, voulait fonder un État jouissant d'une autonomie complète. Maître d'un vaste royaume, il prétendait à l'hégémonie sur toute la Gaule. Nombre de patriciens adhérèrent au nouveau régime, entrèrent au service d'Euric. L'amalgame entre les deux ethnies s'amorçait. Euric avait toutes les chances de son côté, sauf une. Ses prédécesseurs avaient pratiqué une politique de tolérance à l'égard des chrétiens. Arien militant, Euric entendait faire prévaloir sa religion, en supprimant par extinction le clergé orthodoxe. Cela, l'Église ne pouvait le lui pardonner.

Les Burgondes occupaient la Sabaudia depuis 443, en qualité de fédérés. Ils avaient combattu eux aussi aux côtés d'Aetius en 451. Depuis lors, ils se sentaient à l'étroit dans leurs montagnes de Suisse et du Jura, et convoitaient les plaines bordant la Saône et le Rhône. D'après une chronique, « les Gallo-Romains de la Lyonnaise, de la Gaule chevelue et de la Cisalpine, afin de se soustraire aux impôts publics, invitèrent les Burgondes à s'établir chez eux; ceux-ci s'installèrent avec leurs femmes et leurs enfants ». L'Empire était alors vacant. Il est possible que les « sénateurs » lyonnais aient appelé les Burgondes pour se défendre des Barbares, notamment des Wisigoths. Ils espéraient sans doute se donner un empereur gaulois qui diminuerait les impôts tout en assurant la défense de ces régions. Mais les Burgondes ne se contentèrent pas d'être des mercenaires. Ils se transformèrent en occupants. Il fallut partager les terres avec eux. Il apparaît cependant que ces partages ne suscitèrent pas les mêmes scènes de violence qu'en Aquitaine. L'amalgame fut aussi plus rapide et plus profond. L'empereur Majorien tenta de refouler les Burgondes vers le nord. Ils évacuèrent provisoirement Lyon, puis revinrent, se posèrent en maîtres et fondèrent eux aussi un royaume. A l'époque de l'avènement de Clovis, le roi des Burgondes était Gondebaud. Il régnait sur un territoire s'étendant du plateau de Langres à la Durance, du Jura et des Alpes au cours inférieur du Rhône et au cours supérieur de la Loire, avec une double capitale: Lyon et Genève. Les Burgondes cherchaient à s'emparer de la Provence, c'est-à-dire à atteindre la mer. La politique intérieure de leur roi Gondebaud était très différente de celle du roi Euric. Elle visait à romaniser les Burgondes, à effacer le plus vite possible les différences existant entre ceux-ci et les Gallo-Romains. La loi Gombette qu'il promulgua tend à définir les rapports entre les uns et les autres et à établir l'égalité de leurs droits. Elle reprend la classification sociale des Romains. D'ailleurs Gondebaud n'avait point rompu officiellement l'allégeance avec l'Empire. Il prétendait agir en confédéré tout en se comportant en souverain indépendant. Les Burgondes étaient ariens, comme les Wisigoths. Mais alors que le roi Euric persécutait l'Église, Gondebaud pratiquait la tolérance. Il honorait les évêques de son amitié et veillait à ce qu'ils fussent respectés. Bien plus, il les autorisait à tenir des conciles, en sorte que l'Église espérait le convertir.

L'Armorique, dénommée Bretagne, en grande partie peuplée d'immigrants venus de Grande-Bretagne, chassés par les Saxons, jouissait d'une indépendance de fait depuis Aetius. Elle devait assurer elle-même sa défense contre les incursions des pirates. Elle était fortement évangélisée. Roitelets locaux et évêques s'y partageaient le pouvoir. Un de ces rois, Riotimus, combattait les Wisigoths dans les environs de Bourges au temps de Childéric. A vrai dire, une pénombre dense enveloppe les débuts de l'histoire bretonne. Les Francs saliens – peuple de Clodion, de Mérovée et de Childéric – s'étaient solidement implantés dans le nord-est de la Gaule, du Rhin à la Somme, et peut-être au-delà de cette rivière. Ils avaient colonisé cette riche contrée dans les circonstances que l'on a dites. Le rôle éminent assumé par Childéric après la mort du comte Paul avait largement préparé l'extension franque en direction de la Seine et de la Loire. D'ores et déjà, et le fait est d'importance, les rois francs apparaissaient aux yeux de l'Église et des populations gallo-romaines comme des protecteurs, non comme des conquérants. Les Francs étaient résolument païens, mais leurs rois ne persécutaient pas les évêques.

Au sud, les Francs saliens avaient pour voisins les Francs ripuaires, dont Cologne était la capitale. Quant aux Alamans, ils occupaient l'Alsace.

Le « royaume de Syagrius », ultime lambeau de la romanité et qui rétrécissait d'année en année, se situait entre la Seine et la Loire, avec une partie de la Normandie. Peut-être joignait-il encore la Somme, mais ses frontières paraissent avoir été si mouvantes que l'on ne saurait rien affirmer. Encerclé par les Francs saliens, les Ripuaires, les Alamans, les Bretons, les Wisigoths et les Burgondes, les chances de survie du « royaume de Syagrius » étaient minces, et d'autant que le pouvoir de son chef était incertain. Syagrius avait simplement succédé à son père Aegidius, d'abord sous la tutelle du comte Paul, puis sous l'envahissante protection de Childéric. Il n'avait, semble-t-il, aucun titre à gouverner. Ce fut Grégoire de Tours qui le qualifia de « roi ». L'influence de sa famille, le souvenir de son père et l'appui de l'évêque de Reims, saint Rémi, lui donnèrent en somme un pouvoir de fait. Les Burgondes et les Francs feignaient encore d'être sujets de l'Empire, « confédérés ». Syagrius ne prétendait nullement agir au nom de l'empereur; il agissait pour son propre compte. Sa capitale était Soissons.

Je compléterai ce tableau de la Gaule à la fin du Ve siècle, en soulignant deux points : la puissance de l'épiscopat gallo-romain et l'entrée en scène d'un nouveau venu, Théodoric le Grand, roi des Ostrogoths.

L'Église chrétienne avait indirectement bénéficié des malheurs de la Gaule. Les désastres accumulés, le naufrage de la civilisation acculaient les hommes au désespoir. L'Église leur montra que les Barbares étaient les instruments de Dieu, châtiant l'égoïsme et l'insolence des riches, la dépravation des mœurs. Elle leur dit que la Providence en abolissant leur prospérité enrichissait leurs âmes. Elle les invita à imiter la patience de Jésus-Christ dans ses souffrances. Elle les pénétra du caractère fugace de la vie terrestre au regard de l'éternité. La violence des Barbares fit peut-être plus que les sermons dans le domaine des conversions. On se jeta dans la foi, parce qu'on ne pouvait plus jouir de la vie, supporter le spectacle des grandeurs déchues, les humiliations de la pauvreté. Il y avait déjà longtemps que les esclaves et le petit peuple avaient entendu la Bonne Parole. En outre, sous l'empire de la nécessité, les évêques furent amenés à jouer un autre rôle. Ils représentaient dans l'anarchie ambiante la seule force cohérente, comme l'Église incarnait, vaille que vaille, l'unité des chrétiens. Les évêques s'improvisèrent protecteurs des fidèles, protecteurs actifs! Ils participaient à la défense des villes : comme saint Aignan à la défense d'Orléans. Ils osaient défier les chefs barbares, négocier avec eux. Ils se substituaient peu à peu dans les villes épiscopales à l'autorité défaillante des comtes ou gouverneurs. L'exemple de Sidoine Apollinaire est typique à cet égard. Ancien préfet de Rome, il avait été élu évêque de Clermont. Il organisa la résistance aux Wisigoths, de conserve avec le maître de la milice Ecdicius. Résistance qui dura de 471 à 474. L'Auvergne ayant été sacrifiée par l'empereur, Ecdicius se réfugia chez les Burgondes. Sidoine Apollinaire resta dans son évêché, face aux Wisigoths, afin de sauver son peuple. Euric le fit emprisonner puis lui rendit son évêché. Sidoine défendit de son mieux les Gallo-Romains, et non seulement les intérêts de la religion. Ce prélat qui était aussi administrateur et chef de guerre eut des émules. A mesure que progressaient les royaumes barbares, l'épiscopat dut bon gré mal gré assumer un rôle politique. Les évêques incarnaient aux yeux des envahisseurs cet Empire romain dont le prestige les impressionnait encore et dont les plus ambitieux d'entre eux se réclamaient. On ne saurait nier que ces évêques aient eu une pensée politique soigneusement élaborée, un plan d'action adapté aux circonstances. Ils correspondaient entre eux, ils se réunissaient. Devant la menace de l'hérésie arienne, ils surent faire le bon choix. Ces esprits subtils pouvaient tenter de négocier avec le maître des Wisigoths, qui n'était après tout qu'un chrétien dévié. Ils préférèrent donner leur appui aux Francs qui étaient païens, estimant que leur conversion serait plus solide, surtout plus agissante.

Théoriquement, la Gaule n'était pas autonome. Elle relevait de l'Empire d'Orient. L'Empire d'Occident avait disparu, mais les territoires qui le composaient étaient, fictivement, entrés dans l'obédience de Constantinople. Odoacre régnait alors sur l'Italie. En 488, Zénon, empereur d'Orient, accorda l'Italie aux Ostrogoths, à charge pour eux d'en chasser Odoacre. Naguère tributaires des Huns qui les avaient vaincus, ils avaient repris leur liberté après la mort d'Attila. Quittant la Pannonie, ils avaient obtenu l'autorisation de Zénon de s'installer en Macédoine. Leur voisinage inquiétait l'empereur. Il comprit que les Ostrogoths enviaient la glorieuse destinée des Wisigoths, leurs frères de race, et les détourna vers l'Occident, procédé connu. Mais Théodoric, roi des Ostrogoths, n'était pas un simple Barbare. Il avait grandi comme otage à la cour de Constantinople. Il s'était initié à la politique et à la diplomatie. A peine eut-il chassé Odoacre qu'il se posa en maître de l'Occident, prétendit imposer son arbitrage, sinon son autorité, aux autres rois, bien entendu au nom de l'empereur Zénon!

DEUXIÈME PARTIE

LE RÈGNE DE CLOVIS

481-511

I

L'AVÈNEMENT

La source essentielle de l'histoire de Clovis est le *Liber historiae Francorum* (le *Livre de l'Histoire des Francs*) de Grégoire de Tours. La chronique dite de Frédégaire, la vie de quelques saints, le texte de la loi salique, quelques lettres, ne font que compléter le récit de Grégoire. Né vers 540, en Auvergne, ce dernier appartenait au patriciat gallo-romain. Plusieurs membres de sa famille avaient occupé de hautes charges civiles et religieuses. Orphelin, il fut élevé par sa mère et par son oncle, l'évêque Gallus, l'un des successeurs de Sidoine Apollinaire au siège de Clermont. Ayant reçu les ordres, il fut accueilli à Tours par un autre parent, Euphronius, évêque de cette ville. A la mort de celui-ci, en 573, Grégoire devint lui-même évêque de Tours. C'était l'un des sanctuaires les plus importants de la Gaule mérovingienne. Le tombeau de saint Martin y attirait de nombreux pèlerins. D'où l'importance de Grégoire, ses rapports privilégiés avec les grands personnages de son temps et le rôle éminent qui fut le sien en plusieurs circonstances difficiles. Ce fut à tous égards un excellent pasteur, pratiquant la charité et veillant, autant que faire se pouvait, à protéger ses ouailles. Quand il mourut, en 593, un peuple unanime le pleura. Grégoire est le prototype des évêques mérovingiens, trait d'union entre la latinité et la barbarie, ultimes représentants d'une civilisation déjà abolie, dont ils sauvèrent cependant l'essentiel, à savoir les concepts du droit romain. Mais Grégoire connaissait aussi Virgile et Salluste. Il avait la plume facile, sinon toujours correcte. L'idée lui vint de laisser un témoignage de son époque et il écrivit cette *Histoire des Francs,* de 576 à 591, c'est-à-dire plus d'un demi-siècle après la mort de Clovis. La reine Clotilde s'était retirée à Tours. L'évêque Grégoire fut à même de recueillir le témoignage de ceux qui l'avaient connue, qui l'avaient entendue évoquer la glorieuse épopée de son mari. Il put, outre les documents dont il disposait, rassembler des récits directs, sans parler des traditions qui étaient celles de la famille royale mérovingienne, devenue une dynastie, et des traditions populaires. Sans doute manque-t-il d'esprit critique et de méthode, montre-t-il parfois une irritante naïveté! Comment ne pas lui pardonner d'être un homme de son siècle et de son état? Sa chronologie reste incertaine, mais pouvait-il en être autrement? Le reproche le plus grave que l'on puisse lui faire est d'avoir surtout cherché à expliquer la réussite éclatante de Clovis par sa conversion. Il jette un voile pudique sur certains faits; cependant il ne peut s'empêcher d'y faire allusion. Il essaie de justifier certains crimes par la raison d'État, tout en soupirant sur leur cruauté. Son récit a parfois l'accent d'une hagiographie et, s'agissant d'un personnage tel que Clovis, nous éprouvons quelque agacement. On ne doit pas oublier en lisant Grégoire qu'il était l'un des dignitaires de l'Église, d'une Église militante. L'arianisme était sa bête noire. Ceux qui combattaient cette hérésie avaient droit à son indulgence.

Relativement à la datation des événements qui jalonnent le règne de Clovis, il existe deux écoles historiques : l'une adopte la chronologie traditionnelle tirée, à peu de chose près, de celle de Grégoire de Tours; l'autre (de Van de Vyver) bouleverse de fond en comble les données admises, toutefois sans preuves convaincantes. J'adopterai donc la chronologie traditionnelle, certes avec prudence.

L'accession de Clovis au trône appelle une remarque préliminaire. Dans les premiers temps de la monarchie franque, les princes devenaient rois par héritage ou par élection de leur peuple. Cependant le choix ne pouvait se porter que sur un membre de la famille royale. S'il n'était pas fils du roi défunt, la coutume voulait qu'on élevât l'élu sur le pavois. S'il héritait normalement du trône, les guerriers se bornaient à l'acclamer quand il se présentait devant eux revêtu des ornements royaux. On lui remettait alors la lance, symbole de la royauté. C'est cette lance royale qui apparaît dans le sceau de Childéric et que reçut le jeune roi Clovis. Quel âge avait-il alors? Quinze ou seize ans, étant né, semble-t-il, pendant la campagne de Childéric à Orléans. La majorité salique était de douze ans. Les femmes étaient par nature exhérédées, disposition qui fut reprise par les Capétiens. Clovis portait les cheveux longs, privilège des princes de race royale, signe évident de son droit à régner, alors que les guerriers se rasaient la nuque, fussent-ils de haut rang. Cette ample chevelure, qui fait penser à la crinière des lions, revêtait certainement une signification magique aux yeux du peuple, attestait une origine divine. Cela dit, Clovis régnait sur le petit royaume de Tournai, le royaume salien ayant été partagé après la mort de Mérovée ou de Clodion. Les rois francs se considéraient comme les propriétaires de leurs royaumes. On possédait un royaume comme d'autres un domaine agricole. Il était donc logique de le partager entre les fils, chaque fois que disparaissait un roi. Ce système continuera après la mort de Clovis et finira par engendrer la chute de la dynastie mérovingienne. Roi de Tournai, Clovis avait pour voisins d'autres Francs saliens, qui étaient ses proches cousins: Ragnachar, ou Ragnacaire, roi de Cambrai, Chararic qui régnait peut-être sur la mystérieuse

Dispargum, et d'autres dont l'histoire n'a pas même retenu les noms. Il y a lieu de penser qu'à ses débuts Clovis ne disposait que de quelques milliers de guerriers. Les Saliens se considéraient tous comme des hommes libres, égaux entre eux. Rejetant tout concept de noblesse, ils n'obéissaient qu'à leurs rois, parce qu'ils appartenaient à une race sacrée et représentaient l'un de leurs dieux sur terre. Pourtant, sauf en temps de guerre, où le roi franc avait pouvoir de vie et de mort sur ses hommes, son autorité n'était pas absolue mais subordonnée à un certain nombre de règles qu'il ne pouvait transgresser en aucune manière : l'épisode du vase de Soissons en sera l'illustration parfaite.

Rien, en apparence, ne prédisposait le petit roi de Tournai à réunir sous son sceptre l'ensemble des royaumes établis en Gaule, ni même, à un niveau plus modeste, les petits États saliens. La disproportion entre ses débuts et son élévation à la magistrature suprême de Gaule est si flagrante qu'elle conduit à chercher d'autres raisons que l'audace, le génie politique, le pragmatisme et l'absence totale de scrupules du chef salien. Il paraît acquis qu'indépendamment de Tournai, il héritait aussi de la prépondérance exercée par Childéric bien au-delà de la Somme, après la mort du comte Paul. On ne sait si Childéric avait été légalement investi du titre de maître de la milice, ou s'il s'était approprié ce titre et assumait de facto le commandement des troupes gallo-romaines. La fin de son règne est obscure. Il est probable que, devenu majeur, Syagrius se libéra de sa tutelle et le refoula dans le Tournaisis. Cependant la zone d'influence des Francs saliens débordait largement les frontières hypothétiques de leur royaume. L'héritage de Clovis n'était donc pas uniquement territorial, mais politique. Les Francs étaient, parmi les Barbares, les plus romanisés. L'anneau de Childéric en apporte la preuve. Certes, ils étaient païens, révéraient Wotan et les autres dieux germaniques, croyaient aux Walkyries; pourtant ils ne manifestaient aucune hostilité à l'égard des chrétiens et respectaient les évêques. Le peuple gallo-romain d'entre Seine et

Loire les avait vus à l'ouvrage : il ne les craignait pas; peut-être, pour en finir avec l'anarchie, les appelait-il de ses vœux. Quant à l'épiscopat, il voyait en eux les hommes de l'avenir. En atteste la lettre que saint Rémi, évêque de Reims, envoya au jeune roi Clovis après son avènement et qui a été conservée :

« Une grande rumeur est arrivée jusqu'à nous; on dit que vous venez de prendre en main l'administration de la Belgique seconde. Ce n'est pas une nouveauté que vous commenciez à être ce qu'ont toujours été vos parents. Il faut veiller tout d'abord à ce que le jugement du Seigneur ne vous abandonne pas, et à ce que votre mérite se maintienne au sommet où l'a porté votre humilité; car, selon le proverbe, les actes des hommes se jugent à leur fin. Vous devez vous entourer de conseillers qui puissent vous faire honneur. Pratiquez le bien : soyez chaste et honnête. Montrez-vous plein de déférence pour vos évêques, et recourez toujours à leur avis. Si vous vous entendez avec eux, votre pays s'en trouvera bien. Encouragez votre peuple, relevez les affligés, protégez les veuves, nourrissez les orphelins, faites que tout le monde vous aime et vous craigne. Que la voix de la justice se fasse entendre par votre bouche. N'attendez rien des pauvres ni des étrangers, et ne vous laissez pas offrir des présents par eux. Que votre tribunal soit accessible à tous, que nul ne le quitte avec la tristesse de n'avoir pas été entendu. Avec ce que votre père vous a légué de richesses, rachetez des captifs et délivrez-les du joug de la servitude. Si quelqu'un est admis en votre présence, qu'il ne s'y sente pas un étranger. Amusez-vous avec les jeunes gens, mais délibérez avec les vieillards, et si vous voulez régner, montrez-vous-en digne. »

Cette lettre est du plus haut intérêt. Elle est à la fois très significative et équivoque. L'évêque de Reims félicite Clovis, mais le traite en souverain de la Belgique seconde dont la métropole était précisément Reims. Quelques historiens ont pensé qu'elle avait été écrite, non pas à l'avènement de Clovis (481), mais après la conquête du « royaume de Syagrius », en 486. Or l'évêque use d'un ton protecteur qu'il ne se fût certes pas permis à l'époque où Clovis était devenu le puissant souverain du nord de la Gaule. C'est bien à un jeune homme inexpérimenté, à un débutant, qu'il s'adresse. C'est pourquoi la date de 481 paraît devoir être retenue. L'évêque de Reims n'ignorait certainement pas que Clovis était païen. Pourtant il le traitait d'ores et déjà en roi chrétien, d'où les conseils qu'il lui donnait paternellement. On aura noté qu'il lui recommandait de vivre en bonne intelligence avec les évêques et même de prendre leur avis. Saint Rémi faisait fond sur les bonnes relations de Childéric avec les prélats. Il n'est pourtant pas interdit de croire qu'en envoyant cette missive à Clovis, il lui offrait ses services, mettait son expérience et son crédit à sa disposition. Clovis entendit la leçon. Il comprit ce que représentait l'appui de l'Église.

Il n'existe aucun document iconographique contemporain le représentant. Pour que le lecteur puisse se faire une idée de ce prince et de ses guerriers, je citerai ce passage de Sidoine Apollinaire. Il ne concerne point Clovis, mais Sigismer, un autre prince franc :

« J'imagine qu'avec plaisir, toi qui si souvent aimes à regarder les armes et les guerriers, tu aurais assisté à l'entrée du prince royal Sigismer paré suivant l'usage et à la manière de sa peuplade, lorsqu'il arriva au palais de sa fiancée. Il était précédé de son cheval tout couvert de phalères; d'autres chevaux étincelant de gemmes marchaient devant ou derrière, ajoutant une plus grande pompe à ce défilé, afin que lui-même s'avançât à pied, entouré de ses coursiers et de sa suite également à pied, revêtu d'écarlate, éblouissant d'or, resplendissant dans la soie d'une blancheur de lait : le ton de ses cheveux, de son teint et de sa peau répondait à toutes ces couleurs. L'aspect des roitelets et des compagnons qui l'escortaient inspirait la terreur en pleine paix; leurs pieds étaient entièrement pris jusqu'à la cheville dans des chaussures de cuir couvertes de poil rude; leurs genoux, leurs jambes, leurs mollets étaient nus. En outre, ils portaient des habits très hauts, serrés et de couleurs diverses qui descendaient à peine jusqu'à leurs jarrets découverts; les manches de leurs habits ne leur couvraient que le haut des bras; leurs sayons, de couleur verte, étaient brodés d'écarlate. Des glaives pendaient à leurs épaules, retenus par des baudriers, cependant que des ceintures de fourrure ornées de bossettes leur ceignaient les reins. Ils tenaient dans la main droite des lances à crochets et des haches de jet; à leur côté gauche était un bouclier dont l'umbo jetait des reflets de flamme et dont les bords étaient d'un blanc de neige: ainsi en ressortaient le travail et la richesse... »

Tel dut apparaître Clovis lors de son avènement. Mais de plus il portait le manteau pourpre, brodé d'abeilles d'or, insigne de sa dignité, et l'angon royal. Ce n'est que plus tard que la couronne ceindra le front des rois.

On ignore ce qu'il fit jusqu'en 486. Il était si jeune qu'il ne pouvait rien entreprendre hors de son royaume, sinon gagner l'amitié et l'appui des roitelets voisins. Il est probable qu'il apprit simplement à régner, aidé par quelques conseillers, s'exerça au maniement des armes et noua des intelligences avec les « sénateurs » gallo-romains, les comtes et les évêques des cités relevant en théorie de l'autorité de Syagrius. Peut-être essaya-t-il d'obtenir de ce dernier quelque fonction militaire, analogue à celle qui avait été conférée à Childéric. L'histoire reste muette sur ce point. Cependant la facile victoire qu'il remporta en 486 sur Syagrius laisse entrevoir une préparation méthodique, et une infiltration progressive dans son territoire.

L'histoire est muette également sur son premier mariage. Grégoire de Tours insiste sur le mariage avec Clotilde et sur ses conséquences. Il ne parle qu'à regret du fils aîné de Clovis, Thierry. Or ce dernier était en âge de commander une armée et de suppléer son père en 507; il avait déjà un fils adolescent, Théodobert. Pourquoi ce silence de Grégoire de Tours? Parce que Thierry était né du mariage de Clovis avec une princesse païenne (dont on ignore le nom). Cette princesse, probablement de la Thuringe rhénane, ayant été épousée selon le rite païen, Thierry n'était aux yeux de Grégoire qu'une sorte de bâtard. Le premier mariage de Clovis eut donc lieu au cours de sa période d'inactivité relative, entre 481 et 486, compte tenu du rôle tenu par Thierry en 507, pendant la guerre contre les Wisigoths.

II

LE VASE DE SOISSONS

Syagrius – que Grégoire de Tours qualifie, faute de mieux, de « Roi des Romains » – avait prévu l'agression des Francs saliens. Il est à souligner que Clovis attendit la mort du puissant roi des Wisigoths, Euric (485), pour attaquer Syagrius. Le fait qu'après sa défaite de Soissons ce dernier ait obtenu asile chez les Wisigoths laisse supposer qu'il avait au moins recherché leur alliance. Quelle pouvait être son autorité réelle entre la Somme et la Loire? Il n'y avait plus d'Empire d'Occident. Syagrius était ignoré de l'empereur d'Orient. Il n'était ni maître de la milice, ni comte, ni duc romain. Il n'avait à la vérité aucun titre légal pour rendre ses décisions exécutoires. Il se donnait simplement pour successeur de son père Aegidius. Le fait qu'il ait établi sa capitale à Soissons, et non pas à Lutèce ou à Reims, montre que, sans récuser formellement son pouvoir, ces villes revendiquaient une indépendance de fait sous la houlette de leur évêque et que, dans cette période d'insécurité extrême, elles assuraient elles-mêmes leur défense. Au contraire, le Soissonnais acceptait pleinement l'autorité de Syagrius. Soissons occupait alors une situation particulière. Pourvue de bons remparts, elle était une vigie d'où Syagrius pouvait surveiller la région et prévenir les incursions des Francs saliens. De quelles forces militaires disposait-il? Sans doute des légions qui avaient servi sous les ordres du comte Paul, légions dans lesquelles les Barbares étaient plus nombreux que les Gallo-Romains. Il est douteux que les autres villes lui eussent envoyé leurs contingents. Les évêques avaient assez d'influence pour susciter une espèce de mobilisation. Ils s'abstinrent. Leur choix était fait. Ils préféraient Clovis le païen à Syagrius le chrétien, qui n'avait pas leur confiance. Il ne représentait que lui-même et non comme Aetius ou Aegidius l'Empire. Ils savaient, ils sentaient que l'avenir était du côté des Francs.

Clovis ne pouvait avoir une grosse armée, bien qu'il se fût assuré le concours de ses parents Ragnacaire et Chararic. Certes, les guerriers francs étaient dotés de la lance à crochets et de la hache de jet (la francisque), ce qui leur conférait une certaine supériorité sur les « Romains ». Mais surtout Syagrius n'avait pas les talents militaires de son père et ses troupes manquaient d'enthousiasme. N'ignorant rien des préparatifs de Clovis, il lui laissa l'initiative des opérations, au lieu de l'attaquer quand il en était encore temps : manque de moyens ou de confiance en lui? Clovis avait l'impétuosité de ses vingt ans. Il déclara la guerre à son rival. Plus exactement, il lui envoya son défi à la mode germanique, en lui laissant le choix de la rencontre. « Il invita son adversaire à préparer le champ de bataille, écrit Grégoire de Tours. Or celui-ci ne le refusa pas et n'eut pas peur de résister. » Le « champ de bataille » n'a pas été localisé. Il se trouve dans les environs de Soissons. Syagrius crut en effet habile de se porter au-devant de l'ennemi, afin d'éviter un siège. C'était une lourde faute, car les connaissances des Francs dans le domaine de la poliorcétique[1] étaient à peu

1. Art des sièges.

près nulles. La bataille s'engagea. Clovis eut la mauvaise surprise de voir le roi Chararic et sa troupe se tenir à l'écart de la mêlée. Chararic ne trahissait point; il attendait tout bonnement l'issue de la rencontre pour se ranger dans le parti du vainqueur. Ce fut Clovis, malheureusement pour Chararic! Je laisse la parole à Grégoire de Tours :

« Pendant qu'ils se battaient entre eux, Syagrius, voyant son armée écrasée, tourne le dos et se précipite dans une course rapide chez le roi Alaric [1] à Toulouse. Cependant Clovis envoie dire à Alaric qu'il doit livrer Syagrius; sinon il saura que la guerre lui sera déclarée pour avoir retenu ce personnage. Mais Alaric craignant d'encourir à cause de ce dernier la colère des Francs, car c'est l'habitude des Goths de trembler, le livre garrotté aux ambassadeurs. Dès que Clovis l'eut reçu, il ordonna qu'on le mît sous bonne garde et, après avoir pris possession de son royaume, il donna l'ordre de l'égorger secrètement. »

Raccourci saisissant, un peu trop sans doute! Rien ne prouve que Syagrius, forcé d'abandonner le Soissonnais, n'ait pas livré d'autres batailles, avant de se réfugier auprès d'Alaric, dans l'espoir de reconquérir son « royaume » avec l'appui des Wisigoths. Quant à son extradition, elle ne peut se situer à cette époque. La victoire de Soissons ne faisait pas de Clovis un si grand personnage qu'il pût faire « trembler » les Wisigoths. Alaric avait tout intérêt à garder sous la main le rival du roi des Saliens, afin, l'occasion s'offrant, de faire valoir ses droits. Qu'il ait fini par livrer Syagrius à Clovis, cela est certain, mais en d'autres circonstances et, en somme, comme monnaie d'échange. En revanche, Grégoire de Tours a certainement raison quand il écrit que Clovis fit mettre son rival à mort. De telles exécutions étaient dans sa manière et dans les mœurs du temps. Les Romains avaient donné l'exemple!

Soissons ouvrit ses portes à Clovis, sans opposer de résistance. Il s'installa dans le palais de Syagrius, fit main basse sur le « fisc », c'est-à-dire sur le trésor et le domaine public

1. Fils et successeur d'Euric, roi des Wisigoths.

romain, argent et villas naguère impériales. Ce brusque accroissement de richesse fut l'un des éléments de sa réussite. Il pouvait récompenser ses soldats, s'acquérir des fidélités nouvelles avec la complaisance des évêques. Il abandonna Tournai. Soissons devint sa capitale et la base de ses opérations. « Les soldats et gens de guerre des Romains, déclare Procope, lesquels avaient été laissés en Gaule pour la défense de ses frontières, ne pouvant retourner à Rome, ni se donner aux Burgondes ou aux Wisigoths qui étaient ariens, se rangèrent du côté des Francs avec leurs enseignes, mirent entre les mains des Francs les lieux qu'ils gardaient pour les Romains, conservant leurs coutumes, leurs champs, leurs lois et leur costume. » Ce jugement doit être nuancé. Clovis mit en effet plusieurs années à conquérir le « royaume de Syagrius », plus exactement l'ultime territoire d'obédience gallo-romaine entre la Seine et la Loire. « Il fit beaucoup de guerres et gagna des victoires », dit Grégoire de Tours, sans préciser davantage et on le regrette! Syagrius conservait des partisans, si ténus que fussent ses droits. Si Clovis acceptait volontiers de prendre à son service les Germains qui avaient combattu pour son rival, il lui était difficile d'admettre les Gallo-Romains à peine de mécontenter les guerriers francs. Certaines villes opposèrent quelque résistance. Clovis dut faire plusieurs campagnes avant de se rendre maître du royaume de Syagrius et d'atteindre la Loire. Encore qu'il recherchât l'amitié des évêques et tînt à ménager les populations gallo-romaines, il ne pouvait toujours éviter les excès de ses guerriers. Bien qu'ils fussent eux-mêmes passablement « romanisés », le vieil instinct pillard se manifestait à la première occasion. C'est dans ce contexte que se situe le fameux épisode du vase de Soissons. Grégoire de Tours :

« En ce temps, beaucoup d'églises furent pillées par l'armée de Clovis, parce qu'il était encore enfoncé dans les erreurs du fanatisme. C'est ainsi que les troupes avaient enlevé d'une église un vase d'une grandeur et d'une beauté merveilleuses, avec d'autres ornements servant au ministère ecclésiastique. L'évêque de cette église envoya donc des messages au roi pour lui demander que, si son église ne pouvait recouvrer les autres vases sacrés, du moins elle recouvrât celui-ci. Ce qu'entendant, le roi dit au messager : " Suis-nous jusqu'à Soissons, parce qu'on devra y partager tout ce qui a été pris et lorsque le sort m'aura donné ce vase, j'exécuterai ce que l'évêque demande. " Puis arrivant à Soissons, où toute la masse du butin avait été placée au milieu, le roi dit : " Je vous prie, ô très valeureux guerriers, de ne pas vous opposer à ce que me soit concédé hors part ce vase. " Il faisait en effet allusion au vase mentionné ci-dessus. A ces mots du roi, ceux qui avaient l'esprit sain répliquent : " Tout ce que nous voyons ici, glorieux Roi, est à toi et nous-mêmes sommes soumis à ta domination. Fais donc maintenant ce qui convient à ton bon plaisir. " Or, après qu'ils eurent parlé ainsi, un homme léger, jaloux et frivole, ayant levé sa hache, frappa le vase en criant à voix forte : " Tu n'auras rien ici que ce que le sort t'attribuera vraiment! " A ces mots qui stupéfièrent tout le monde, le roi contint son ressentiment avec une douce patience et, prenant le vase, il le rendit à l'envoyé ecclésiastique en gardant cachée dans son cœur sa blessure. Mais au bout d'une année il fit défiler toute sa phalange en armes pour inspecter sur le Champ de Mars la propreté des armes. Or tandis qu'il se dispose à passer en revue tous les hommes, il s'approche du briseur de vase à qui il dit : " Personne n'a apporté des armes aussi mal tenues que les tiennes, car ni ta lance, ni ton épée, ni ta hache ne sont en bon état. " Et, saisissant la hache de l'homme, il la jeta à terre. Mais alors que celui-ci s'était un peu incliné pour la ramasser, le roi levant les mains lui envoya sa propre hache dans la tête en disant : " C'est ainsi que tu as fait à Soissons avec le vase. " Quand l'homme fut mort, le roi ordonna aux autres de se retirer et par cet acte il leur inspira une grande crainte à son égard. »

Il y avait en effet de quoi éprouver quelque crainte envers un tel chef, mais l'exécution du coupable ne parut pas excessive aux soldats de Clovis. On a contesté l'authenticité de cet épisode, accusé Grégoire de Tours de l'avoir inventé de toutes pièces. Il traduit cependant avec exactitude les mœurs militaires des Francs. Il rend admirablement compte des difficultés auxquelles était confronté Clovis dans la première partie de son règne. Quelque vif que fût son désir de rassurer les Gallo-Romains, leurs « sénateurs » et leurs évêques, il devait respecter les coutumes germaniques. Il voulait se couler dans le moule romain; non détruire l'organisation romaine subsistante, mais l'utiliser au mieux de ses intérêts. C'était un conquérant. Or ses guerriers ne voyaient dans les expéditions militaires qu'un moyen de s'enrichir. La guerre devait être pour eux une entreprise fructueuse. Ils n'eussent pas compris et dès lors ils n'eussent pas suivi un chef qui aurait interdit le butin. Clovis lui-même ne montrait aucune répugnance à grossir son trésor. La coutume franque exigeait que le butin amassé pendant une campagne fût amené dans la capitale et partagé selon des règles précises: un cinquième pour le roi, le reste pour ses guerriers, les parts étant tirées au sort. On s'efforçait de faire des parts égales entre ces derniers, ce qui ne devait pas être toujours aisé! Dès lors, on comprend pourquoi Clovis emmena l'envoyé de l'évêque à Soissons. Pour lui, la restitution du vase sacré était un acte politique. Il tenait à satisfaire la demande de l'évêque, mais il lui fallait en même temps ménager la susceptibilité de ses soldats. Il les pria donc, en flattant leur amour-propre, de lui accorder ce vase hors part, et ils acquiescèrent tous, sauf un. Clovis jugula sa colère. Il ne se permit aucun reproche, quand l'homme envoya sa hache dans le vase. Il différa sa vengeance, car il n'avait pas le droit de punir cet insolent. Le vase qui était en métal ne fut point brisé. Le tirage au sort l'attribua à Clovis qui le remit aussitôt à l'envoyé de l'évêque. L'armée prit ses quartiers d'hiver. Au printemps suivant eut lieu la revue du Champ de Mars, autre coutume franque, précédant en général le départ en opérations. Il faut savoir que chaque guerrier s'équipait à ses frais. Il lui incombait de réparer ses armes endommagées lors de l'expédition précédente, ou de les remplacer. Il revenait au roi d'inspecter soigneusement les armes. Il avait en sa qualité de chef de guerre droit de vie et de mort sur ses soldats. En fracassant la tête du « briseur de vase », il usait simplement de ce droit et d'autant que l'homme avait un armement défectueux. Cette anecdote révèle aussi la sévérité de la discipline qui régnait dans l'armée de Clovis.

Certains récits hagiographiques montrent Clovis assiégeant diverses villes, parmi lesquelles Paris sauvée de la famine par sainte Geneviève, et Verdun. Rien ne prouve que ces pieux récits soient conformes à la vérité historique. Ce qu'il y a de certain, c'est qu'en peu d'années Clovis se rendit maître de la totalité du « royaume de Syagrius » et régna sur tout le nord de la France. Le « fisc » impérial lui offrait assez de possibilités pour doter ses guerriers de riches domaines. Les Gallo-Romains ne furent point dépossédés. Les « sénateurs » conservèrent leurs villas dédaignées par les nouveaux occupants. Les Francs devinrent colons, sans pour autant abandonner l'épée. Ils avaient toujours l'obligation de répondre aux convocations du roi et de se rendre au Champ de Mars. Nul doute que l'épiscopat ne jouât dans cette période un rôle déterminant, évitant les conflits, continuant à protéger ses ouailles, usant de son autorité à l'égard des Francs. Clovis avait lui-même trop besoin de l'influence des évêques pour affermir son autorité. On l'a parfois dépeint sous les traits d'une brute sanguinaire et fourbe à la tête d'une bande de pillards forcenés. Son comportement montre au contraire un homme intelligent, ne cédant point à sa barbarie native, mais animé par une véritable pensée politique. Ses calculs s'avérèrent justes, car l'exemple des évêques entraîna l'adhésion des « sénateurs » et de leur clientèle. Les Gallo-Romains devinrent promptement des Francs, sans distinction d'origine. Du moins furent-ils désormais connus sous cette appellation. Quant à Clovis, il prenait, vaille que vaille, la relève de la romanité. Il était désormais l'un des rois les plus considérables de la Gaule, face aux Wisigoths et aux Burgondes.

III

LA MYSTÉRIEUSE THURINGIE

Grégoire de Tours : « ... Pendant la dixième année de son règne, il déclara la guerre aux Thuringiens et les soumit à sa domination. » Cette phrase laconique a fait couler beaucoup d'encre, suscité de véhémentes querelles chez les érudits. Les Thuringiens étaient les ennemis héréditaires des Francs. Après la mort de Clovis, Thierry, son fils aîné, déclarera à Clotaire, toujours selon Grégoire de Tours : « Rappelez-vous que les Thuringiens ont jadis attaqué violemment nos parents et leur ont causé beaucoup de maux. Ceux-ci, qui avaient donné des otages, ont voulu conclure la paix avec eux; mais ceux-là ont fait périr les otages eux-mêmes par toutes sortes de morts, puis se jetant sur nos parents, ils leur ont arraché tous leurs biens; ils ont pendu à des arbres de jeunes garçons attachés par les nerfs des cuisses; ils ont tué sauvagement plus de deux cents jeunes filles; il en est de qui ils ont attaché les bras à la tête des chevaux, et ceux-ci, qui violemment aiguillonnés s'élançaient dans diverses directions, ont mis les femmes en lambeaux. D'autres ayant été étendues sur des ornières de chemins et fixées au sol avec des pieux, ils ont fait passer sur elles de lourds chariots chargés et, quand leurs os ont été brisés, ils les ont données en pâture aux chiens et aux oiseaux. »

Qui étaient ces cruels Thuringiens? Où se trouvait le royaume de Thuringie? Il est difficile de répondre. Le grand historien Godefroid Kurth, qui écrivit au siècle dernier et consacra sa vie à l'étude des Mérovingiens, a soutenu brillamment la thèse selon laquelle la Thuringie n'était autre que la Tongrie (du nom de sa capitale: Tongres), c'est-à-dire le royaume salien le plus septentrional, bordant le royaume de Cambrai. Il attribue sans hésiter la Tongrie-Thuringie au roi Chararic, le douteux allié de Clovis à la bataille de Soissons. Il rapproche la campagne de Thuringie de la mort de Chararic et de celle de Ragnacaire, roi de Cambrai, dont Grégoire de Tours a placé le récit dans les dernières année, sinon même la dernière année, du règne de Clovis, et cela contre toute logique. Après sa victoire décisive sur les Wisigoths et sa marche victorieuse vers les Pyrénées, Clovis avait à organiser les territoires conquis, non pas à se soucier des roitelets saliens descendant de Clodion. Il y avait longtemps qu'ils étaient rentrés dans le rang et ne comptaient plus. En revanche, après la conquête du « royaume de Syagrius », le comportement de ces roitelets, ses égaux de naguère et ses parents, ne pouvait que le préoccuper. Sa brusque ascension inquiétait les Burgondes et, plus encore, les Wisigoths. Il était allié des Francs ripuaires sur lesquels il pouvait compter pour tenir en respect les Alamans occupant l'Alsace et le cours supérieur du Rhin. Il devait absolument assurer ses arrières avant d'envisager l'extension du royaume franc vers le sud. Il est donc raisonnable de rapprocher la mort de Chararic et de Ragnacaire de la campagne de Thuringie (491). Tout porte à croire que ce royaume de Thuringie (sans rapport avec la Thuringe actuelle) se trouvait sur la rive droite du Rhin inférieur, entre le royaume des Francs et les territoires occupés par les Frisons et par les Saxons.

Chararic, roitelet salien, s'était – on s'en souvient – tenu à l'écart pendant la bataille de Soissons. Cette attitude suspecte dut irriter Clovis, mais, comme il le fit à l'égard du « briseur de vase », il différa sa vengeance. Un orgueil forcené caractérisait les chefs francs, de même que leurs guerriers. Chararic, sorti de la même souche, s'estimait l'égal de Clovis dont les victoires répétées ne l'impressionnaient pas. S'il avait consenti un pacte d'alliance momentanée, il n'entendait pas se soumettre à lui. Clovis négocia habilement avec Chararic et, « l'ayant circonvenu par des ruses », il le captura ainsi que son fils. Puis il fit tondre les deux princes. Comme Chararic se lamentait sur l'humiliation qu'on lui infligeait, son fils le consola par ces mots :

– « Ces feuillages ont été coupés sur du bois vert et ils ne sèchent pas complètement; mais ils repousseront rapidement pour pouvoir grandir. Plaise à Dieu que celui qui a fait cela périsse promptement. »

Ces paroles furent rapportées à Clovis. Il fit exécuter Chararic et son fils, prit leur trésor et annexa leur petit royaume. Cette anecdote demande explication. Nouveaux Samsons, les princes saliens tenaient leur droit à régner d'une chevelure opulente. Cette chevelure les distinguait absolument de leurs guerriers à la nuque rasée. Elle était le signe apparent de leur puissance, de leur origine divine. Tondre un roi, c'était donc abolir cette puissance magique, et par là même lui enlever son droit à régner : il redevenait un homme ordinaire. Tel était le but de Clovis, encore enfoncé dans le paganisme, quand il fit couper la chevelure « royale » de Chararic et de son fils. Mais, selon la même croyance, lorsque la chevelure repoussait, le roi déchu recouvrait ses droits. D'où les imprudentes paroles du fils de Chararic. Pour être tranquille, Clovis préféra les mettre à mort, procédé expéditif!

Le sort du roi de Cambrai, Ragnacaire, ne fut pas meilleur. Il se signalait, paraît-il, par une débauche effrénée, et ne respectait même pas les femmes de sa famille. Il avait un conseiller, nommé Farron, qui partageait ses vices et faisait l'objet d'une faveur excessive. Le roi lui donnait souvent les présents qu'il recevait lui-même. Ses guerriers « étaient gonflés d'une grande indignation ». Ce qu'apprenant Clovis envoya aux familiers de Ragnacaire des bracelets et des baudriers dorés. Ces objets paraissaient en or; ce n'était que du bronze doré: on connaît l'habileté des orfèvres francs. C'était acheter au moindre prix la complicité des leudes[1]. Il envahit ensuite le Cambraisis. Ragnacaire envoya des éclaireurs qui le trahirent impudemment.

– « C'est un très grand renfort pour toi et ton Farron », dirent-ils.

Clovis attaqua donc par surprise. Ragnacaire tenta de se défendre mais comme il s'apprêtait à fuir, ses propres soldats le capturèrent et le conduisirent pieds et poings liés devant Clovis. Ce dernier apostropha le prisonnier en ces termes qui font rêver :

– « Pourquoi as-tu humilié notre famille en permettant qu'on t'enchaîne? Il aurait mieux valu pour toi de mourir. »

Après quoi, levant sa hache, il la lui enfonça dans le crâne. Puis, se tournant vers Riquier qui était également ligoté, il lui lança :

– « Si tu avais porté secours à ton frère, il n'aurait pas été pris. »

Et, pour faire bonne mesure, il lui fendit également la tête.

Les traîtres qui avaient reçu les bracelets et les baudriers s'aperçurent qu'ils avaient été trompés et s'en plaignirent à Clovis, qui leur répondit :

– « On mérite cette sorte d'or quand on conduit son maître à la mort de sa propre volonté. Qu'il vous suffise de vivre si vous ne voulez pas expier votre trahison envers vos maîtres par une mâle mort au milieu des tourments. »

Ils se contentèrent de cette réponse péremptoire! Clovis ne s'arrêta pas en si bon chemin. Il fit exécuter un autre frère de Ragnacaire, nommé Rignomer. Sans doute ce prince était-il parvenu à s'enfuir, car le meurtre eut lieu

1. Guerriers formant l'entourage des rois.

près du Mans. Grégoire de Tours ajoute que Clovis fit exécuter ou tua « beaucoup d'autres rois et de proches parents ». Puis, il eût déclaré : « Malheur à moi qui suis resté comme un pérégrin au milieu d'étrangers et n'ai plus de parents pour m'aider si l'adversité venait. » Et Grégoire de prêter à son héros cette intention stupéfiante : « Ce n'est pas par affliction de leur mort qu'il disait cela, mais par ruse, pour savoir si par hasard il pourrait en découvrir d'autres qu'il tuerait. »

J'ai relaté, avec quelque complaisance, ces deux épisodes peut-être arrangés par Grégoire de Tours. A cela j'avais une raison précise. Dramatisés ou non, ces deux récits témoignent à la fois des mœurs franques et de la psychologie de Clovis. Quelque romanisé qu'on le dît, la barbarie parlait en lui. Or les hommes de sa race avaient une solide réputation de fourberie et de cruauté. A la vérité, deux mondes cohabitaient en Clovis. Son mérite fut de comprendre ce qu'avait été la civilisation ou plutôt l'organisation romaine et de vouloir la continuer. Il est vrai que cette volonté répondait à son intérêt le plus immédiat. Rien chez lui n'était gratuit et jamais il ne travailla pour le profit d'autrui.

Il importe peu de savoir si Chararic et Ragnacaire ont disparu dans les circonstances rapportées par Grégoire de Tours. Ce que l'on retiendra simplement, c'est que Clovis supprima, de façon ou d'autre, sans doute par la ruse et le crime, les roitelets saliens, ses parents plus ou moins proches. Il ne massacra pas seulement les rois, mais leurs familles. La coutume franque voulait que tous les enfants mâles issus d'une souche royale aient qualité de princes et vocation au trône. Agissant ainsi, Clovis supprimait donc les compétiteurs éventuels. Il réunifiait l'ancien royaume salien et effaçait de gênantes ou dangereuses enclaves territoriales. Il substituait sa propre famille aux familles rivales. Il se posait déjà en fondateur de la dynastie mérovingienne. Si Chararic, Ragnacaire et les autres rois francs ne trouvèrent pas de défenseurs, c'est que la gloire de Clovis imposait d'ores et déjà la crainte et le respect à tous les peuples saliens. C'est aussi qu'aux yeux de ces guerriers cupides il paraissait plus avantageux de servir sous les enseignes du vainqueur de Syagrius.

Quant à la campagne en Thuringie qui suivit cette opération de « nettoyage » en pays salien, elle ne paraît pas avoir été aussi fructueuse que l'insinue Grégoire. Clovis infligea quelque défaite aux Thuringiens, mais n'anéantit point leur armée et dut se contenter d'une soumission de pure forme. Dès qu'ils le purent, les Thuringiens rompirent leurs engagements et reprirent leur liberté. C'est bien là ce que suggère l'exhortation de Thierry à Clotaire.

IV

LE DIEU DE CLOTILDE

J'ouvre un de ces beaux livres illustrés où les générations d'autrefois apprenaient l'histoire de notre pays, livre écrit par un docte professeur, président d'une honorable société savante, et illustré par quelque disciple de Gustave Doré. Je lis : « Tout féroce qu'il était lui et son chef, c'est vers le peuple franc que se tournèrent alors les espérances du clergé et des Gallo-Romains, attendant mieux de Clovis et de ses guerriers idolâtres que des autres rois barbares qui occupaient alors la Gaule, et commandaient aux Bourguignons et aux Wisigoths, infectés d'arianisme et, de plus, persécuteurs. »

Saint Rémi continuait d'avoir libre accès auprès du vainqueur de Soissons, et c'est peut-être à ses conseils que sont dues les grandes actions qui furent accomplies plus tard. Il pensa qu'il parviendrait plus aisément au but qu'il poursuivait : la conversion du roi des Francs, s'il lui faisait épouser une femme chrétienne. Or vivait alors, comme pour servir les vues de la Providence, une princesse catholique dont on vantait la beauté et les vertus. C'était Clotilde, la nièce de Gondebaud, roi des Burgondes. Ses parents avaient été cruellement mis à mort, et elle vivait à Genève, occupée aux œuvres de charité.

D'après un des chroniqueurs de cette époque, voici comment eut lieu sa demande en mariage, épisode poétique et romanesque, intervenant gracieusement au milieu des combats incessants et des scènes sanglantes qui remplissent la terrible épopée de ces temps-là. Le Gaulois Aurélien, secrétaire de Clovis, se déguise en mendiant. Il arrive avec sa besace sur le dos à une des portes de la ville de Genève. Il y trouve Clotilde assise à côté de sa sœur. Les deux jeunes chrétiennes attendaient là les pauvres voyageurs pour exercer envers eux les devoirs de l'antique hospitalité. A la vue de ce mendiant, ployé sous son fardeau, Clotilde se lève, le prend par la main et puis s'agenouille devant lui pour lui laver les pieds. Aurélien se penche alors vers son oreille et lui dit : « Maîtresse, j'ai une nouvelle fort importante à t'annoncer; mène-moi dans un lieu où je puisse te parler en secret. – Tu peux parler ici, répond Clotilde. – Le roi Clovis, reprend Aurélien, m'a envoyé vers toi, car il désire vivement t'épouser, si telle est la volonté de Dieu. Pour que tu aies foi en ma parole, voici son anneau. Vois si tu peux l'accepter. » Clotilde resta tout émue; la rougeur voilait son visage et la joie reluisait dans ses yeux. « Prends ces cent sous d'or, dit-elle au confident de Clovis, pour récompense de ta peine et de ton message. Retourne vers ton maître et remets-lui mon anneau en échange du sien, en lui disant que, s'il veut m'épouser, il envoie des ambassadeurs à mon oncle Gondebaud. »

Viennent ensuite les mésaventures d'Aurélien à son retour; sa besace lui est volée avec l'anneau de Clotilde qui s'y trouvait caché. Il est, à la suite de cette perte, battu de verges; mais l'anneau est retrouvé. Une ambassade envoyée à Gondebaud obtient la princesse. Clotilde part; mais craignant que son oncle ne se repente de l'avoir accordée au roi des Francs, elle fait hâter la marche du char qui l'emmène. Elle ne s'était pas trompée. Gondebaud envoya des hommes d'armes pour l'arrêter et la lui ramener. Ils n'y furent pas à temps : Clotilde était déjà sur le territoire de son fiancé...

Un autre de ces vieux ouvrages, dont s'enchanta ma prime jeunesse, ajoute même que Clotilde fit incendier quelques villages avant de quitter le royaume burgonde, afin de se venger du meurtrier de ses parents! Il n'est pas indifférent d'évoquer cette imagerie populaire. Elle permet de mesurer l'impact d'un événement. Il n'est pas surprenant que le mariage de Clotilde et de Clovis ait été magnifié par la postérité, c'est-à-dire déformé non dans sa nature mais dans les circonstances qui le déterminèrent. Les conséquences de ce mariage furent en effet considérables. Le baptême de Clovis en résulta, qui est un des actes les plus importants de notre histoire, puisqu'il fit de la France la fille aînée de l'Église et scella pour treize siècles l'alliance du trône et de l'autel. Certes Grégoire de Tours n'ignorait rien du mariage de Clovis, mais chrétien convaincu, militant, d'une orthodoxie sans faiblesses, il ne savait comment expliquer que la princesse Clotilde, bonne catholique, ait accepté d'épouser un roi païen. Il imagina donc cette fable selon laquelle son oncle Gondebaud l'avait reléguée à Genève, où sa vie était plus ou moins menacée. Grégoire de Tours haïssait furieusement les ariens et Gondebaud avait embrassé cette hérésie. Grégoire l'accuse formellement d'avoir égorgé son frère Chilpéric pour s'emparer de son royaume, et d'avoir noyé la femme de celui-là. Il insiste sur le fait que Gondebaud n'osa pas rejeter la demande de Clovis. Il remit Clotilde aux ambassadeurs du roi des Francs qui l'emmenèrent « au plus vite ». La voyant, Clovis fut saisi « d'une grande joie et il se l'associa par mariage, alors qu'il avait déjà d'une concubine un fils nommé Thierry ». Admettons que Grégoire ait eu à sa disposition une chronique perdue, ou quelque panégyrique inconnu de nos jours. De toute façon, il se trompe lourdement et l'on ne peut s'empêcher de penser qu'il se trompe volontairement. En effet, la cruauté de Gondebaud envers les parents de Clotilde annonce dans son récit certaine expédition de Clovis contre les Burgondes et justifie par avance son comportement à l'égard de Gondebaud devenu son oncle par alliance.

La vérité est différente et autrement convaincante. Le roi des Burgondes, Gundioch, avait eu quatre fils dont deux seuls survivaient : Gondebaud et Godegésile. Le premier résidait à Vienne, le second à Genève. Un troisième fils, Chilpéric, avait été roi de Lyon. Selon la coutume germanique, le royaume avait été partagé à la mort de Gundioch. Gondebaud était l'aîné et son frère Godegésile le jalousait, car, à la mort de Chilpéric, il avait mis la main sur le royaume de Lyon. Ce Chilpéric était arien, mais il avait épousé une chrétienne nommée Carétène. Il laissait deux filles, Clotilde et Chrona, toutes deux baptisées selon le rite catholique. Non seulement Gondebaud ne le fit pas assassiner, mais, au témoignage de saint Avit, évêque de Vienne, il pleura amèrement et sincèrement sa mort. Les filles ne pouvant prétendre à l'héritage de leur père, Gondebaud prit possession de Lyon en toute légalité. Il ne fit pas davantage noyer sa veuve dans le Rhône avec une pierre au cou, car la noble Carétène mourut vers 506 en odeur de sainteté et sa tombe a été mise au jour! Ce fut Godegésile qui la recueillit à Genève avec ses deux filles. L'une et l'autre se signalaient par leur piété. La sœur de Clotilde se fit religieuse. Godegésile était arien lui aussi, mais, comme on a dit, les Burgondes pratiquaient la tolérance.

Théodoric, roi des Ostrogoths, achevait alors la conquête de l'Italie. Il demanda et obtint la main de la sœur du roi des Francs, Aldoflède. Ce mariage était l'annonce d'une politique matrimoniale sur laquelle nous reviendrons. Que le conquérant de l'Italie, le roi du puissant peuple des Ostrogoths, le mandataire de l'empereur d'Orient Zénon, ait demandé la main d'Aldoflède montre assez bien l'importance déjà « européenne » que Clovis avait acquise! Aldoflède était donc partie pour l'Italie, après avoir abjuré le paganisme et s'être convertie à l'arianisme, puisque telle était la religion de son futur époux.

La première femme de Clovis, mère de Thierry, était morte. C'est à tort que Grégoire de Tours la qualifie de concubine : on a indiqué plus haut ses raisons. Clovis songea à contracter un mariage digne du rang qu'il occupait désormais. On ne peut récuser absolument l'intervention de saint Rémi dans le choix de Clotilde, princesse catholique. Clovis échangeait des ambassadeurs avec Gondebaud. Son intérêt lui commandait d'entretenir des relations courtoises avec les Burgondes, ne fût-ce que pour avoir les mains libres et, sinon, pour contracter une alliance dont il apercevait l'utilité. Sans doute ses ambassadeurs lui vantaient-ils la beauté et les vertus de Clotilde. De toute manière, il s'agissait d'une union flatteuse pour lui. De son côté, Gondebaud ne pouvait opposer un refus au roi des Francs. Leurs frontières étaient communes. Il avait certainement décelé l'ambition de Clovis et pensait le neutraliser par ce mariage. Ce fut lui, en tant que chef de la maison royale burgonde, qui accorda la main de Clotilde, et non Godegésile. Clotilde n'eut pas à accepter ou à refuser d'épouser Clovis, ou même à poser des conditions quant à leurs croyances respectives. En droit germanique, les chefs de famille donnaient les filles en mariage à qui leur plaisait, sans les consulter. Qu'elles fussent princesses royales ne modifiait en rien leur condition en ce domaine. Clotilde, pieuse créature, appréhendait peut-être d'épouser un païen, mais elle obéit et, avec son escorte et les chariots portant son trousseau et les présents d'usage, partit pour son destin.

Le mariage fut célébré à Soissons, on ignore selon quel rite. La date de 493 semble la plus probable. On ne sait si Clotilde était d'une grande beauté; c'était en tout cas une femme remarquable et la digne fille de sa mère. Elle fut assez habile pour séduire le rude Franc et obtenir son consentement pour le baptême de leur fils premier-né. Nul doute qu'elle ne s'employât avec zèle à convertir Clovis, mais elle agit avec intelligence et tact. Clovis ne l'empêcha point de pratiquer son culte, ni de recevoir ses amis les évêques. Le spectacle de sa piété, la force des convictions de cette reine qu'il aimait l'amenèrent progressivement à renoncer au paganisme.

Clotilde ne tenait certainement pas les propos que lui prête Grégoire de Tours. Elle se gardait bien de prêcher, quel que fût son désir de convertir son époux! Sa position dans cette cour peuplée d'idolâtres n'était guère enviable. C'est Grégoire de Tours qui prêchait. Qu'on en juge plutôt. « Ils ne sont rien les dieux auxquels vous rendez un culte, aurait dit Clotilde; ils n'ont pu être d'aucun secours, ni pour eux-mêmes ni pour les autres. Ils sont en effet sculptés dans la pierre, le bois ou un métal quelconque. Les noms que vous leur avez donnés ont été des noms d'hommes, non de dieux... » Et Grégoire d'évoquer Jupiter, « ce très immonde auteur de viols de toute sorte », Mars et Mercure. Sans doute ignorait-il l'existence du panthéon germanique; sinon il n'eût pas manqué de faire état de ses connaissances. « Ils étaient plutôt munis de recettes magiques, aurait dit encore Clotilde, que détenteurs de la puissance attachée au nom divin. Mais on doit plutôt rendre un culte à celui qui d'un mot a créé de rien le ciel et la terre, la mer, et tout ce qu'ils renferment, à celui qui a fait briller le soleil et orné le ciel d'étoiles, qui a rempli les eaux de reptiles, les terres d'animaux, l'air de volatiles; c'est par un signe de lui que les terres sont embellies de récoltes, les arbres de fruits, les vignes de raisins; c'est par sa main que le genre humain a été créé. » Et Clovis eût rétorqué : « C'est par ordre de nos dieux que toutes choses sont créées et produites. Quant à votre Dieu, il est manifeste qu'il ne peut rien et, qui plus est, il n'est pas prouvé qu'il appartienne à la race des dieux. » Il n'est pas crédible que Clovis et Clotilde, quel que fût le zèle religieux de celle-ci, aient eu ces discussions théologiques. Il est pourtant certain que Clotilde eut une large part à la conversion de son mari, conversion qui fut le résultat d'une lente maturation et survint après plusieurs années de vie commune. Clovis croyait aux dieux des anciens Germains : Wotan, dieu des batailles, Thor, le génie de la guerre armé d'un marteau, Thunar, le dieu du tonnerre, Frea, l'épouse de Wotan et la mère de tous les demi-dieux personnifiant les forces de la nature, nains ou géants. Il croyait aux devins et aux sorciers. Il croyait aussi à lui-même, puisqu'il avait une origine divine. Pouvait-il concevoir que ce Jésus-Christ qui parlait d'amour, de pardon et de résignation fût un dieu, c'est-à-dire pour Clovis l'équivalent d'un prince? Un prince se fût-il laissé capturer, fouetter, enchaîner? Eût-il accepté de subir le supplice le plus infamant, celui de la croix? En outre, en abjurant les croyances germaniques, Clovis abjurait sa propre identité, anéantissait le prestige que ses origines réputées divines lui valaient. Il perdait le caractère sacré que lui reconnaissaient les Francs. Il courait le risque d'offenser gravement ceux-ci, de se voir abandonné par une partie de ses fidèles. Pourtant l'influence des croyances germaniques avait singulièrement décrû chez les Barbares. Les deux grands rameaux du peuple goth – Ostrogoths et Wisigoths – étaient ariens; c'étaient des chrétiens déviés. Il en était de même des Burgondes. On incline à penser que, dès cette époque, le paganisme de Clovis chancelait quelque peu. Naguère le roi de Lyon avait permis à sa femme Carétène de faire baptiser Clotilde et sa sœur, et de les élever chrétiennement; pourtant il était arien. Clovis était païen, mais il autorisa Clotilde à faire baptiser Ingomer, leur fils aîné.

L'église fut en cette circonstance ornée de tentures et de voiles. Clotilde espérait que l'émouvante cérémonie impressionnerait son époux. Or Ingomer mourut « dans les vêtements blancs », c'est-à-dire dans sa robe de baptême.

Clovis ne put retenir sa colère. Selon Grégoire de Tours, il aurait déclaré :

– « Si l'enfant avait été voué à mes dieux, je suis certain qu'il vivrait, mais il n'a pu vivre parce qu'il a été baptisé au nom de votre Dieu. »

Et Clotilde eût répondu, en parfaite chrétienne :

– « Je rends grâce à Dieu tout-puissant, créateur de toutes choses, qui ne m'a pas jugée entièrement indigne puisqu'il a daigné recueillir dans son royaume celui qui a été conçu dans mon sein. Mon cœur n'est pas frappé de douleur parce que je sais qu'il a été rappelé de ce monde dans des vêtements blancs pour être nourri sous les regards de Dieu. »

La colère de Clovis s'apaisa devant un tel courage et une telle profession de foi. L'année suivante, Clotilde mit au monde un second fils, qui fut nommé Clodomir. Clovis ne s'opposa pas à ce qu'il fût baptisé, malgré ses craintes et sa méfiance à l'encontre du dieu de Clotilde. Clodomir tomba malade et Clovis de prédire :

– « Il ne peut lui arriver autre chose que ce qui est advenu à son frère. »

L'enfant guérit. Clotilde et Clovis se fussent peut-être moins réjouis de cette guérison, s'ils avaient connu le tragique destin auquel Clodomir et ses propres fils étaient promis.

LA VICTOIRE DE TOLBIAC

La bataille de Tolbiac reste dans toutes les mémoires comme un des grands moments de notre histoire, de même que la conversion de Clovis dont elle est d'ailleurs le prélude. Une grande fresque du Panthéon, due au pinceau de Joseph Blanc, célèbre cet événement. On y voit le roi des Francs monté sur un cheval blanc, coiffé d'un casque ailé (un casque gaulois!) et enveloppé dans le manteau rouge des Césars romains. Autour de lui, une furieuse mêlée se hérisse de trompettes et de piques. Clovis ouvre les bras et lève les yeux vers le ciel où le Christ et ses anges apparaissent soudain. C'est le moment précis où, sentant venir la défaite, il invoque le Dieu de Clotilde. Une autre fresque, du même peintre, le montre recevant le baptême au milieu de ses guerriers. Ces belles images sont l'expression même de notre passé, plus précisément la tradition de ce passé. On ne saurait les dédaigner au nom d'une science assez vaine, car subjective par nature. Je me range pour ma part aux côtés de ceux qui considèrent avec attention et respect les verdicts populaires, les jugements portés par la postérité, quelque naïfs, amplifiés, voire dénaturés qu'ils soient. On y perçoit, si peu que l'on ait de disponibilité d'esprit, les battements de cœur d'une nation. Pour autant il n'est pas interdit de rechercher la vérité.

La bataille dite « de Tolbiac », contre les Alamans, eut lieu la quinzième année du règne de Clovis, par conséquent en 496. Cette date est généralement admise. Je passe à nouveau sur les querelles d'érudits tendant à la reculer de dix ans, pour le seul plaisir de bouleverser la chronologie traditionnelle.

Les Alamans étaient une confédération de tribus germaniques dont la zone d'influence s'enfonçait profondément en Allemagne du Sud et, vers l'ouest, dépassait l'Alsace. C'était pour Théodoric le Grand (qui venait de triompher d'Odoacre et n'était maître de l'Italie que depuis 493) d'inquiétants voisins. Il en allait de même pour les Burgondes de la vallée de la Saône et pour les Francs de Clovis. Les Alamans menaçaient la Champagne. Cependant les plus exposés à leurs incursions étaient les Ripuaires. Ces derniers avaient pour capitale Cologne, et pour roi Sigebert, bientôt surnommé le Boiteux. De forts liens de sympathie s'étaient maintenus entre Ripuaires et Saliens. Ils avaient en tout cas des intérêts communs. Le royaume ripuaire servait en effet de tampon entre les Saliens et les Alamans; il assurait les arrières de Clovis. N'osant s'en prendre aux Ostrogoths de Théodoric qui bordaient leur frontière méridionale, ni aux Burgondes, encore moins aux Francs saliens, les Alamans attaquèrent les Ripuaires. Le Rhin qui les séparait de leurs dangereux voisins pouvait être rapidement et massivement franchi. Ce n'était certainement pas la première fois que les Ripuaires subissaient les incursions des Alamans, mais le roi Sigebert était parvenu jusqu'ici à les repousser. En 496, il dut apparemment faire front à une véritable invasion. Afin de protéger Cologne, il organisa la résistance autour de l'ancien camp romain de Zülpich, appelé Tolbiac par un historien du XVIe siècle. Sigebert fut blessé au cours de la bataille et resta boiteux, d'où le sobriquet dont on l'affubla. On a longtemps confondu la défense du castrum romain de Zülpich-Tolbiac avec la grande victoire remportée par Clovis sur les Alamans. On estime de nos jours – mais une extrême prudence reste de mise et les deux thèses sont acceptables – que les deux batailles, celle de Sigebert et celle de Clovis, sont distinctes. Sigebert avait appelé le roi des Francs à l'aide. Il accourut avec son armée, ce qui montre qu'il existait une alliance entre les deux peuples et, sinon, un accord tacite. Le choc décisif se produisit sur les rives du Rhin, dans un endroit indéterminé, mais qui pourrait être à nouveau Zülpich en raison de sa position stratégique. Les Alamans ne cédaient rien aux Francs en matière de bravoure. Leur armement était le même. Ils utilisaient la terrible lance à crochet et la hache de jet. Ils avaient le même mépris de la mort, et d'autant que, dans leurs croyances, les guerriers braves étaient promis aux voluptés du Walhalla. Peut-être leur férocité dépassait-elle celle des Francs. Selon le témoignage de Procope, ils immolaient aux divinités des arbres et des eaux des bœufs, des chevaux auxquels ils tranchaient la tête et leurs autels ruisselaient de sang. Il est possible que l'armée de Clovis ait été inférieure en nombre. Les Ripuaires amenuisés par la précédente bataille ne pouvaient être d'un grand secours. Les soldats de Clovis plièrent soudain. Il s'efforçait en vain de ranimer leur courage: à cette époque, les rois combattaient au premier rang; leur mort entraînait le plus souvent une débandade générale. Clovis fut-il soudain entouré d'ennemis? Ou bien jugea-t-il le combat désespéré, prévit-il l'anéantissement des siens? Grégoire de Tours n'entre dans aucun détail; son propos est ailleurs. Il se contente d'écrire: « Il arriva en effet que la rencontre des deux armées dégénéra en un violent massacre et que l'armée de Clovis fut sur le point d'être exterminée. » Ce que voyant, Clovis invoqua soudain le Dieu de Clotilde. C'est bien à cette invocation que Grégoire voulait en venir. Et il prête à Clovis cet étrange discours:

– « Ô Jésus-Christ, que Clotilde proclame fils du Dieu vivant, toi qui, dit-on, donnes une aide à ceux qui peinent et qui attribues la victoire à ceux qui espèrent en toi, je demande pieusement la gloire de ton assistance; si tu m'accordes la victoire sur mes ennemis et si j'éprouve la vertu miraculeuse que ton peuple déclare avoir constatée, je croirai en toi et je me ferai baptiser en ton nom. J'ai en effet invoqué mes dieux, mais comme j'en fais l'expérience, ils se sont abstenus de m'aider; je crois donc qu'ils sont dépourvus de puissance, eux qui ne viennent pas au secours de leurs serviteurs. C'est toi maintenant que j'invoque, c'est à toi que je désire croire pour que j'échappe à mes adversaires. »

La tradition populaire est plus conforme à la réalité quand elle met dans la bouche de Clovis ces simples paroles :

– « Dieu de Clotilde, viens à mon secours! »

Mais les évêques avaient cette manie d'expliciter de la sorte la pensée de ceux qu'ils évoquaient. Croyant ajouter au pathétique, ils détruisaient l'effet. Après tout, les historiens romains ne procédaient pas autrement. De plus, on y insiste, en écrivant l'histoire de Clovis, Grégoire de Tours voulait démontrer la supériorité de l'orthodoxie sur le paganisme. A ses yeux, Clovis triomphe parce qu'il se fait chrétien. C'est la Providence qui conduit ses pas et inspire ses actions. La victoire n'est pas autre chose que la récompense que Dieu lui octroie puisqu'il accepte de le servir. D'où chez Grégoire un agencement certain des faits, outre des lacunes volontaires et des interprétations tirées par les cheveux. Il apporte toute son ingéniosité à présenter Clovis comme un nouveau Constantin; ce qu'il fut en vérité, mais à sa manière et à son niveau.

Revenons à la mêlée tragique. Les Alamans fléchirent brusquement et commencèrent à reculer. Leur roi-chef de guerre venait d'être tué. Le massacre commença, mais les Alamans demandèrent grâce. Clovis la leur accorda et arrêta la tuerie. C'est du moins ce qu'affirme Grégoire.

Comment le roi des Francs eût-il empêché les siens de faire des prisonniers, c'est-à-dire d'augmenter le nombre de leurs esclaves? Et les Ripuaires d'assouvir une juste vengeance? Quoi qu'il en soit, les Alamans se soumirent, abandonnant le cours supérieur du Rhin désormais placé sous le contrôle de Sigebert le Boiteux. Clovis n'avait pas accoutumé de combattre sans profit. Pourquoi s'abstint-il de mettre la main sur ces territoires conquis de haute lutte et les laissa-t-il à Sigebert? La réponse ne souffre guère de discussion. En 507, lors de la campagne décisive contre les Wisigoths, l'armée des Ripuaires sera à ses côtés. La générosité de Clovis envers les Alamans – soulignée par Grégoire de Tours pour attester le changement qui s'était opéré dans son esprit – fut assurément relative.

D'après la *Vie de saint Vaast,* le roi des Francs serait passé par Toul au retour de sa campagne victorieuse. Il eût informé le saint homme, en secret, de son intention de se convertir. Ayant gagné sa capitale, qui était encore Soissons, il raconta à la reine Clotilde comment il avait remporté la victoire sur les Alamans en invoquant le nom du Christ.

La tradition du vœu de Clovis en pleine bataille, qu'il ait été proféré à haute voix ou arrêté dans le secret de son cœur, est trop constante, en dépit de ses variantes, pour qu'on puisse la révoquer en doute. Certains ont vu dans la promesse conditionnelle du roi des Francs un vulgaire marché. Il n'appartient pas aux historiens de sonder les reins et les cœurs; ils ne connaissent que les faits. Or ceux-ci motivent précisément en faveur de la sincérité de Clovis. Il ne se hâta pas de tenir sa promesse. Sa conversion, suite logique du vœu de Tolbiac, intervint après un temps de réflexion.

Il eut d'ailleurs le temps de repartir en campagne, cette fois contre les Wisigoths. Le roi Alaric II essayait en vain d'apaiser l'hostilité latente d'une partie de son peuple (les Gallo-Romains). Clovis l'attaqua par surprise, atteignit Bordeaux, mais dut lever le siège de cette ville et rétrograda vers la Loire. Une autre tradition veut qu'il se soit arrêté à Tours sur le tombeau de saint Martin et que ce pèlerinage l'ait déterminé à se convertir. Cependant notre Grégoire, qui fut précisément évêque de cette ville, est muet sur ce point. Il n'eût pas raté cette occasion de glorifier saint Martin!

VI

LE BAPTÊME DE CLOVIS

L'insistance de la reine Clotilde portait enfin ses fruits! Clovis, par le voeu de Tolbiac, avait renoncé aux dieux germaniques; il était donc à demi chrétien. Mais Clotilde avait des raisons de craindre qu'il adhérât à l'arianisme. Cette hérésie était fort répandue chez les Barbares. Elle s'infiltrait déjà dans l'entourage de Clovis, au sein même de la famille royale. La princesse Lanthilde, sœur du roi, était arienne. Clotilde prit les devants. Elle convoqua secrètement saint Rémi, évêque de Reims, et le pria « d'insinuer chez le roi la parole du salut ». Elle ne fit certes pas cette démarche à l'insu de son redoutable époux, mais avec son accord. Clovis désirait être instruit dans la religion chrétienne. Aucune impulsivité chez lui, mais une aspiration raisonnable, réfléchie, largement due à l'influence de Clotilde, cela n'est pas douteux. Ce fut en secret qu'il rencontra d'abord l'évêque de Reims. Clotilde ne pouvait mieux choisir. Saint Rémi était le plus influent des prélats, une sorte de primat des

Gaules. Il jouissait d'une réputation insigne. Grégoire de Tours portait sur lui ce jugement : « Saint Rémi était un évêque d'une science remarquable et qui s'était tout d'abord imprégné de l'étude de la rhétorique, mais il était aussi tellement distingué par sa sainteté qu'il égalait Silvestre par ses miracles. Il existe de nos jours un livre de sa vie qui raconte qu'il a ressuscité un mort. » Ce fut ce pieux évêque qui catéchisa Clovis, le persuadant « qu'il devait croire au vrai Dieu, créateur du ciel et de la terre, et abandonner des idoles qui ne pouvaient être utiles ni à lui, ni aux autres ». Frédégaire, continuateur de Grégoire de Tours, dit que Clovis, écoutant le récit de la Passion du Christ, s'écria : «Que n'étais-je là avec mes Francs! » Cet élan généreux ne l'empêchait point d'envisager les conséquences de sa conversion. Nous avons déjà évoqué le dilemme auquel il se trouvait confronté et dont Grégoire se fait l'écho :

– « Je t'ai écouté, très saint Père; toutefois il reste une chose : c'est que le peuple qui est sous mes ordres ne veut pas délaisser ses dieux; mais je vais l'entretenir suivant ta parole. »

Toujours selon Grégoire, Clovis se rendit au milieu des siens. Mais, la puissance de Dieu l'ayant devancé, les Francs se fussent écriés d'une seule voix :

– « Les dieux mortels, nous les rejetons, pieux roi, et c'est le Dieu immortel que prêche Rémi que nous sommes prêts à suivre. »

A coup sûr les choses furent un peu plus complexes. Que la conversion de Clovis et son désir de recevoir le baptême fussent sincères, nul ne peut se donner le droit de le nier. Les hommes du Ve siècle n'avaient pas nos complaisances, ou nos tiédeurs. Cependant, bien qu'ils cédassent plus volontiers que nous à leurs pulsions, et que la force leur tînt souvent lieu de droit, ils étaient capables de réflexion. Recevant le baptême, Clovis rejetait le caractère magique du pouvoir royal; il risquait de perdre son autorité sur ses guerriers francs. Mais une partie de son armée était constituée par des éléments gallo-romains donc catholiques. Le baptême lui procurait en outre l'appui de l'Église et l'adhésion de la classe « sénatoriale », dont la majorité, sinon la totalité, des évêques était issue. Clovis avait un sens trop aigu des réalités pour méconnaître l'influence de la prélature. De plus, l'Église pérennisait dans ses structures et ses traditions la culture latine. Elle maintenait vivant le souvenir du prestigieux Empire. Ces arguments, l'évêque de Reims était trop subtil pour ne pas les mettre en avant : que l'on se souvienne de la lettre de félicitations envoyée à Clovis lors de son avènement. Il sut également montrer au roi des Francs que, si son pouvoir changeait de nature, en devenant catholique, il entrait au service du Dieu tout-puissant. Lieutenant de Dieu sur la terre, la victoire lui était acquise, comme il l'avait constaté à Tolbiac. La partie jouée par l'évêque de Reims était capitale. Sans doute la doctrine catholique s'était-elle largement implantée dans les milieux gallo-romains, principalement dans les villes. Mais les progrès de l'arianisme constituaient un risque grandissant. Que le roi des Francs reçût le baptême selon le rite catholique, il deviendrait un exemple pour les autres souverains barbares et pour son peuple. L'Église disposerait avec lui d'un rempart et d'une épée.

Clovis consulta ses fidèles, selon l'usage germanique. Il ne se hasarda certainement pas à abuser de son autorité pour les convertir par force. Mais il était respecté et admiré par ses guerriers. Ses familiers lui avaient prêté serment de fidélité. Certains acceptèrent de recevoir le baptême, non tous. Leur conversion entraîna celle d'une partie des Francs. Les autres continuèrent encore longtemps de vivre sous le rite païen. Il est significatif que la décision de Clovis n'ait pas suscité d'opposition. On a déjà dit qu'au contact des Gallo-Romains le paganisme déclinait.

Les érudits se sont empoignés sur la date du baptême qui eut lieu à Reims, le jour de Noël, en 498 (ou 499). Saint Rémi, de même que Clotilde et Clovis, fit en sorte que la cérémonie reçût toute la solennité désirable. Elle sanctionnait un acte de foi, mais elle était aussi un acte politique dont les auteurs mesuraient l'impact sur le peuple. Les principaux guerriers, les prélats de Gaule, les patrices gallo-romains furent invités. Clovis proclamait ainsi sa conversion. Ayant pris sa décision, il n'eût pas voulu d'un baptême discret, quasi clandestin. Il affichait sa foi nouvelle.

« Les places sont ombragées de tentures de couleurs, les églises ornées de courtines blanches; le baptistère est apprêté, des parfums sont répandus, des cierges odoriférants brillent; tout le temple du baptistère est imprégné d'une odeur divine et Dieu y comble les assistants d'une telle grâce qu'ils se croient transportés au milieu des parfums du paradis » (Grégoire de Tours).

Ces rues pavoisées, ces buissons de cierges incandescents, cette atmosphère de fête à la fois populaire et mystique, fort bien suggérés par Grégoire de Tours, rappellent à s'y méprendre les fastes du couronnement des rois de France. Selon la règle observée à cette époque, Clovis n'entra point dans l'église cathédrale, mais fut introduit dans le baptistère où l'attendait saint Rémi. Il demanda à recevoir le baptême afin d'être lavé de ses péchés. A l'instant de verser l'eau lustrale, l'évêque dit à Clovis :

– « Courbe doucement la tête, ô Sicambre [1]; adore ce que tu as brûlé, brûle ce que tu as adoré! »

Trois mille guerriers reçurent également le baptême, ainsi que la princesse Aldoflède, sœur de Clovis. Son autre sœur, Lanthilde, abjura l'arianisme.

Je précise, à l'attention de ceux qui aiment la cathédrale de Reims, que le baptistère contemporain de Clovis a été retrouvé. Du moins les traces subsistantes ont-elles permis d'en restituer le plan. La cuve baptismale s'insérait dans une rotonde cantonnée de quatre niches en forme de fer à cheval et enclose dans un quadrilatère de maçonnerie. Le diamètre de la rotonde était d'environ dix mètres. Ce monument était à l'extérieur de l'église, érigée sur le plan des basiliques romaines du type classique. Dans l'Église

1. L'une des tribus composant à l'origine le peuple des Saliens.

d'Orient, le baptême avait lieu par immersion dans une piscine. Les cuves baptismales d'Occident avaient une trop faible profondeur pour qu'on recourût à ce procédé. Le prêtre versait par trois fois l'eau lustrale sur la tête et les épaules du baptisé et lui administrait ensuite une sorte de confirmation en traçant sur son front le signe de la croix avec le saint chrême. Tout le monde connaît la tradition rémoise, fort ancienne, reprise par l'archevêque Hincmar sous les Carolingiens, selon laquelle une colombe céleste apporta à saint Rémi la fiole contenant le saint chrême dont il oignit le front de Clovis. Grégoire de Tours ne précise pas comment les trois mille Francs furent baptisés, ce qui dut poser un sérieux problème eu égard à l'exiguïté du baptistère. Peut-être, comme l'observe l'éminent Georges Teissier dans son *Baptême de Clovis* [1], procéda-t-on par aspersion collective ou différa-t-on le baptême. La victoire que venait de remporter l'Église était si prometteuse, l'euphorie si générale qu'une solution exceptionnelle fut peut-être adoptée.

L'événement eut un retentissement considérable. Il mettait les rois ariens en porte à faux vis-à-vis de leurs sujets gallo-romains, c'est-à-dire de la majorité de leurs peuples. Saint Avit, évêque de Vienne (donc en territoire arien), n'avait pu assister à la cérémonie de Reims. La lettre d'excuses et de félicitations qu'il envoya à Clovis traduit parfaitement l'opinion de l'épiscopat à l'égard du nouveau Constantin :

« ... C'est en vain que les sectateurs de l'hérésie ont essayé de voiler à vos yeux l'éclat de la vérité chrétienne par la multitude de leurs opinions contradictoires. Pendant que nous nous en remettions au Juge éternel, qui proclamera au jour du jugement ce qu'il y a de vrai dans les doctrines, le rayon de la vérité est venu illuminer même les ténèbres des choses présentes. La Providence divine a découvert l'arbitre de notre temps. Le choix que vous avez fait pour vous-même est une sentence que vous avez rendue pour tous.

1. Voir la bibliographie en fin d'ouvrage.

Votre foi, c'est notre victoire à nous. Beaucoup d'autres, quand les pontifes de leur entourage les sollicitent d'adhérer à la vraie doctrine, aiment à objecter les traditions de leur race et le respect pour le culte des ancêtres. Ainsi, pour leur malheur, ils préfèrent une fausse honte au salut; ils étalent un respect déplacé pour leurs pères en s'obstinant à partager leur incrédulité, et avouent indirectement qu'ils ne savent ce qu'ils doivent faire. Désormais, des excuses de ce genre ne peuvent plus être admises, après la merveille dont vous nous avez rendus témoins. De toute votre antique généalogie vous n'avez rien voulu garder que votre noblesse, et vous avez voulu que votre descendance fît commencer à vous toutes les gloires qui ornent une haute naissance. Vos aïeux vous ont préparé de grandes destinées: vous avez voulu en préparer de plus grandes à ceux qui viendront après vous. Vous marchez sur les traces de vos ancêtres en gouvernant ici-bas; vous ouvrez la voie à vos descendants en voulant régner au ciel.

« L'Orient peut se réjouir d'avoir élu un empereur qui partage notre foi; il ne sera plus seul désormais à jouir d'une telle faveur. L'Occident, grâce à vous, brille aussi d'un éclat propre, et voit un de ses souverains resplendir d'une lumière nouvelle. C'est bien à propos que cette lumière ait commencé à la nativité de notre Rédempteur; ainsi les eaux régénératrices vous ont fait naître au salut le jour même où le monde a vu naître pour le racheter le Seigneur du Ciel. Ce jour est pour nous comme pour le Seigneur un anniversaire de naissance: vous y êtes pour le Christ comme le Christ pour le monde; vous y avez consacré votre âme à Dieu, votre vie à vos contemporains et votre gloire à la postérité.

« Que dire de la glorieuse solennité de votre régénération? Je n'ai pu y assister de corps, mais j'ai participé de cœur à vos joies; car, grâce à Dieu, notre pays a eu sa part, puisque, avant votre baptême, par un message que votre royale humilité a bien voulu nous envoyer, vous nous aviez appris que vous étiez catéchumène. Aussi la nuit sainte nous a-t-elle trouvés pleins de confiance et sûrs de ce que vous feriez. Nous voyions, avec les yeux de l'esprit, ce grand spectacle : une multitude de pontifes réunis autour de vous et, dans l'ardeur de leur saint ministère, versant sur vos membres royaux les eaux de la résurrection; votre tête redoutée des peuples se courbant à la voix des prêtres de Dieu ; votre chevelure royale, intacte sous le casque du guerrier, se couvrant du casque salutaire de l'onction sainte; votre poitrine sans tache débarrassée de la cuirasse et brillant de la même blancheur que votre robe de catéchumène. N'en doutez pas, roi puissant, ce vêtement si frêle donnera désormais plus de force à vos armes; tout ce que, jusqu'aujourd'hui, vous deviez à une chance heureuse, vous le devrez à la sainteté de votre baptême.

« J'ajouterais volontiers quelques exhortations à ces accents qui vous glorifient, si quelque chose échappait à votre science ou à votre attention. Prêcherai-je la foi au converti, alors qu'avant votre conversion vous l'avez eue sans prédication? Vanterai-je l'humilité que vous avez déployée en nous rendant, depuis longtemps, des honneurs que vous nous devez seulement depuis votre profession de foi? Parlerai-je de votre miséricorde, glorifiée devant Dieu et devant les hommes par les larmes et par la joie d'un peuple vaincu dont vous avez daigné défaire les chaînes? Il me reste un vœu à exprimer. Puisque Dieu, grâce à vous, va faire de votre peuple tout à fait le sien, eh bien! offrez une part du trésor de foi qui remplit votre cœur à ces peuples assis au-delà de vous et qui, vivant dans leur ignorance naturelle, n'ont pas encore été corrompus par les doctrines perverses : ne craignez pas de leur envoyer des ambassades, ni de plaider auprès d'eux la cause de Dieu qui a tant fait pour la vôtre. »

Saint Avit avait été à l'école des rhétoriciens, comme tous les patriciens gallo-romains. Cela ne l'empêchait pas d'être un évêque des plus militants, dont la réputation rayonnait par toute la Gaule. Sous les délicatesses de style, on discerne une pensée solidement ancrée, un esprit clairvoyant.

Mis à part le mysticisme ardent qui l'inspire, cette lettre constitue une analyse pénétrante des effets de la cérémonie de Reims. Elle trace la voie que le roi des Francs est invité à suivre : christianiser la Gaule entière en commençant par les païens subsistants. Elle est aussi d'une subtilité extrême. Saint Avit n'oubliait pas qu'il s'adressait à un conquérant. Il connaissait ses appétits et lui promettait des victoires, tout en l'incitant à la miséricorde.

Il est évident que le baptême de Clovis fut l'acte majeur de son règne. Il détermina en grande partie la christianisation non seulement de la Gaule mais de l'Europe. Il assura à l'Église la prééminence religieuse, et son triomphe sur l'arianisme. Par voie de conséquence, il sauva l'essentiel de la civilisation latine. Quelles que soient nos sensibilités actuelles et nos différences, nous autres Européens, sommes les héritiers à la fois du christianisme et du vieil Empire romain. Au plan de la politique, le baptême de Reims conforta le pouvoir de Clovis. Dans le royaume franc, il rapprocha les populations occupées de l'occupant, si l'on veut, les vaincus du vainqueur : dans un premier temps, au sein des classes dirigeantes. Il hâta donc l'amalgame voulu par Clovis. Désormais les deux ethnies partageaient la même foi. Vis-à-vis des Gallo-Romains cohabitant avec les Burgondes, surtout avec les Wisigoths, Clovis faisait déjà figure de libérateur. Il était *attendu*!

Quant aux Francs de son armée et à leurs familles, leur conversion fut progressive. Il y fallut des décennies, car Clovis et ses fils se gardèrent bien de les persécuter, ce qui ne fut pas sans leur attirer des reproches de la part des évêques. Lorsque leur christianisation fut accomplie, ils n'en conservèrent pas moins certaines superstitions. C'est ainsi que la chevelure des rois mérovingiens demeurait à leurs yeux le signe tangible de leur caractère semi-divin et de leur droit à régner, pour ne citer que cet exemple. L'Église n'ignorait pas davantage que les vieilles croyances persistaient chez les chrétiens d'origine gauloise, et elle s'efforçait de construire des sanctuaires dans les lieux mêmes où les druides avaient célébré leurs sacrifices. Un nouveau monde était en train de naître.

Dans l'une des copies de la loi salique, rédigée une cinquantaine d'années après la cérémonie de Reims, on peut lire :

« Vive le Christ qui aime les Francs! Qu'il protège leur royaume, qu'il remplisse leurs chefs de la lumière de sa grâce, qu'il veille sur leur armée, qu'il fortifie leur foi, qu'il leur accorde la joie et le bonheur! car c'est ce peuple qui, fort et vaillant, a secoué de son front le joug très dur des Romains, qui, après sa conversion, a couvert d'or et de pierres précieuses les corps des saints martyrs que les Romains avaient brûlés, décapités, livrés aux morsures des bêtes. »

VII

GONDEBAUD

Les Burgondes occupaient les bassins de la Saône et du Rhône, en incluant la Savoie et une partie de la Suisse. Ce royaume était limité au nord par Dijon et sa région, au sud par Avignon, mais Arles était aux mains des Wisigoths. Deux rois se partageaient, d'ailleurs inégalement, ce territoire hétérogène, malaisé à défendre en raison de sa géographie. L'un, Gondebaud, résidait à Vienne et régnait sur la Burgondie proprement dite. L'autre, Godegésile, résidait à Genève; il détenait aussi l'antique ville de Lyon. Gondebaud exerçait néanmoins une suprématie de fait sur les deux royaumes. C'était un Barbare mieux que romanisé. Il avait hérité d'un titre de patrice romain auquel il tenait pardessus tout. Il était instruit, sachant le latin et, dit-on, le grec. Il se passionnait pour les discussions théologiques et tenait saint Avit en grande faveur, le prenant même parfois pour conseiller. Il était arien, mais tolérant. Non seulement il ne persécutait en rien le clergé catholique, mais il le protégeait et honorait les évêques. Il pratiquait à la vérité une politique d'équilibre entre les deux religions comme entre les deux ethnies composant son peuple. Dans chacune de ses cités, il était représenté par deux comtes : l'un pour les Gallo-Romains, l'autre pour les Burgondes. La coutume barbare cohabitait avec le droit romain. Il y avait autant de Gallo-Romains que de Barbares dans son armée et dans son administration. Il avait instauré l'égalité entre les uns et les autres. Cette politique d'amalgame se traduira dans la loi Gombette (la loi de Gondebaud) dont la première partie fut promulguée sous son règne (vers 502) et la seconde sous celui de son fils Sigismond. Ce qui différencie absolument la loi Gombette des autres lois (franque et wisigothique), c'est que l'échelle des peines est identique pour les Gallo-Romains et pour les Burgondes.

Cependant, dans cette période de son règne, une fraction de son peuple lui restait hostile. Sans doute les « sénateurs » n'oubliaient-ils pas que leurs pères avaient dû céder une partie de leurs biens aux Burgondes, leurs hôtes militaires. Ceux-ci ne représentaient qu'une minorité. Les Gallo-Romains étaient chrétiens, stimulés de surcroît par le zèle de saint Avit. Ce dernier avait essayé en vain de convertir Gondebaud. Grégoire de Tours prétend que ce dernier penchait pour le catholicisme, qu'il était même prêt à abjurer l'hérésie arienne toutefois secrètement. Selon lui, saint Avit eût exigé que l'abjuration fût publique :

– « Toi qui es un roi, et qui ne redoutes d'être appréhendé par personne, tu crains une révolte de la population, ce qui t'empêche de confesser en public le Créateur de l'univers. Laisse cette sottise et profère à haute voix devant la foule ce que, dis-tu, tu crois au fond du cœur... »

Après la conversion et le baptême de Clovis, la situation s'aggrava. Un parti d'opposition se forma, dont Godegésile, roi de Genève, prit la tête. Sans doute se montrait-il plus favorable aux catholiques que son frère aîné. On a même pensé que, sous l'influence de saint Avit, il avait reçu le baptême. On se souvient qu'il avait servi de tuteur à Clotilde et à sa sœur, élevées chrétiennement. Mais, comme tout se mêle dans la créature, il est plus que probable que la différence religieuse ne fut pas la seule pomme de discorde entre les deux frères. Des questions d'intérêts les divisaient. Godegésile supportait de plus en plus mal la domination de Gondebaud. Il cherchait à s'emparer du royaume burgonde en son entier, à régner aussi à Vienne. Encouragé par qui et contre quel engagement? On ne saurait en aucun cas accuser saint Avit de trahison. Il n'était attaché qu'aux progrès de la foi. Gondebaud le décevait par ses hésitations. Cependant il était le roi légitime et l'évêque de Vienne avait l'âme trop haute pour susciter une guerre fratricide. A vrai dire, sa position était inconfortable. D'ailleurs, lorsque Gondebaud eut rétabli la situation, s'il fit supplicier les coupables, il épargna saint Avit, qui conserva son évêché. C'étaient les patriciens gallo-romains, les « sénateurs » de Burgondie, qui adhéraient au parti de Godegésile. Le baptême de Clovis laissait tout espérer. Des émissaires furent échangés, en grand secret. Une résistance clandestine de grande ampleur s'organisa. Clovis promit son aide à Godegésile. Il pouvait faire fond sur l'appui de l'épiscopat et même se croire tout permis. N'était-il pas désormais le soldat de l'Église, le lieutenant de Dieu, combattant les hérétiques en son nom?

Gondebaud redoutait l'ambition de Clovis. La cérémonie de Reims avivait ses craintes. Il avait, semble-t-il, pris ses précautions et obtenu l'alliance des Wisigoths, à tout le moins leur neutralité bienveillante. Ce pacte contrariait les projets de Clovis à l'encontre du roi Alaric II. Il avait besoin pour les réaliser de l'alliance des Burgondes. Gondebaud se rangeant dans le camp adverse, Clovis avait toutes les raisons de soutenir le complot de Godegésile. Il comptait au surplus monnayer son appui, de façon ou d'autre. Un plan fut arrêté avec les envoyés de Godegésile. L'armée franque s'assembla. Ce fut peut-être dans cette période que se répandit la légende selon laquelle Clovis avait résolu de venger la mort des parents de Clotilde et les prétendues humiliations qu'elle avait subies dans sa jeunesse, légende reprise par Grégoire de Tours. Quant aux guerriers francs, la perspective d'amasser du butin leur suffisait amplement! Clovis se dirigea donc vers la Burgondie et envahit la Bourgogne actuelle. On était au printemps de l'année 500 : les troupes se mettaient toujours en campagne à la belle saison. Gondebaud avait été informé; il avait rameuté son armée et attendait Clovis dans les environs de Dijon. L'effet de surprise était manqué! Dijon était alors une ville forte, entourée d'une épaisse et haute muraille flanquée par trente grosses tours. Gondebaud aurait pu s'y enfermer. Il préféra affronter l'armée franque en rase campagne, près de la rivière de l'Ouche. Ce fut assurément de sa part une erreur, car, faute de machines de guerre, l'adversaire n'aurait pu s'emparer de Dijon, sinon par la trahison. Par suite de la défection de Godegésile, il n'était pas en mesure d'affronter Clovis, malgré le courage bien connu des Burgondes.

J'ouvre ici une parenthèse. Grégoire de Tours affirme que Godegésile se trouvait à Dijon avec sa propre armée. Il écrit que le roi de Genève rallia l'armée franque au moment même de l'engagement. L'extravagance de cette affirmation tombe sous le sens. Gondebaud n'ignorait ni l'approche de Clovis, ni le complot de Godegésile. Tout au plus peut-on admettre qu'il fut prévenu tardivement de ce qui se tramait et dut-il assembler ses troupes en toute hâte, remettant à plus tard le châtiment de son frère et des amis de celui-ci. Quoi qu'il en soit, sa défaite était inévitable. Battu devant Dijon, il dut rétrograder. L'armée de Godegésile ayant fait sa jonction avec les Francs, la situation de Gondebaud tourna à la catastrophe. Il ne désespéra pas et descendit la vallée du Rhône, sans que l'armée franque ait pu l'anéantir. Il s'enferma dans Avignon et attendit l'adversaire. Clovis était tout aussi incapable de prendre cette ville que celle de Dijon, et pour les mêmes motifs. Cependant la tradition veut qu'il en ait commencé le siège, puis ait renoncé sur les instances d'un certain Aredius, agent double avant la lettre! En réalité, Godegésile considérait la victoire comme acquise. Il était entré à Vienne. Il s'y était installé et croyait être dès lors seul roi de Burgondie. Il reconnut la suzeraineté de Clovis et s'engagea à lui verser un tribut annuel. Il promit aussi son aide contre les Wisigoths. Clovis avait une fois de plus atteint son but! Il était, une fois de plus, victorieux! Cependant cette victoire masquait un demi-échec. Gondebaud était vivant. Son armée n'avait pas été détruite. Clovis évacua la Burgondie, en laissant quelques troupes à la disposition de Godegésile.

Après le départ de Clovis, Gondebaud sortit de sa retraite. L'usurpation de Godegésile n'était approuvée que par son parti. Hormis les « sénateurs » et leur clientèle, le peuple burgonde la désapprouvait. Il avait subi les outrages d'une armée en campagne. Clovis n'avait certainement pas empêché ses soldats de butiner et d'autant que les Burgondes étaient ariens! La trahison de Godegésile, l'attentat qu'il avait perpétré contre la patrie burgonde furent sévèrement jugés. Gondebaud était un bon roi; il conservait de nombreux partisans. Il lui fut aisé d'étoffer son armée amenuisée par la défaite de Dijon et par d'autres combats qui nous sont inconnus. Godegésile ne le craignait pas. Il vivait dans une fausse sécurité. Son pouvoir n'était pourtant qu'un leurre, et d'autant qu'il s'appuyait sur des troupes étrangères. Il ne prit aucune mesure défensive. Sa surprise fut totale, lorsque l'armée de Gondebaud apparut sous les murs de Vienne. Gondebaud avait quelque lumière en poliorcétique. Il investit méthodiquement la ville, mais ne tenta pas un assaut inutile, afin d'épargner ses hommes. Privée d'approvisionnement, la population ne pouvait soutenir un long siège. Gondebaud savait que les greniers étaient vides. Godegésile essaya d'organiser la résistance. Il expulsa les bouches inutiles, procédé habituel, et ne put que différer la reddition. La légende veut que les soldats de Gondebaud eussent pénétré dans Vienne par un aqueduc, pris la ville d'assaut et perpétré les massacres habituels. Elle ne repose sur rien. La famine est une raison suffisante pour expliquer la capitulation de Godegésile. Mais il est vrai que les représailles furent atroces et systématiques. Godegésile s'était enfermé dans une église avec l'évêque arien. Son frère les fit exécuter. La « curie » de Vienne fut pareillement massacrée. Tous ceux qui avaient adhéré au parti de Godegésile, Burgondes et chrétiens, périrent dans d'abominables supplices. Les Francs laissés par Clovis s'étaient enfermés dans une tour. Gondebaud leur fit grâce de la vie, mais les livra à son ami le roi Alaric, sans doute pour le remercier de son aide! Tous les partisans de Godegésile furent impitoyablement traqués et exécutés. Cependant saint Avit fut épargné. Il était resté dans son évêché pendant le siège, ce qui prouve qu'il n'avait pas incité ses ouailles à trahir Gondebaud, seul roi légitime; sinon il n'eût pas échappé à la vengeance de ce dernier.

Gondebaud, ayant rétabli son autorité par la terreur, recourut ensuite à la mansuétude. C'est alors qu'il fit rédiger la fameuse loi Gombette établissant l'égalité entre les Burgondes et les Gallo-Romains et légalisant en quelque sorte la fusion des deux peuples. Il ne persécuta nullement les catholiques, mais il n'abolit pas le rite arien, en dépit de l'insistance de saint Avit. Il régna fort paisiblement jusqu'à sa mort qui survint en 516. Ainsi la révolte de Godegésile et l'intervention de Clovis eurent pour seul résultat de conforter le pouvoir de Gondebaud et de hâter l'unification du royaume burgonde.

Clovis n'avait rien fait pour sauver Godegésile. Il pouvait au moins contraindre Gondebaud à lever le siège de Vienne. Il s'en était abstenu, laissant les deux frères vider leur querelle. Agissant de la sorte, il paraissait renoncer à l'assujettissement burgonde et au versement du tribut consenti par Godegésile. Mais il savait garder la tête froide et tirer parti de ses échecs mêmes; c'était un réaliste. Puisque Gondebaud s'était tiré de ce mauvais pas et régnait désormais sans partage sur la Burgondie, il convenait d'oublier le passé et de renouer au plus vite avec lui. De son côté, Gondebaud avait tout intérêt à ménager son puissant voisin, et d'autant que l'alliance avec les Wisigoths était aléatoire. Les deux rois se rencontrèrent sur les rives de la Cure, affluent de l'Yonne, aux confins de leur frontière commune. Clovis était un calculateur habile. Il ne tenta pas d'obtenir le versement du tribut ni la subordination de la Burgondie, et traita Gondebaud en égal. Ce qu'il voulait, c'était détacher les Burgondes de l'alliance wisigothe. Non seulement il eut gain de cause, mais il persuada Gondebaud de participer à la lutte contre Alaric II. La Provence, si longtemps convoitée par les Burgondes, devait être le prix de cette collaboration.

VIII

THÉODORIC LE GRAND

Il y avait seulement trente ans qu'avec la déposition de Romulus Augustulus l'Empire d'Occident avait cessé d'être. Quel bouleversement dans la carte politique de l'Europe! Le roi Odoacre avait été maître de l'Italie. Théodoric le Grand, roi des Ostrogoths, l'avait vaincu et régnait à sa place avec l'accord de l'empereur d'Orient Zénon. Les Wisigoths avaient annexé l'Auvergne, étendu leur frontière jusqu'à la Loire. Les Francs saliens, partis de Tournai, avaient conquis l'ancien « royaume de Syagrius », soumis le royaume de Thuringie, vaincu les Alamans à Tolbiac. Gondebaud avait failli perdre son royaume. Une partie des anciens Barbares s'était convertie à l'arianisme. L'Occident avait en la personne de Clovis son premier souverain vraiment orthodoxe, en face de l'empereur d'Orient. La lutte entre les deux religions entrait dans sa phase cruciale, mais la supériorité militaire des Francs saliens et l'influence grandissante des évêques condamnaient l'arianisme d'ores et déjà à disparaître.

L'amalgame entre les Barbares et les Gallo-Romains s'accélérait, facilité par la plupart des monarques sous l'empire des nécessités. Une société nouvelle s'ébauchait, en laquelle la civilisation latine, les dispositifs du vieil Empire subsistaient tant bien que mal. Un monde neuf s'esquissait, non sans violences, non sans larmes. L'Église assurait une espèce de continuité, de transition. Elle s'efforçait de préserver les valeurs essentielles. Elle y parvenait grâce à l'intelligence et à la hardiesse de ses évêques. Une mutation rapide et profonde modifiait en même temps les mentalités : le Barbare se civilisait au contact des Gallo-Romains, mais ceux-ci se « barbarisaient » quelque peu, les mêmes causes produisant les mêmes effets.

Quand on regarde les événements de cette époque, la personnalité de Clovis apparaît au premier plan. Clovis est comme ces étoiles dont l'éclat efface toutes les autres. Cela tient au fait que son œuvre a été durable, qu'il a été le fondateur d'une dynastie. Or, à peine les royaumes burgondes, wisigoths et ostrogoths émergèrent-ils de la pénombre historique qu'ils y rentrèrent pour jamais! Les rois de Vienne et de Genève, ceux de Toulouse, le grand Théodoric d'Italie lui-même, se sont effacés. Rien n'a subsisté de leur éphémère conquête, ou presque rien, sinon quelques documents pour témoigner de leur existence. Clovis seul a réussi, dont l'œuvre a été poursuivie, achevée par ses fils en dépit de leurs déchirements, en sorte que les Francs finirent par devenir les Français.

Cependant Théodoric le Grand possédait une sorte de génie politique. Le rôle qu'il assuma en Occident, la prépondérance morale qu'il exerça ou qu'il revendiqua méritent qu'on s'y arrête. Théodoric avait une ligne politique dont le modernisme ne laisse pas de surprendre, le profil d'un véritable homme d'État. Il apparaît à bien des égards intellectuellement supérieur à Clovis. Non qu'il faille refuser le sens politique à celui-ci, mais l'ambition du conquérant est son ressort principal, malgré ses talents de négociateur et son esprit de calcul, pour ne pas dire sa duplicité. Ayant abattu Odoacre à l'incitation de l'empereur Zénon, Théodoric ne prétendit pas à l'autonomie, mais feignit de rester dans l'obédience impériale. Il ne se comporta pas en conquérant vis-à-vis des populations italiennes, mais se préoccupa d'organiser sa conquête. Estimant prématuré de rechercher l'amalgame entre ces populations et les Ostrogoths, il instaura une sorte de double pouvoir, solution originale mais combien fragile! Il voulut être à la fois un monarque civil et un monarque militaire. Le monarque civil était celui des Italiens. Le monarque militaire, celui des Ostrogoths et des bandes diverses qui s'étaient agrégées à son armée. Il révérait, ostensiblement, la mémoire des Césars Augustes, se posait en continuateur de la grandeur romaine, mais en récusant le titre impérial qu'il aurait pu s'attribuer sans rencontrer d'opposition. Il manifestait le plus grand respect envers les sénateurs de Rome, recrutait ses hauts fonctionnaires parmi les patriciens et tenait à Ravenne une cour digne des anciens empereurs. Il veillait aussi à ce que ses soldats n'oppriment pas la population. Il régnait sur ceux-ci à la façon des rois barbares, avec pouvoir de vie et de mort. Vis-à-vis de l'évêque de Rome (le pape) et du clergé catholique, il pratiquait la tolérance et tenait la balance égale entre l'orthodoxie et l'arianisme. Deux peuples différents, deux codes juridiques, deux religions antagonistes, telle était la situation réelle du royaume de Théodoric. Sa forte personnalité, l'expérience politique qu'il avait acquise à Constantinople pendant sa jeunesse, lui permettaient d'éviter les conflits. Ses généraux n'étaient que des lieutenants dociles. Quant aux patriciens romains, il les amusait avec des hochets.

Il voulait davantage! Avant même d'avoir vaincu Odoacre, il avait épousé l'une des sœurs de Clovis. Par la suite, il maria l'une de ses filles au prince Sigismond, fils du roi Gondebaud. Une autre fut accordée à Alaric II. Sa propre sœur, au roi des Vandales Thrasamond. Cette politique matrimoniale accrut son prestige. Il était à la fois beau-frère du roi des Francs, beau-père du roi des Wisigoths et du prince héritier des Burgondes, en outre beau-frère du roi des Vandales qui tenait l'Afrique du Nord et la Sicile. Il apparut bientôt comme le patriarche de tous les peuples d'origine germanique. Tel était son but secret. A défaut d'être empereur, il voulait être arbitre de l'Occident, imposer ses décisions aux autres rois barbares. Avait-il les moyens de sa politique? On peut en douter. Les Ostrogoths n'étaient pas assez nombreux pour qu'elle réussît. Il commença par soutenir les peuples opprimés, afin d'agrandir sa clientèle. Il se posa en protecteur des vaincus, avant de s'improviser médiateur!

Son intervention en faveur des Alamans est à cet égard typique. En 506, ce peuple fut à nouveau battu par les Francs saliens et ripuaires. Clovis anéantit leur armée. Les survivants et leurs familles se réfugièrent en Rhétie, où les Francs les poursuivirent. La Rhétie (aujourd'hui le Tyrol autrichien et une partie de la Suisse) était à la frontière de l'Italie, apparemment sous la domination de Théodoric. Il prit les fugitifs alamans sous sa protection, leur donna asile en Rhétie et envoya cette lettre au roi des Francs :

« Nous nous réjouissons de la parenté glorieuse qui nous rattache à vous. Vous avez, d'une manière heureuse, éveillé à de nouveaux combats le peuple franc, depuis longtemps plongé dans le repos. D'une main victorieuse vous avez soumis les Alamans abattus par la mort de leurs plus vaillants guerriers. Mais puisque c'est toujours les auteurs de la perfidie qu'on doit en punir, et que le châtiment mérité par les chefs ne doit pas frapper leur peuple entier, modérez les coups que vous portez à une nation écrasée. Considérez que des vaincus qui se réfugient sous la protection de vos parents ont quelque titre à vos égards. Soyez clément pour des hommes qui se cachent, épouvantés derrière les frontières de notre royaume. Vous avez remporté un triomphe digne de mémoire en inspirant au farouche Alaman une telle terreur qu'il a été réduit à vous demander humblement la vie sauve. Qu'il vous suffise d'avoir vu leur roi succomber avec l'orgueil de la race, et d'avoir en partie exterminé, en partie asservi cette innombrable nation. Faire la guerre à ses débris, c'est vous donner l'apparence de ne pas l'avoir vaincue tout entière. Croyez-en mon expérience en ce domaine. Les guerres qui ont eu pour moi les résultats les plus heureux, sont celles où j'ai modéré mon but. Celui-là est sûr de vaincre toujours qui sait être mesuré en tout, et la prospérité sourit de préférence à ceux qui ne déploient pas une rigueur et une dureté excessives. Accordez-nous donc gracieusement ce qui ne se refuse pas même entre nations barbares : de la sorte vous n'aurez pas repoussé notre prière, et vous n'aurez rien à craindre du côté des pays qui nous appartiennent. »

La mise en garde était nette : ou bien Clovis respectait la frontière de Rhétie, ou il s'exposait à une intervention armée de Théodoric. L'intention de celui-ci était d'intégrer les Alamans à ses propres troupes. Pour tempérer l'effet de cette mercuriale, il ajoutait :

« Votre prospérité est notre gloire, et chaque fois que nous recevons une bonne nouvelle de vous, nous considérons que c'est un profit pour tout le royaume d'Italie... Nous vous envoyons aussi le poète joueur de cithare que vous nous avez demandé. Il est habile en son art. Puisse-t-il vous divertir en célébrant, de ses doigts qui feront sonner les cordes en harmonie avec sa voix, votre gloire et votre puissance. Nous avons confiance en son succès, d'autant que vous l'aurez inspiré. »

Ainsi le roi des Francs, connaissant la réputation de la cour de Ravenne, avait-il demandé un de ses poètes à Théodoric. Il avait compris que les conquérants ont intérêt à faire célébrer leurs exploits de leur vivant, afin de ne pas tomber ensuite dans l'oubli !

La lettre de Théodoric avait été rédigée par Cassiodore, questeur du palais royal. Les envoyés qui avaient été chargés de la remettre à Clovis étaient munis d'instructions précises. Ils devaient notifier verbalement à Clovis ce que Cassiodore s'était dispensé d'écrire. Clovis n'insista pas. Il abandonna le protectorat de Rhétie à son bon parent Théodoric et laissa les Alamans entrer à son service. Il ne pouvait ni ne voulait indisposer son cher beau-frère. Les flatteries de Théodoric n'égaraient point son jugement. Il savait que la sollicitude du roi d'Italie s'exerçait surtout en faveur des Wisigoths, ses coreligionnaires et frères de race. Et que les succès des Francs, loin de le réjouir, lui portaient ombrage et l'inquiétaient. Il estimait à juste raison que les pauvres cantons de Rhétie et leurs massifs montagneux ne valaient pas une guerre. D'ailleurs, une autre partie s'engageait, celle-là décisive et vraiment fructueuse.

Théodoric, formé à l'école byzantine, se flattait d'envelopper Clovis dans ses filets et d'endormir sa confiance. Mais le roi des Francs avait une prudence de loup. Après le coup d'arrêt de Rhétie, Théodoric crut qu'il imposerait ses vues à Clovis. Le temps approchait où ce dernier lui rendrait coup pour coup, toutefois indirectement, sans jamais heurter son adversaire de front, sauf quand il sera contraint de jeter le masque. Il n'avait pourtant pas été à Byzance!

IX

ALARIC II

Le prêtre Arius était né en Cyrénaïque, vers 286. En 318, chef d'une paroisse d'Alexandrie, il soutint pour la première fois devant l'évêque saint Alexandre la doctrine selon laquelle Jésus-Christ était une créature parfaite, très semblable à Dieu, mais non dieu lui-même. Réfuté ensuite par saint Athanase, il fut condamné et banni par le concile de Nicée (325). Il n'en persista pas moins à mettre sa doctrine en cantiques et en chansons pour la répandre dans le peuple. L'arianisme était essentiellement une hérésie christologique : elle niait le caractère divin du Christ. Arius soutenait que le Christ, premier-né des créatures, était inférieur au Père; qu'il avait été élevé par la grâce au-dessus des hommes, mais qu'on l'appelait improprement Dieu. Il rejetait donc le concept de consubstantialité des trois personnes de la Sainte Trinité. L'empereur Constantin le Grand l'exila. Mais l'arianisme comptait des adeptes influents à la cour de Constantinople. L'empereur lui-même inclinait vers cette hérésie, quand Arius mourut. Sa doctrine ne cessa de progresser à travers des péripéties diverses : tantôt elle était favorisée par l'autorité impériale et tantôt rejetée. L'Église orthodoxe passait par les alternatives inverses. Finalement chassé de l'Empire, l'arianisme se répandit chez les Barbares grâce à Ulfila (ou Wulfila). Il était cappadocien mais avait été élevé chez les Goths. Ayant adhéré à l'arianisme, il fut consacré évêque selon ce rite et s'en fut évangéliser les Goths. Il traduisit la Bible dans leur langue. Son influence fut considérable. Au Ve siècle, la presque totalité du monde barbare était hérétique. Tel était le cas d'Alaric II, roi des Wisigoths. Dès le concile de Nicée, l'Église catholique avait défini sa doctrine fondée sur la Sainte Trinité. Elle n'avait depuis lors cessé de l'affermir, luttant pied à pied contre les ariens. Elle avait renoncé depuis longtemps à trouver un moyen terme. Les abjurations consenties par les évêques ariens restaient équivoques et insincères. Dans tout l'Occident, l'Église était réduite à la défensive. Ses évêques devaient accepter la cohabitation avec les ariens, supporter la concurrence de leurs homologues hérétiques qui avaient leurs églises et leurs prêtres. La conversion de Clovis changeait les données du problème. Les prélats n'ignoraient point les ambitions de celui-ci. Désormais ses intérêts coïncidaient avec ceux de l'Église. Le roi de Burgondie ayant sauvé son trône, c'était désormais Alaric II qui était visé. Avait-il jamais cessé de l'être depuis la conquête du « royaume de Syagrius » par Clovis?

Il régnait de la Loire au Guadalquivir, de l'Atlantique à la Méditerranée, ayant annexé une partie de la Provence. Sa capitale était Toulouse. Mais sa cour résidait aussi à Bordeaux et à Arles. On a précédemment évoqué les persécutions du roi Euric à l'encontre des prélats catholiques et de leurs fidèles. Il avait été un arien militant et tenté d'imposer cette hérésie comme religion unique. On l'accusait d'avoir fait tuer plusieurs évêques, d'en avoir exilé d'autres. Un tel comportement ne pouvait qu'engendrer des excès de la part de ses guerriers, attiser un sectarisme fructueux. Mais les Wisigoths étaient minoritaires dans leur royaume. Ils ne formaient que des îlots plus ou moins isolés au milieu de la population gallo-romaine qui était catholique. Le roi Euric essayait lui aussi de faciliter l'amalgame entre les deux ethnies. Il employait volontiers des Gallo-Romains. Il les agrégeait à son armée où, semble-t-il, ils servaient avec loyauté. Pour autant il lui était impossible de leur imposer l'arianisme. Il imagina de supprimer le culte rival par extinction. Les évêques catholiques n'étaient pas remplacés. Bientôt les sièges de nombreux évêchés furent vacants. Le clergé inférieur s'amenuisait. Les églises n'ayant plus de desservants étaient abandonnées et tombaient en ruine. Cependant l'arianisme ne progressa pas. Au contraire, le catholicisme prit un regain de vigueur depuis qu'il était semi-clandestin. Euric ne martyrisait pas les corps; il martyrisait les âmes et l'opposition grandissait, silencieuse, d'autant plus redoutable. Quand il mourut, en 484, son autorité chancelait. Les Gallo-Romains d'Aquitaine, de l'ancienne Narbonnaise, de l'Auvergne récemment conquise, enviaient leurs coreligionnaires du nord de la Loire. Le baptême de Clovis produisait aussi ses effets dans ces régions. Alaric II, fils et successeur d'Euric, flaira le danger, mais il agit trop tard, sous l'empire des événements. Il est d'ailleurs probable qu'il n'était pas libre de ses actes. Chez les Wisigoths, les assassinats et dépositions de rois, directs ou indirects, étaient monnaie courante. Arrêter les persécutions contre les catholiques, c'était courir le risque d'irriter les Wisigoths et le clergé arien tout-puissant dans le royaume. Peut-être Alaric manquait-il de génie, ou d'autorité. Cependant, à mesure que la menace franque se précisait, il abandonna la politique religieuse de son père. La persécution cessa. Les évêques furent rendus aux fidèles, en dépit de l'opposition arienne. Bien plus, pour regagner les cœurs de ses sujets gallo-romains, il promulgua le code connu sous le nom de Bréviaire d'Alaric, inspiré du code théodosien. Il fit un pas de plus dans la voie de la réconciliation en autorisant, en 506, les évêques catholiques à tenir un concile à Agde. Ces mesures ne pouvaient suspendre la marche du destin; tout au plus permirent-elles une union éphémère et superficielle entre les catholiques et les ariens. Les évêques du concile d'Agde prièrent pour la prospérité d'Alaric. Ce vœu était-il sincère ou simplement conforme aux usages?

Certes les princes de cette époque apparaissent à nos yeux cruels et fourbes, conservant presque tous la mentalité violente des Barbares. Ils étaient cependant capables de combinaisons dont le modernisme nous étonne. Ainsi, pendant que le roi Alaric s'efforçait d'unifier son peuple, au plan international l'échiquier se mettait en place. Les rapports n'avaient jamais été bons entre les Francs et les Wisigoths. Les incidents de frontières se multipliaient. Les Wisigoths cherchaient à s'étendre au nord de la Loire. Les Francs leur barraient la route. Aux coups de main succédaient des opérations d'envergure. Clovis avait déjà envahi le royaume wisigoth; il s'était avancé jusqu'à Saintes, puis jusqu'à Bordeaux, première tentative non couronnée de succès, mais prometteuse. Des villes avaient été prises, perdues, reprises, reperdues, comme Tours, le grand sanctuaire catholique. Alaric voulut éviter le pire; il n'avait d'ailleurs pas le choix. Clovis accepta de le rencontrer. Les deux rois eurent une entrevue dans une petite île de la Loire (l'île Saint-Jean), à proximité d'Amboise. Entrevue apparemment cordiale, mais Clovis donnait le change, tout en jaugeant son adversaire. Ce fut, très probablement, en cette circonstance qu'Alaric accepta de livrer le pauvre Syagrius, ex-roi des Romains, auquel il avait accordé l'hospitalité, et peut-être de libérer les prisonniers francs envoyés par Gondebaud après la reddition de Vienne et restés depuis lors en otages. Alaric se déshonorait pour rien en sacrifiant Syagrius. L'entrevue d'Amboise n'avait pour Clovis d'autre but que de gagner du temps et d'endormir les soupçons de son adversaire. Des pourparlers étaient engagés avec Anastase Ier le Silentiaire, qui avait succédé en 491 à l'empereur Zénon. Les empereurs d'Orient n'avaient point renoncé à leur souveraineté sur les rois d'Occident. Ils se posaient toujours en héritiers des Césars romains, jadis maîtres de l'Europe. La réussite éclatante de Théodoric inquiétait Anastase. Naguère Zénon avait chargé Théodoric de reconquérir l'Italie en son nom. Vainqueur d'Odoacre, Théodoric ne contestait pas la souveraineté de l'empereur de Constantinople. Toutefois il cherchait à s'emparer de l'Illyrie. Ses généraux avaient infligé plusieurs défaites aux troupes byzantines. Cette progression vers l'est était inacceptable. Mais Anastase n'avait pas les moyens de chasser les Ostrogoths d'Italie. Il décida donc de les affaiblir en frappant leurs frères de race, les Wisigoths de Toulouse, et poussa Clovis à la guerre. Il estimait à juste raison que seuls les Francs étaient capables d'abattre la puissance d'Alaric. En outre, Clovis était le seul roi catholique d'Occident. Anastase n'ignorait ni ses ambitions, ni ses méthodes. De son côté, Clovis redoutait une intervention de Théodoric en faveur de son gendre Alaric. Que les Ostrogoths s'unissent avec les Wisigoths et l'entreprise franque risquait de tourner au tragique! Les émissaires d'Anastase promirent à Clovis l'envoi d'une flotte byzantine sur les côtes italiennes, afin de retenir Théodoric au-delà des Alpes.

Anastase avait des agents à la cour de Ravenne. Mais Théodoric avait les siens à Constantinople. Les pourparlers avec le roi des Francs ne lui échappèrent point. Il comprit la manœuvre de l'empereur. C'était à travers Alaric sa propre puissance qu'Anastase voulait battre en brèche. Alors cet esprit subtil entreprit de rendre coup pour coup. Il crut récolter les fruits de sa politique en envoyant des ambassades à tous les princes qu'il avait naguère protégés, à ceux dont il était parent. Pour déjouer la combinaison d'Anastase, il proposa son arbitrage en vue de rétablir l'harmonie en Europe. Ce fut ainsi qu'il écrivit à son gendre Alaric :

« Vous avez le droit de vous glorifier de la valeur traditionnelle de votre peuple, et de vous souvenir qu'Attila a été écrasé par vos ancêtres [1]. Rappelez-vous cependant qu'une longue paix amollit les nations les plus belliqueuses, et gardez-vous d'exposer sur un seul coup de dés des forces qui sont restées trop longtemps sans emploi. Prenez donc patience jusqu'à ce que nous ayons envoyé notre ambassade au roi des Francs, et tranché votre litige par la voie d'un jugement amical. Vous êtes tous deux nos parents, et nous ne voulons pas que l'un de vous soit mis dans un état d'infériorité vis-à-vis de l'autre. Comme il n'y a d'ailleurs entre vous aucun grief sérieux, rien ne sera plus facile à apaiser, tant que vous n'aurez pas recouru aux armes. Au reçu de notre ambassade, joignez vos envoyés à ceux que nous adressons à notre frère Gondebaud et aux autres rois, et fasse le Ciel que nous vous aidions à vous protéger contre les intrigues de ceux qui se complaisent malignement aux querelles d'autrui. Quiconque voudra vous faire du tort nous aura pour ennemis... »

Théodoric mettait donc son gendre en garde contre une initiative prématurée. Il l'incitait à attendre le résultat des négociations en cours, à ne pas répondre aux provocations, bref à tempérer son impulsivité. L'allusion discrète à l'amollissement de l'armée wisigothe montre qu'il doutait de ses capacités de résistance envers les guerriers de Clovis.

Ses ambassadeurs rencontrèrent ensuite Gondebaud. Ils lui remirent une lettre ainsi conçue : « C'est un grand mal que les querelles entre personnes royales et, pour nous, nous souffrons de voir les dissentiments de nos proches. C'est à nous qu'il convient de rappeler ces jeunes princes à la raison, et de prononcer au besoin des paroles sévères pour les empêcher de recourir aux excès. Aidez-moi dans cette tâche; joignez votre ambassade à la mienne et à celle d'Alaric, en sorte que nos efforts unis aboutissent à rétablir la concorde entre ces rois. Personne ne nous rendra responsables de leur querelle, si nous faisons tout pour l'apaiser. »

Étrange démarche de la part de Théodoric! Ignorait-il

1. Allusion à la victoire d'Aetius contre Attila en 451.

le pacte qui unissait Gondebaud et Clovis, ou feignait-il de l'ignorer? Par ailleurs, s'il pouvait en raison de son âge (cinquante-deux ans) se poser en patriarche des rois d'Occident, était-ce une raison pour traiter de « jeunes princes » Clovis et Alaric qui en avaient déjà quarante? Mais telle était la méthode de Théodoric formé, comme on a dit, à l'école de Byzance. Bien entendu, Cassiodore ajoutait sa rhétorique à la pensée de son maître.

Les ambassadeurs se rendirent ensuite auprès des « autres rois », c'est-à-dire des princes germaniques. La lettre qui leur était destinée ne laissait aucun doute sur les intentions réelles de Théodoric. Plus qu'une mise en garde, c'était un avertissement.

« Joignez donc vos envoyés à ceux qui portent nos offres de médiation à Clovis, afin qu'en esprit d'équité il renonce à attaquer les Wisigoths et qu'il s'en rapporte au droit des gens, ou qu'il sache qu'autrement il aura affaire à nous tous. On lui propose une entière justice : que veut-il donc de plus, sinon bouleverser tous les royaumes voisins? Il vaut mieux réprimer tous ensemble, dès le début et à peu de frais, ce qui autrement risquerait de provoquer une guerre générale. Rappelez-vous combien de fois Euric vous a comblés de ses présents, combien de fois il a écarté de vous les armes de voisins puissants. Rendez aujourd'hui au fils ce que le père a fait pour vous : vous agirez pour votre propre bien, car si le roi des Francs parvenait à l'emporter sur la grande monarchie wisigothique, nul doute qu'il ne s'attaque ensuite à vous. »

Telle était la parade diplomatique imaginée par Théodoric pour déjouer les machinations d'Anastase. Qu'un prince de cette époque ait déployé tant d'efforts et tant d'habileté pour éviter la guerre en Europe forcerait notre admiration. Mais ce pèlerin de la paix songeait d'abord à lui-même, comme on l'a vu. Clovis renonçant à l'alliance byzantine et à l'invasion du royaume d'Alaric, l'empereur d'Orient ne pouvait empêcher le roi d'Italie de progresser en Illyrie et en Dalmatie. Or les Perses donnaient de la tablature à Anastase. Il lui fallait d'abord se préoccuper de couvrir sa frontière à l'est...

Il est peu probable que les ambassadeurs de Théodoric aient emporté l'adhésion des princes germaniques. La neutralité qu'ils observèrent pendant la campagne de Clovis contre les Wisigoths est significative. Le projet de coalition contre le roi des Francs se solda en définitive par un échec.

Les envoyés de Théodoric vinrent trouver Clovis, avec cette lettre :

« La Providence a voulu nouer des liens de parenté entre les rois, afin que leurs relations amicales aient pour résultat la paix des nations. Je m'étonne donc que vous vous laissiez émouvoir par des motifs frivoles, jusqu'à vous engager dans un violent conflit avec notre fils Alaric. Tous ceux qui vous redoutent se réjouiront de cette lutte. Jeunes tous deux, tous deux à la tête de nations fleurissantes, craignez de porter un rude coup à vos royaumes, et de prendre sur vous la responsabilité des catastrophes que vous allez attirer sur vos patries. Laissez-moi vous dire en toute franchise et affection : c'est trop de fougue que de courir aux armes dès les premières explications. C'est par l'arbitrage qu'il faut trancher le débat avec vos proches. Votre querelle serait une sorte d'opprobre pour moi-même. Je récuse une lutte d'où l'un de vous peut sortir écrasé; jetez ces armes que vous tournez en réalité contre moi. Je vous parle comme un père et comme un ami : celui de vous qui mépriserait mes exhortations doit savoir qu'il aura à compter avec moi et tous mes alliés. Je vous exhorte donc, comme j'ai exhorté Alaric : ne laissez pas la malignité d'autrui [1] semer la zizanie entre vous et lui; permettez à vos amis communs de régler vos différends; rapportez-vous à eux de vos intérêts. Celui-là n'est certes pas un bon conseiller qui veut entraîner l'un ou l'autre de vous dans la ruine... »

C'était en somme une conférence internationale que proposait Théodoric, conférence qu'il eût bien entendu prési-

1. Allusion fort claire à l'empereur Anastase.

dée. Mais Clovis avait l'habitude de régler seul ses comptes. Ce qu'il voulait obtenir, ce n'était pas la cession de quelque territoire, mais la destruction du royaume wisigoth. On ne sait s'il opposa un refus catégorique aux ambassadeurs ou si, pour tromper le roi d'Italie comme il avait trompé Alaric à Amboise, il fit une réponse dilatoire et demanda un temps de réflexion. Tout ce que l'on peut dire est que la démarche de Théodoric précipita sa décision.

X

LA BATAILLE DE VOUILLÉ

Grégoire de Tours explique à sa façon l'invasion du royaume wisigoth. Il fait dire à Clovis : « C'est avec beaucoup de peine que je supporte que ces ariens occupent une partie des Gaules. Marchons avec l'aide de Dieu et, quand ils auront été vaincus, nous soumettrons leur terre à notre domination ! » Le bon évêque ajoute : « Cette harangue ayant plu à tous, l'armée fut mobilisée et il se dirigea sur Poitiers. » En d'autres termes, poursuivant sa démonstration, il présente l'agression de Clovis comme une véritable croisade. C'en était une dans la mesure où Clovis allait dans le sens de l'Église catholique et, en combattant Alaric II et ses Wisigoths, combattait en même temps l'hérésie arienne. Pour autant, Clovis ne minimisait par la valeur de son adversaire. Il craignait l'intervention du roi d'Italie. Il avait mesuré le risque qu'il allait prendre. Quasi mandaté par l'empereur Anastase, en tout cas son allié, il pouvait aussi compter sur l'aide effective de Gondebaud, roi des Burgondes, et sur celle de Sigebert le Boiteux, roi des Francs ripuaires. Cautionné par les évêques, il faisait également fond sur l'hostilité des catholiques opprimés par les Wisigoths, par conséquent sur les difficultés qu'éprouverait Alaric à rassembler une armée capable d'arrêter les Francs. Il n'était point besoin de l'arianisme pour exciter l'ardeur guerrière de ses propres soldats dont beaucoup n'étaient pas encore convertis. Le vieil instinct germanique persistait en eux; la perspective de pillage suffisait à les jeter dans l'enthousiasme. Il est même à croire que les évêques durent rappeler à Clovis qu'il s'agissait de libérer de vrais chrétiens du joug arien, non de razzier les sanctuaires et les riches demeures. Il faut croire Grégoire de Tours quand il déclare que Clovis interdit, sous peine de mort, à ses hommes de rien emporter sauf de l'herbe et de l'eau, du moins en traversant les diocèses de Tours et de Poitiers, où saint Martin et saint Hilaire avaient leurs tombeaux. Il raconte qu'un soldat ayant volé du foin à un pauvre paysan répondit :

– « Le roi n'a-t-il pas ordonné qu'on prenne seulement l'herbe et rien d'autre? Ceci est de l'herbe. Nous ne désobéissons pas au roi si nous la prenons. »

Ce qu'apprenant Clovis fit exécuter le soldat d'un coup d'épée, et dit :

– « Comment espérer la victoire si nous offensons saint Martin? »

Malgré sa conversion, il n'avait point oublié ses superstitions. Il demanda au Seigneur de lui envoyer un présage attestant qu'en attaquant « cette nation incrédule » il aurait sa faveur et sa protection. Il expédia des fidèles à la basilique de saint Martin. Ils étaient chargés de présents propitiatoires. Or, à l'instant où ils pénétraient dans le sanctuaire, le chœur entonna le psaume : « Tu m'as armé, Seigneur, de courage pour le combat, tu as jeté sous mes pieds ceux qui se révoltaient contre moi, tu as fait tourner le dos à mes ennemis et tu as ruiné ceux qui me haïssaient. » Tout joyeux, ils s'en vinrent trouver Clovis qui ne douta plus de la victoire.

L'armée s'était mise en campagne au printemps 507. Le fils aîné de Clovis, Thierry, accompagnait son père. Il avait reçu son premier commandement. Le prince Chlodéric, fils de Sigebert le Boiteux, commandait le contingent ripuaire. Simultanément le prince Sigismond, fils de Gondebaud, quittait Vienne avec l'armée burgonde et entrait en Auvergne, son objectif étant de prendre les Wisigoths à revers.

Les préparatifs n'étaient point passés inaperçus. Les espions d'Alaric informèrent celui-ci. Il prévint Théodoric et mobilisa en toute hâte. Selon Procope, les Gallo-Romains en état de combattre furent enrôlés de force. Apprenant que les Francs venaient de passer la Loire et ne pouvant attendre les secours de Théodoric, Alaric marcha vers le nord afin de couvrir Poitiers. C'était certainement une erreur tactique, mais avait-il le choix? D'ailleurs, Clovis cherchait la bataille. Elle aurait eu lieu n'importe où, à Saintes, à Angoulême, ou à Bordeaux. Tout ce qu'Alaric pouvait tenter, c'était de harceler les Francs et de retarder leur marche pour donner le temps d'arriver aux Ostrogoths. Mais il savait que les Burgondes envahissaient l'Auvergne. Il crut probablement pouvoir battre séparément Clovis et Sigismond.

Il est dans notre histoire des noms qui reviennent avec insistance. Poitiers, Verdun sont de ceux-là. Verdun qui contrôle la vallée de la Meuse, et Poitiers, la vaste plaine entre les pays de Loire et l'Aquitaine où se déroulèrent trois batailles décisives: 507 (Clovis), 732 (Charles Martel), et 1356 (Jean le Bon).

Clovis franchit la Loire dans les environs d'Amboise; il emprunta la voie romaine jalonnée de bornes milliaires qui conduisait à Poitiers (encore appelé Limonum). Cette voie suivait à quelque distance le cours du Clain. Là s'étendait la plaine de Vouillé sillonnée par la petite rivière d'Auxance. L'armée franque était dans l'allégresse. Selon la tradition, bien entendu reprise par Grégoire de Tours, la traversée de la Vienne, grossie par des pluies récentes, avait embarrassé

Clovis. Alaric eût fait rompre les ponts et enlever les bateaux – ce qui est invraisemblable –, mais un cerf eût révélé l'existence d'un gué aux libérateurs d'Aquitaine. En outre, une grande lumière se serait élevée au-dessus de l'église Saint-Hilaire au cours de la nuit. Le monde était alors plein de merveilles. Elles venaient fleurir les champs de bataille et dispensaient les chroniqueurs de précision. Donc Clovis s'avançait dans cette grande plaine. Alaric avait pris position au confluent de l'Auxance et du Clain. Ce fut là que les avant-gardes franque et wisigothe se heurtèrent. La mêlée fut aussitôt générale. Un monolithe de granit signale aujourd'hui cet endroit. L'armée d'Alaric était hétérogène, comme celle de Clovis. Les cohortes gallo-romaines combattaient au coude à coude avec les Wisigoths. Il y avait même un bataillon d'Arvernes (Auvergnats) commandé par le fils de Sidoine Apollinaire. Sans doute Alaric avait-il imposé un serment de fidélité aux Gallo-Romains. Ils montrèrent en tout cas un courage égal à celui des Wisigoths qu'ils étaient censés haïr. Nous n'avons aucune relation circonstanciée de cette bataille. Les récits de Grégoire de Tours et de Procope sont sujets à caution. Toute reconstitution sérieuse reste donc impossible : on peut le regretter. Un fait permet cependant d'attester l'âpreté de la lutte. Le roi Alaric fut tué, peut-être par Clovis. Mais ce dernier fut attaqué par deux soldats wisigoths. La qualité de sa cuirasse et l'agilité de son cheval le sauvèrent. Leur roi étant mort, les Wisigoths fléchirent puis se débandèrent. Les Francs les massacrèrent en grand nombre et l'on dit qu'après la bataille la plaine de Vouillé était un cimetière. Alaric avait avec lui son fils Amalaric, qui était encore enfant. Une poignée de fidèles emmena Amalaric hors du champ de bataille, pour le soustraire à la fureur des Francs ou pour lui éviter la captivité.

La victoire de Poitiers ouvrait à Clovis la route du midi. On ne saurait davantage indiquer l'itinéraire qu'il suivit. Sans doute ne s'attarda-t-il pas à assiéger les villes qui refusaient d'ouvrir leurs portes. Son objectif était en effet de s'emparer de Toulouse, capitale des Wisigoths, et du fabuleux trésor que l'on y conservait, dit-on! Cependant il dut détacher un corps de troupes sous les ordres de son fils Thierry afin de soumettre l'Auvergne. Ce qui laisse supposer que le prince Sigismond et ses Burgondes n'avaient pas eu le succès escompté. On les retrouve pourtant sous les murs de Toulouse aux côtés des Francs. D'après la biographie de saint Eptadius, Toulouse fut prise d'assaut, mise à sac et incendiée. Une partie du trésor des rois wisigoths tomba aux mains de Clovis. Ce dernier divisa alors son armée en trois corps. Gondebaud, qui avait rejoint son fils Sigismond, fut chargé de réduire les nids de résistance en Septimanie et d'occuper Narbonne ; Thierry, de nettoyer la région des Cévennes et de l'Albigeois. Quant à Clovis, il se réserva la Novempopulanie, c'est-à-dire la Gascogne. Ces objectifs furent atteints. Il semble toutefois que la soumission des Gascons fut incomplète. Clovis s'avança jusqu'à la barrière des Pyrénées, où il se heurta à la résistance opiniâtre des montagnards. Il eut la prudence de ne pas s'aventurer dans les défilés. La saison s'avançait. Il se dirigea vers Bordeaux, où il passa l'hiver afin d'organiser sa conquête; à savoir l'Aquitaine, la Gascogne, le Languedoc, l'Auvergne, le Limousin, tout le sud de la Loire. Les Wisigoths avaient été massacrés ou réduits en esclavage. Non tous! Une partie d'entre eux avait pu s'enfuir en Espagne. Ces fugitifs pouvaient revenir en force, reconquérir une partie du territoire. Il convenait donc de laisser des garnisons dans les principales cités. De plus, certaines villes n'avaient pas encore fait leur soumission, comme Saintes et Angoulême. Clovis estimait nécessaire d'implanter solidement la domination franque dans cette région qui reliait le nord et le midi. Le prix de son alliance avec Gondebaud avait été la Provence, qui restait à conquérir. Non sans perfidie, Clovis laissait aux Burgondes le soin de cette conquête. Il est vrai qu'il mit un contingent à leur disposition, mais il se désintéressa de cette campagne et, au printemps 508, quitta Bordeaux et se dirigea vers Tours, après avoir soumis Saintes et Angoulême.

XI

LE DIPLÔME DE CONSUL

Grégoire de Tours : « Puis il reçut de l'empereur Anastase le codicille du consulat et, ayant revêtu dans la basilique du bienheureux Martin une tunique de pourpre et une chlamyde, il mit sur sa tête un diadème. Ensuite, étant monté à cheval, il distribua avec une très grande générosité de l'or et de l'argent sur le chemin qui se trouve entre la porte de la basilique et l'église de la cité, en jetant les pièces de sa propre main aux gens qui étaient présents, et à partir de ce jour il fut appelé consul ou auguste. »

Ces quelques lignes, surtout la dernière, ont suscité les interprétations les plus fantaisistes. Il était normal que l'empereur Anastase récompensât le roi des Francs en lui accordant le consulat honoraire. Ce titre ne correspondait pas, et depuis longtemps, à une fonction. Ce n'était guère qu'une distinction honorifique. Toutefois, dans le cas de Clovis, il revêtait un sens particulier, car il élevait un prince barbare au premier rang de la hiérarchie sociale romaine. Il faisait de lui plus qu'un « sénateur ». Il était donc de nature à grandir sa popularité aux yeux des Gallo-Romains. Pour autant, il ne lui conférait pas le droit de s'intituler « auguste » comme les empereurs de Rome, comme Anastase lui-même!

La remise du diplôme donnait lieu à une cérémonie. Nul doute que Clovis ne reçût les ambassadeurs byzantins avec honneur. Le geste d'Anastase le touchait. Il aperçut immédiatement le profit qu'il pouvait retirer de ce titre de consul. D'où le « triomphe » qu'il organisa à Tours. Il était normal qu'il revêtît la tunique, le manteau et la chlamyde de pourpre, sans doute offerts par Anastase, dans la basilique consacrée à saint Martin, à quelque distance de Tours. C'était une manière de rendre grâces à son protecteur. Il avait déjà comblé cette basilique de présents. Reste le problème du « diadème » dont il se coiffa pour la circonstance, selon Grégoire de Tours. On ne voit nulle part que les premiers rois francs aient porté un diadème. Peut-être s'agissait-il de ces couronnes à pendentifs des rois wisigoths, provenant du trésor d'Alaric. Il importe d'ailleurs assez peu de savoir si Clovis arbora ou non ce diadème.

En lui délivrant le diplôme de consul, Anastase flattait l'amour-propre de Clovis; il l'honorait, si l'on veut, mais il ne lui déléguait point son pouvoir sur l'Occident, comme l'ont suggéré certains historiens. Tout au plus peut-on admettre qu'il reconnaissait le pouvoir du roi franc sur la Gaule et par là l'insérait dans le système factice d'un empire unifié. D'ailleurs, Clovis n'avait aucune envie de devenir le subordonné de ce lointain empereur. Il n'entendait tenir que de lui-même le royaume qu'il avait conquis pièce à pièce et qui s'étendait désormais jusqu'aux Pyrénées. Le trésor d'Alaric avait rempli ses coffres. Il pouvait en effet se montrer généreux et jeter à pleines mains les pièces d'or et d'argent au peuple qui assistait à son triomphe! Il était normal que, pour une journée, il laissât de côté ses préoccupations et savourât sa victoire, tout en cultivant sa popularité.

La guerre avec les Wisigoths n'était pas terminée, puisque

la Provence restait entre leurs mains. Grégoire de Tours s'empresse de tourner la page après la cérémonie de Tours. Il est muet sur le siège d'Arles, sur l'intervention de Théodoric, sur la cruelle défaite des Burgondes et des Francs, sur le bilan final de cette guerre. C'est que le brave évêque-historien tient à assurer une gloire immaculée à son héros, à montrer que la défaite des ariens avait été complète. Il fait pareillement silence sur l'alliance de Clovis avec les Burgondes, ne pouvant admettre que le champion de l'Église ait pactisé avec Gondebaud. Par bonheur d'autres sources (Procope, la *Vie de saint Césaire*) nous renseignent sur la suite des opérations.

La conquête de la Provence semblait aisée. Cependant les Wisigoths occupaient encore une partie de la Septimanie, dont Carcassonne et Nîmes. Ils tenaient le castrum qui contrôlait le Rhône et surtout la ville d'Arles qui avait été la résidence du préfet des Gaules après l'abandon de Trèves. L'antique capitale de la Provence était pourvue de solides remparts. Lorsque les Burgondes et les Francs arrivèrent sous ses murs, une sinistre réputation les avait précédés. La garnison wisigothe, la population gallo-romaine savaient ce qui les attendait. Le pillage de Toulouse, les égorgements, les incendies qui avaient suivi, ne leur laissaient pas la moindre illusion. Ariens et catholiques, chefs barbares et patriciens résolurent d'un seul cœur de se défendre. L'arrivée des Burgondes était attendue; on avait mis la cité en état de défense et entreposé des provisions. Comme pour justifier leur réputation, Burgondes et Francs ravagèrent les environs, puis investirent méthodiquement la ville. On a déjà dit que les Barbares ignoraient à peu près tout de l'art des sièges. Incapables d'ouvrir une brèche, ils eurent recours à leur procédé habituel : la famine. Les deux rives du Rhône furent étroitement bloquées. Les navires qui descendaient le fleuve ou qui venaient de la mer ne purent approcher des murailles.

Un grave incident faillit coûter la vie à saint Césaire. Évêque d'Arles, il n'avait point abandonné son troupeau, bien qu'il fût suspect aux Wisigoths. Depuis la défaite de leur nation, ceux-ci accusaient volontiers les prélats d'être de connivence avec les Francs. Saint Césaire ne songeait nullement à trahir les chefs wisigoths. Il n'essayait point de détourner les Gallo-Romains de leur devoir. Mais une nuit, un clerc, qui était aussi son parent, descendit par une corde et rallia le camp ennemi. On vit dans cette évasion la preuve irréfutable d'un complot ourdi par saint Césaire pour livrer la ville. Sa demeure fut envahie par les soldats. Il fut arrêté. On n'osa l'exécuter mais on le jeta dans un cul-de-basse-fosse. Peu après, une lettre fut découverte au pied des remparts donnant aux assiégeants toutes les indications pour surprendre la garnison. Les auteurs du complot étaient ceux-là mêmes qui avaient accusé saint Césaire de trahison. On lui rendit la liberté.

Les provisions s'amenuisaient. Civils et soldats supportaient vaillamment les privations. Ils attendaient les secours promis par le roi d'Italie.

Arrêtons-nous un instant, pour nous demander les raisons de l'immobilisme de Théodoric. Car enfin il avait été prévenu par Alaric de l'agression franque. Il avait appris la catastrophe de Poitiers, la mort de son gendre, la fuite de son petit-fils Amalaric avec une poignée de fidèles, la chute de Toulouse, la reddition des villes de Gascogne, de Septimanie, d'Aquitaine. Bref, il avait laissé Clovis anéantir le royaume wisigoth, alors qu'il s'était donné tant de peine pour éviter la guerre! L'empereur Anastase avait tenu tous ses engagements envers Clovis, certes avec un peu de retard! Il avait même consenti un effort exceptionnel, rassemblé à Constantinople une flotte de deux cents navires de combat. Ces immenses préparatifs, Théodoric en avait eu connaissance par ses espions. Quelles que fussent ses velléités de sauver les Wisigoths du désastre, il devait en premier lieu assurer la défense des côtes italiennes, et d'autant qu'il ignorait où les Byzantins débarqueraient. Le nombre impressionnant des vaisseaux en partance indiquait qu'il ne s'agissait pas d'une simple diversion, mais d'une opération d'envergure. Théodoric ne pouvait donc se permettre d'abandonner son peuple, du moins pendant l'été 507! La défaite générale des Wisigoths le mettait en position difficile. Elle l'exposait à voir ses arrières attaqués par les Burgondes pendant que les Byzantins déferleraient sur ses côtes. Cependant la Provence restait aux mains des Wisigoths, de même qu'une partie de la Septimanie et bien entendu l'Espagne. Cet esprit hardi conçut aussitôt un plan de grande ampleur, dont nous indiquerons les phases principales. Ses combinaisons auraient sans doute échoué, si Clovis avait pris part aux opérations, mais il s'en abstint. Espérait-il éviter ainsi un conflit avec Théodoric, ou se désintéressait-il de la Provence, qui devait rester aux Burgondes? On ne sait. Pendant l'été 508, Théodoric conserva le gros de ses forces en Italie, mais envoya un corps expéditionnaire en Provence. La flotte d'Anastase aborda les côtes d'Apulie. Les Byzantins débarquèrent et se livrèrent au pillage, au lieu de s'enfoncer dans le pays. Théodoric les rejeta à la mer. La flotte poursuivit ses méfaits, puis appareilla pour Constantinople chargée du butin, toutefois sans avoir atteint son objectif. L'armée que Théodoric avait envoyée en Provence remplit au contraire sa mission point par point. Elle s'empara des villes au sud de la Durance sans coup férir, entra à Marseille et se dirigea vers Arles. Les Ostrogoths se portèrent ensuite sur le Rhône, dégagèrent la rive gauche après un violent combat et approvisionnèrent la ville en abondance. La saison s'avançait et l'on en resta là. Le siège continua pendant l'automne et l'hiver 508. Les Burgondes et leurs alliés pouvaient s'attendre à une attaque massive au printemps suivant. Les Ostrogoths tinrent garnison dans les villes conquises et Théodoric nomma un préfet pour gouverner la Provence. Il montrait par là qu'il n'avait pas l'intention de restituer la Provence aux Wisigoths, quoi qu'il advînt! C'était une façon de rentrer dans ses frais! Chose curieuse, Clovis ne réagit pas en apprenant ces nouvelles fâcheuses. L'idée ne lui vint pas de se remettre en campagne et d'aider son ami Gondebaud à en finir avec le siège d'Arles. Nous le connaissons assez bien pour comprendre que les embarras des Burgondes ne lui déplaisaient pas. En outre, en s'abstenant de paraître, il laissait à Gondebaud la responsabilité de la poursuite des hostilités. Il escomptait ainsi que la colère de Théodoric se détournerait sur les Burgondes. Sinon quelles tractations obscures y eut-il entre Théodoric et lui?

Au printemps 509, l'armée de Théodoric franchit les Alpes et déferla sur la Provence. Elle était commandée par Ibbas et Mamo, tous deux excellents stratèges, surtout le premier. Pendant que Mamo pénétrait résolument en Burgondie, ravageait Orange et s'emparait d'Avignon, Ibbas achevait de conquérir la Haute-Provence. Les Burgondes étaient désormais coupés de leur base. Ibbas et Mamo firent ensuite leur jonction et marchèrent vers Arles. La situation des assiégeants devenait intenable. Ils évacuèrent la rive gauche du fleuve et réunirent l'ensemble de leurs forces sur la rive droite pour affronter les Ostrogoths, qui les attaquèrent aussitôt. Les Burgondes subirent une cuisante défaite. Arles était délivrée. Les prisonniers francs et burgondes s'entassaient dans les bâtiments publics et les églises. On dit que saint Césaire les prit en pitié et vendit jusqu'aux calices de sa cathédrale pour les racheter.

La ville avait beaucoup souffert pendant ce long siège. Ses remparts et ses monuments étaient dégradés. Théodoric daigna secourir les habitants. Il leur écrivit :

« Bien que le devoir le plus urgent soit de venir en aide aux habitants et de diriger plus particulièrement sur les hommes les témoignages d'intérêt, nous croyons devoir partager nos dons entre les citoyens et les remparts qu'il convient de remettre en état. Que la prospérité de la ville, liée à celle des citoyens, se retrouve dans le bon ordre de vos édifices. Nous vous envoyons des fonds pour la réparation des murs d'Arles et de ses vieilles tours, et nous faisons préparer des approvisionnements qui allégeront vos dépenses. Ils vous arriveront dès que le temps redeviendra propice à la navigation. Courage! Confiants en nos promesses, ayez bon espoir dans la bienveillance divine, car nos paroles ne sont pas moins garnies que les magasins d'approvisionnements. »

Il adressa une lettre-circulaire aux autres cités de Provence, dans laquelle, oubliant ses propres origines, il ne craignait pas de déclarer :

« Vous voilà donc, par la grâce de la Providence, revenus à la société romaine et rendus à la liberté d'autrefois. Reprenez aussi des mœurs dignes du peuple qui porte la toge; dépouillez-vous de la barbarie et de la férocité. Quoi de plus heureux que de vivre sous le régime du droit, d'être sous la protection des lois et de n'avoir rien à redouter! Le droit est la garantie de toutes les faiblesses et la source de la civilisation; c'est le régime barbare qui est caractérisé par le caprice individuel... »

Ces arguments de propagande étaient assortis d'exemptions d'impôts. Les Provençaux gagnaient donc au change! Théodoric ne s'arrêta pas en si bon chemin. Ibbas avait l'ordre de reconquérir la Septimanie. Les Ostrogoths bousculèrent donc les Burgondes et les chassèrent des cités qu'ils occupaient. Narbonne les accueillit à bras ouverts. L'Espagne était de nouveau reliée à la Provence, comme au temps de la grandeur de Rome. A vrai dire Théodoric ne travaillait pas uniquement pour lui. Après le désastre de Vouillé, un bâtard du défunt roi, nommé Gensélic, s'était fait reconnaître par les Wisigoths de Narbonne. Il s'enfuit en Espagne et sa tête tomba sous la hache du bourreau. Car Théodoric n'oubliait pas qu'il avait un petit-fils : cet Amalaric rescapé de Vouillé. Il le prit en tutelle, puisque ce n'était encore qu'un enfant âgé de six ans. Il exerça dès lors la régence du royaume wisigoth réduit en Gaule à la Septimanie.

Clovis accepta cet arrangement. Il ne perdait pas grand-chose et ménageait à bon compte l'orgueil de Théodoric. Le vrai perdant était bien Gondebaud. Il avait sacrifié l'élite de ses guerriers et vidé son trésor au seul profit de Clovis. La Provence lui échappait et la belle ville d'Avignon était désormais ostrogothe.

Pourtant, à y regarder de près, celui qui perdait le plus malgré ses récentes victoires, c'était Théodoric. Il ne pouvait plus désormais appuyer ses ambitions sur les Wisigoths ni prétendre à la domination sur l'Europe. Le royaume wisigoth était amputé de ses plus riches provinces et saigné à blanc. Il avait pour roi un enfant. Clovis était désormais l'égal du roi d'Italie.

XII

SIGEBERT LE BOITEUX

Clovis, qui avait changé pour la troisième fois de capitale et s'était installé à Paris, avait une autre raison d'abandonner Gondebaud à ses infortunes. La situation intérieure du royaume des Ripuaires accaparait son attention. Il avait à nouveau une grande partie à jouer dans la région du Rhin. Les Ripuaires étaient, comme on a dit, frères de race des Francs saliens. Leurs rois étaient proches parents des Mérovingiens, sortis de la même tige dont les racines s'enfouissaient dans la nuit des temps. Leurs intérêts n'avaient cessé d'être communs. Clovis avait sauvé Sigebert le Boiteux de l'invasion des Alamans l'année de Tolbiac. Chlodéric, fils de Sigebert, avait aidé Clovis à conquérir l'Aquitaine. Le royaume ripuaire n'était point subordonné à Clovis, mais dans l'orbite franque! C'était un vaste et riche royaume, dont il est malaisé de fixer les limites. On peut conjecturer qu'il s'étendait au nord sur les deux rives du Rhin inférieur, à l'ouest jusqu'à la Meuse, au sud jusqu'à la Moselle. Sa capitale était Cologne. Sa population restait païenne, mais comptait quelques catholiques. Or, en 508, le roi Sigebert fut assassiné...

Voici la version des faits par Grégoire de Tours: « Pendant que le roi Clovis séjournait à Paris, il envoya en secret dire au fils de Sigebert: " Ton père vieillit et il boite de son pied malade. S'il mourait, ajouta-t-il, son royaume te reviendrait de droit, ainsi que notre amitié. " Séduit dans sa cupidité, ce dernier entreprit de tuer son père et, tandis que celui-ci, ayant quitté la cour de Cologne et franchi le Rhin, se disposait à traverser la forêt de Buchau et s'était endormi pour la méridienne dans sa tente, son fils, ayant lâché sur lui des assassins à gages, l'y tua pour s'emparer de son royaume; mais le jugement de Dieu l'entraîna dans la tombe qu'il avait méchamment creusée pour son père. Il envoya donc des messages au roi Clovis pour lui annoncer la mort de son père et pour lui dire: " Mon père est mort et j'ai en ma possession ses trésors avec son royaume. Envoie-moi tes gens et je leur remettrai de bon gré ce qu'il te plaît de prendre de ces trésors. " Et celui-ci répondit: " Je rends grâces à ta volonté et te prie de montrer aux nôtres, quand ils viendront, tous ces trésors que dans la suite tu posséderas seul. " Dès l'arrivée des envoyés, celui-ci étala les trésors de son père. Or, pendant qu'ils examinaient divers objets, il déclara: " Mon père avait l'habitude d'entasser la monnaie d'or dans ce petit coffre. " " Plonge donc ta main jusqu'au fond! " disent-ils. Comme il l'avait fait et qu'il se penchait fort bas, l'un des hommes, ayant levé la main, lui fracassa le crâne de sa hache, et ainsi ce fils indigne encourut ce qu'il avait fait subir à son père. Clovis, apprenant la mort de Sigebert et de son fils, se rendit sur les lieux et convoqua le peuple à qui il déclara: " Écoutez ce qui est arrivé. Tandis que je naviguais sur le fleuve de l'Escaut, Chlodéric, le fils de mon parent, poursuivait son père en prétendant que moi je voulais le tuer. Pendant que ce dernier fuyait à travers la forêt de Buchau, Chlodéric lança sur lui des brigands pour le mettre à mort et l'assassina. Lui-même à son tour a péri, frappé par je ne sais qui, pendant qu'il découvrait ses trésors. Dans tous ces événements je n'ai aucune responsabilité, car je ne puis répandre le sang de mes parents, ce qu'il est criminel de faire. Mais, puisque ces choses ont eu lieu, je vous soumets une proposition que vous accepterez si elle vous convient. Ralliez-vous à moi afin d'être sous ma protection." Et entendant ces paroles, ceux qui étaient là applaudirent, tant de leurs boucliers que de leurs cris, et ils le choisirent pour roi en l'élevant sur un pavois. Ayant reçu le royaume de Sigebert et ses trésors, il les soumit aussi à sa domination... »

La conclusion de Grégoire est inouïe : « Ainsi Dieu prosternait chaque jour ses ennemis sous sa main et agrandissait son royaume parce qu'il marchait d'un cœur droit devant lui et faisait ce qui plaisait aux gens de Dieu. »

Où Grégoire de Tours a-t-il puisé ses sources? Certainement pas dans les confidences faites naguère par la vieille reine Clotilde. Peut-être dans une chanson populaire, ou dans l'observation des princes dont il était contemporain et dont la frénésie de meurtre dépassait de loin celle de Clovis! Il est évident que cet extravagant récit appartient à ce que Godefroid Kurth appelait : « l'histoire poétique des Mérovingiens ». Toutefois ces derniers ont si mauvaise réputation que l'on est porté à accepter sans examen les accusations dont ils sont l'objet. Il ne s'agit pas de blanchir Clovis. On a suffisamment montré son cynisme, sa duplicité et sa cruauté, tout en les replaçant dans le contexte général. La psychologie de Clovis était celle de sa race. Il se distinguait des princes de son temps par son intelligence et par sa réussite exceptionnelle. S'il voulait se débarrasser de Sigebert et de son fils, il disposait d'autres moyens que l'assassinat. En supposant qu'il les ait fait tuer, il n'aurait certainement pas chargé ses ambassadeurs de cette besogne. Agissant de la sorte, il se fût discrédité aux yeux du peuple ripuaire. Il reste que Sigebert le Boiteux fut probablement victime d'un attentat et tomba victime d'une embuscade dans la forêt de Buchau. On peut même admettre, avec Godefroid Kurth, que ce crime ait été perpétré durant l'absence de Chlodéric. Ce dernier commandait l'armée ripuaire pendant la campagne d'Aquitaine. Et supposer qu'apprenant la mort de son père, Chlodéric eût regagné Cologne en toute hâte et qu'il pérît lui aussi sous les coups des séditieux. Mais on ne saurait aller au-delà. Informé de ce double meurtre, Clovis se rendit à Cologne pour mettre fin à l'anarchie. Il posa hardiment sa candidature au trône ripuaire et l'assemblée des guerriers l'élut par acclamations. Il fut ensuite hissé sur le pavois (c'était un grand bouclier), selon le vieux rite germanique. Il mettait ainsi fin aux querelles intestines. Par surcroît il annexait commodément le royaume des Ripuaires. S'il avait armé le fils contre le père et fait supprimer ensuite le premier, en dépit de la parenté et d'une alliance séculaire, il se serait heurté à la résistance des Ripuaires. Or son élection fut spontanée : les Ripuaires se donnaient l'honneur de choisir le glorieux Clovis pour roi; ils n'agissaient pas sous la contrainte.

Pour corroborer cette thèse, je soulignerai les points suivants. D'une part, si la royauté des Francs était à l'origine élective, il y avait déjà longtemps qu'elle était devenue héréditaire : Clovis avait succédé normalement à son père Chilpéric; on ne l'avait pas élu ni élevé sur le pavois. Dans les territoires qu'il avait conquis par la suite, il avait simplement imposé le droit du vainqueur. En Ripuarie, le processus fut, comme on l'a vu, complètement différent; l'élection fut suivie de la cérémonie du pavois. Les Ripuaires n'avaient certainement pas à reprocher à Clovis le meurtre de leurs anciens rois. Ils ne cédaient ni à la force, ni même à l'intimidation. Ces fiers guerriers, auxquels on ne peut refuser le sens de l'honneur, préféraient Clovis, vainqueur des Alamans et des Wisigoths, à d'hypothétiques prétendants, l'ordre mérovingien aux sanglantes querelles dynastiques. D'ailleurs, après la mort de Clovis, le royaume ripuaire fut inclus dans le lot qui échut à Thierry, son fils aîné. Loin de profiter de ce changement pour tenter de recouvrer leur indépendance, les Ripuaires servirent au contraire loyalement leur nouveau roi. Ils se distinguèrent même par leur zèle, considérant le Mérovingien comme leur chef naturel.

XIII

LE CONCILE D'ORLÉANS

Roi des Francs, roi des Gallo-Romains, Clovis était aussi roi des évêques, si l'on peut dire : la convocation du concile d'Orléans montre qu'il se considérait comme chef de l'Église gallicane. Il avait largement bénéficié de l'appui des prélats tout au long de son règne. En contrepartie il les comblait de dons, les couvrait de sa protection agissante, les aidait à christianiser les païens et les hérétiques, à restaurer et à embellir les églises, à en bâtir de nouvelles. Il les consultait fréquemment et tenait le plus grand compte de leurs avis, tout en leur prodiguant les marques de respect. Leurs prières lui étaient acquises, et aussi leur indulgence. Il voulut faire un pas de plus dans cette voie. Peut-être suivait-il en cela son instinct politique. Peut-être cherchait-il à affirmer sa prééminence dans le domaine religieux, afin de contrôler l'influence de l'Église, puissance tentaculaire et discrète dont il mesurait l'étendue. Peut-être aussi, et tout ensemble, obéissait-il à des préoccupations spirituelles et, sinon, répondait-il à la suggestion même des évêques. Après la guerre contre les Wisigoths, il avait envoyé une lettre-circulaire aux prélats aquitains, lettre par laquelle il déclarait prendre sous sa protection les biens de leurs églises et les personnes. Il les incitait à organiser le rachat systématique des captifs. La nécessité se faisait sentir de rétablir les évêchés aquitains dans leur première splendeur, de résorber au plus vite l'hérésie arienne, mais aussi de mettre fin à certains abus suscités par les bouleversements des dernières décennies. Tel fut l'objet du concile d'Orléans. Le pape n'était encore qu'évêque de Rome; sa suprématie sur l'Église restait théorique; on ne pouvait lui demander de réunir un concile général. Les conciles provinciaux convoqués par les métropolitains n'avaient, par leur nature même, que des attributions restreintes. Clovis réunit donc un concile national, si l'on veut un concile de l'Église des Francs, et l'on pense qu'il en rédigea lui-même l'ordre du jour. Le choix d'Orléans était significatif, cette ville étant à mi-chemin de l'Aquitaine et de la France septentrionale.

Les Pères conciliaires siégèrent à l'église Sainte-Croix. Ils achevèrent leurs travaux en juillet 511 et soumirent trente et un canons à l'approbation de Clovis, dont on considère qu'ils formaient autant de réponses aux questions qu'il avait posées, certes avec l'aide de ses conseillers ecclésiastiques! Ils n'intéressaient pas tous le gouvernement de l'Église. L'un des plus importants traitait du droit d'asile. Ce droit figurait déjà dans le Code de Théodose, mais, dans la conjoncture, il affectait une importance particulière, car il était susceptible d'éviter bien des crimes et des injustices. Il importait donc de le redéfinir, d'en fixer le ressort et les limites. Ce que fit le concile, en étendant l'application à l'ensemble des bâtiments épiscopaux. Il interdit aux comtes et à leurs agents de pénétrer dans ce périmètre sacré et d'y appréhender les coupables, que ce fussent des meurtriers, des larrons ou des esclaves évadés. Quiconque osait contrevenir à cette interdiction était excommunié. Le dessein des évêques ne visait point à s'opposer au droit pénal (ou à ce qui en tenait lieu), mais à éviter les voies de fait, à laisser à la colère le temps de s'apaiser.

La question du recrutement du clergé soulevait aussi un problème. Elle intéressait dans une certaine mesure les autorités civiles. C'était en effet un moyen de se soustraire aux obligations qui incombaient normalement aux hommes libres : le service militaire, comme les impôts. L'assemblée, afin de concilier les intérêts, décida que désormais les candidatures devaient être approuvées par le roi ou par le comte qui représentait celui-ci. Il excepta toutefois les fils, petits-fils et arrière-petits-fils de prêtres. Restait le cas épineux des esclaves, encore nombreux, et que l'Église ne pouvait absolument pas admettre dans son sein. Les Pères tournèrent astucieusement la question. Si l'évêque conférait sciemment le diaconat à un esclave, il devait dédommager le maître de cet esclave. Si l'on avait abusé de sa bonne foi, celui qui s'était porté garant payait les frais. L'Église n'était pas en mesure d'abolir la condition servile, mais elle s'efforçait d'en adoucir les effets. Elle obtint plus tard que les mariages contractés par ces malheureux fussent validés. Il faut ajouter qu'elle-même, possédant de vastes domaines, avait des esclaves nombreux.

Sa fortune foncière venait de profiter à nouveau des largesses royales : Clovis lui avait attribué les églises et les biens du clergé arien. Les Pères apportèrent tous leurs soins à fixer la nature de ces biens et à rappeler les exemptions dont ils étaient assortis.

Relativement aux ariens, ils manifestèrent la plus grande modération, afin d'accélérer les conversions au catholicisme. Il en fut de même des prêtres hérétiques et de leur insertion dans la hiérarchie. On comprend bien qu'il s'agissait d'effacer le plus vite possible les dernières traces de l'hérésie.

Les pouvoirs et les obligations des évêques furent l'objet d'une analyse minutieuse, quant à la gestion des revenus ecclésiastiques et à leur emploi, à la subordination des églises du diocèse, y compris les chapelles et oratoires privés, et au droit d'excommunication. C'est ainsi qu'il leur fut interdit de fulminer cette sentence contre un laïc revendiquant les biens propres d'un prélat ou ceux de son église.

Le concile eut aussi à traiter du mariage des prêtres, matière délicate. Il défendait aux membres du clergé, quel que fût leur rang, d'admettre dans leur demeure d'autres femmes que leurs proches parentes. Les prêtres mariés devaient rompre leur union, du moins s'abstenir de relations charnelles avec leur épouse, laquelle pouvait cependant cohabiter avec eux. A vrai dire, ces dispositions renouvelaient simplement celles qui avaient été édictées par des conciles antérieurs. On peut en déduire que cette règle n'était pas toujours observée.

On perçoit de même, ici et là, la rudesse des mœurs. Un des canons enlevait leur office et excluait de la communauté des fidèles les prêtres meurtriers! Un autre condamnait l'usage consistant à ouvrir la Bible au hasard et à lire un verset en l'interprétant comme une prophétie. L'Église peinait à déraciner les superstitions.

D'autres décisions touchaient les pratiques religieuses: obligations des desservants et des fidèles, durée du Carême, fête des Rogations. Quatre canons spécialement importants visaient la discipline du clergé régulier. Les moines, encore peu nombreux, étaient assujettis à l'autorité des évêques, sans excepter les abbés que les Pères rappelaient à l'humilité.

On voit qu'il s'agissait d'une véritable restructuration religieuse. L'Église enfin triomphante ancrait sa puissance à l'ombre du roi chrétien.

Les Pères conciliaires adressèrent leurs travaux à Clovis, avec cette dédicace:

« A leur seigneur, fils de la sainte Église catholique, le très glorieux roi Clovis, tous les évêques à qui vous avez ordonné de venir au concile. Puisque un si grand souci de notre glorieuse foi vous excite au service de la religion, que dans le zèle d'une âme vraiment sacerdotale vous avez réuni les évêques pour délibérer en commun sur les besoins de l'Église, nous, en conformité de cette volonté et en suivant le questionnaire que vous nous avez donné, nous avons répondu par les sentences qui nous ont paru justes. Si ce que nous avons décidé est approuvé par vous, le consentement d'un si grand roi augmentera l'autorité des résolutions prises en commun par une si nombreuse assemblée de prélats. »

Les décisions du concile de 511 étaient exécutoires par elles-mêmes. Cependant les évêques demandaient, non seulement par courtoisie, la caution du roi des Francs, l'assimilant par là même à un souverain sacerdotal, analogue aux rois de l'Ancien Testament. Aperçoit-on l'évolution du petit roi païen de Tournai?

Dans le même temps, il s'employait à organiser la vie civile et faisait rédiger la loi salique, en l'actualisant. Elle passait pour avoir été édictée par quatre sages de la nation salienne. Il convenait d'adapter ce vénérable monument à la société nouvelle, de le rendre digne du droit que les Gallo-Romains continuaient à appliquer. On en trouvera plus loin (dans la troisième partie) l'analyse succincte, car, après Clovis, la loi salique fut encore amendée par ses fils, Childebert et Clotaire.

XIV

« AU TRÈS GLORIEUX CLOVIS »

Il était au sommet de sa gloire. Presque toutes ses entreprises avaient été couronnées de succès. Il possédait désormais la totalité de l'ancienne Gaule, hormis la Septimanie reconquise par les soldats de Théodoric et le royaume de Burgondie. Il savait d'ailleurs que, tôt ou tard, l'un et l'autre de ces territoires seraient absorbés par le royaume franc. Il avait de même, en écrasant les Alamans et en annexant les Ripuaires, préparé l'extension du royaume vers l'est. La défaite des Wisigoths laissait espérer, dans un avenir plus ou moins proche, celle des Ostrogoths d'Italie et la conquête des riches terres de Lombardie. Clovis avait pleinement réussi sa vie. Il avait quatre fils et une fille. Thierry était un homme fait, déjà père d'un enfant nommé Théodebert. Clodomir, Childebert et Clotaire, les fils de Clotilde, sortaient de l'adolescence. Clotilde, qui portait le nom de sa mère, était encore enfant. Clodomir était déjà en âge de porter la framée. Thierry avait montré ses aptitudes à commander pendant la guerre contre les Wisigoths; il avait pour sa part conquis l'Auvergne et la difficile région des Cévennes. Il montrait le même appétit de conquêtes, la même ambition que son père. Il avait été élevé dans le culte de Wotan, des dieux et des déesses germaniques, puis, comme son père, il s'était converti. Ses trois demi-frères étaient nés chrétiens; ils avaient reçu le baptême à leur naissance, grandi sous la protection du « dieu de Clotilde » et certainement reçu l'enseignement des prêtres. Pour autant seraient-ils meilleurs? La Bonne Parole effacerait-elle les instincts qu'ils portaient en eux? Sauraient-ils juguler les pulsions héritées de leurs lointains aïeux, ces rois magiciens des forêts germaniques? La reine Clotilde voulait l'espérer. Elle priait le Seigneur de maintenir la concorde entre ses fils, de leur épargner les tentations. Elle continuait à exercer sur son époux une influence dont il reconnaissait volontiers les bienfaits. Pourrait-elle la poursuivre auprès de ses fils quand à leur tour ils seraient rois? Le respect qu'ils manifestaient envers elle laissait bien augurer de l'avenir. La reine Clotilde était une très grande dame, et une forte personnalité. Elle avait su, elle princesse catholique, s'imposer dans cette cour païenne, s'attacher durablement son redoutable époux, user peu à peu sa résistance et préparer sa conversion. A coup sûr la dévotion n'avait pas altéré en elle le sens politique. Clovis ne pouvait que se louer d'avoir suivi ses conseils. Il était devenu grâce à elle l'héritier des Césars en Gaule, l'associé de l'empereur d'Orient. Le sillon qu'il avait tracé ne s'effacerait plus de l'Histoire. Il avait fondé une dynastie. Clotilde avait été le levier de sa réussite; elle avait guidé ses pas, sans y paraître. Et sans doute ces deux êtres s'aimaient, car dans la vie de Clovis il n'est fait mention d'aucune autre femme, hormis la mère de son fils aîné. Encore le nom de cette première épouse était-il oublié.

On peut l'imaginer au milieu des siens et de sa cour, dans les derniers mois de sa vie. Il habitait assurément le palais qui avait été la résidence de Julien l'Apostat. Paris était désormais sa capitale. Le palais, entouré de jardins, descendait jusqu'aux rives de la Seine. Les rues tracées par les architectes romains subsistaient encore, ainsi que de nombreux et grandioses monuments. La ville était prospère et riante, entourée de collines boisées, avec des forêts giboyeuses et de belles villas qui, pour la plupart, appartenaient au roi. Des bateaux chargés de marchandises sillonnaient le fleuve. Les tours de la première cathédrale se dressaient au-dessus des toits de l'île de la Cité. La première cour mérovingienne était évidemment modeste. Elle se composait des fidèles du roi, ou leudes, qui avaient contracté un engagement spécial envers lui, formaient son escorte permanente, en temps de paix comme en temps de guerre, vivaient avec lui, l'aidaient parfois de leurs conseils et siégeaient à son tribunal. Le palais abritait aussi un embryon d'administration centrale, des évêques et des abbés responsables de la chapelle royale, des « convives » dont le privilège était de s'asseoir à la table du roi, les ducs et les comtes qui étaient de passage à Paris ou que l'on avait convoqués. Les fonctionnaires, que l'on appelait ministériales, ou ministres, étaient encore peu nombreux : le comte du palais qui dirigeait la procédure du tribunal du roi, le référendaire qui était responsable de la chancellerie mais établissait aussi les rôles des impôts, le maire du palais qui n'était encore qu'un intendant, et les officiers inférieurs qui aidaient ces grands personnages dans leur tâche. Les cubiculaires, les chambriers, le trésorier, les médecins, le maréchal (responsable des écuries), les cuisiniers, etc., étaient attachés au service personnel du roi. Sous les fils de Clovis nous verrons ces offices s'amplifier et se diversifier. Le trésorier avait un rôle de confiance : il gardait le trésor royal composé d'objets d'art, de bijoux, de pierres précieuses, de lingots, de pièces d'or et d'argent. Ce trésor provenait du pillage des villes conquises (la part du roi), des confiscations, des présents offerts par les ambassadeurs et les grands personnages, du produit du fisc, des tributs versés par les peuples vaincus. Clovis était immensément riche. Il percevait non seulement le revenu des impôts et des taxes, mais celui de ses innombrables domaines! Le trésor amassé de la sorte n'était point celui de l'État, mais sa propriété personnelle. Il pouvait y puiser à son gré. Telles étaient les conceptions du temps.

Lorsque le roi se déplaçait, la cour entière le suivait, y compris les services administratifs et judiciaires. Or il se rendait fréquemment dans l'une de ses villas, afin de consommer sur place les provisions que l'on avait entreposées. Cet usage persistera longtemps. On le retrouvera sous les Carolingiens et les premiers Capétiens. On aimerait le montrer galopant en tête du cortège royal, suivi de ses fils et de ses fidèles, sortant de Paris pour gagner l'une de ses villas : Chelles ou Choisy, Épineuil, Rueil ou Vanves. Il n'a pas eu la chance de Chilpéric : ses restes n'ont pas été retrouvés; plus exactement, ils ont disparu sans laisser de traces; on ne sait quels bijoux il portait, quels motifs décoraient le pommeau de son épée et de son sacramasaxe, quelles étoffes avaient sa préférence. On ne sait davantage ce qu'était son visage. Tout ce que l'on peut dire est qu'il avait gardé sa chevelure entière, comme feront ses fils. Cette chevelure léonine restait, malgré tout, la marque de ses origines, le signe secret de la royauté franque. Ce furent des prénoms germaniques, et non gallo-romains, que reçurent ses héritiers. Cette tradition persistera jusqu'à l'extinction de la dynastie mérovingienne!

Clotilde goûtait ses derniers mois de bonheur. Elle avait obtenu de Clovis qu'il bâtît une basilique consacrée aux apôtres Pierre et Paul. Il en avait choisi l'emplacement. L'église sortait de terre.

Au mois de novembre 511, Clovis tomba brusquement malade. Les archiatres ne purent le sauver. On l'inhuma dans la crypte toute neuve. Il avait environ quarante-cinq ans et régnait depuis vingt-neuf ans. Aucun des princes mérovingiens n'avait dépassé cet âge.

De même que la basilique érigée par Constantin le Grand à Constantinople avait été construite sur une colline afin de veiller sur la ville, et dédiée aux deux apôtres, Clovis avait bâti l'église parisienne sur une hauteur et l'avait consacrée à Pierre et Paul. Cependant, après que sainte Geneviève y eut été inhumée, elle prit ce vocable.

La présence du tombeau du premier roi chrétien rehaussait le prestige de la capitale. Mais le souvenir de Clovis était si bien aboli que bientôt son sarcophage disparut! Ne subsista de lui qu'un gisant. Au XVIIe siècle, le cardinal de La Rochefoucauld dota cette statue d'un socle de marbre, en mémoire de « Clovis le Grand, premier roi chrétien des Francs ». Elle fut enlevée de l'église Sainte-Geneviève en 1793 et entreposée aux Petits-Augustins, avant de rejoindre les autres effigies royales à Saint-Denis. Tel fut le destin posthume de Clovis. Il ne lui manqua qu'un Homère pour célébrer son *Iliade.*

Cependant son règne annonce et préfigure celui de Charlemagne. Mais le grand empereur eut sa *Chanson de Roland,* alors que le roi des Francs n'eut que Grégoire de Tours, vertueux prélat mais piètre prosateur en dépit de son goût pour l'anecdote.

TROISIÈME PARTIE

LES FILS DE CLOVIS

511-561

I

LE PARTAGE

La notion d'État, selon l'acception actuelle, n'existait pas. Dans le système franc, le royaume n'était rien de plus qu'un patrimoine familial. Ce n'était qu'un héritage auquel tous les fils, majeurs, mineurs, légitimes ou bâtards, prétendaient à égalité, la loi salique excluant les filles. Toutefois, en raison des liens très forts qui unissaient les membres du clan familial – a fortiori du clan royal –, le patrimoine conservait un caractère d'indivision. On le découpait; il gardait néanmoins son unité. S'agissant du royaume franc, chacun des héritiers s'intitulait roi des Francs, comme s'il avait eu la totalité du royaume, alors qu'il n'en avait qu'une partie. L'union des héritiers royaux se concrétisait par des décisions et des actions communes. Cette contradiction fondamentale complique la tâche de l'historien. Elle confère aux règnes des fils et des petits-fils de Clovis une apparence de confusion extrême. Deux séries de faits progressent parallèlement et parfois s'enchevêtrent. Il convient donc de les séparer, je veux dire de désenclaver les grandes expéditions militaires des querelles intestines, les guerres extérieures des perpétuels conflits intérieurs. Et d'autant que de cette profusion d'événements se dégagent malgré tout une pensée politique, un programme raisonné. Les fils de Clovis, notamment, donnent l'impression d'être les continuateurs exacts de l'œuvre de leur père, soit qu'il leur eût laissé une sorte de testament politique, soit que la reine Clotilde ait exercé sur eux une influence plus profonde qu'il ne semble et leur eût fait connaître les projets de son défunt époux, cela pendant la régence de fait qu'elle assuma après sa disparition. Et sinon il faut croire qu'un sûr instinct les guidait, ou que la dynamique de leur race les entraînait.

On ne sait comment on procéda au partage du royaume. On ne recourut certainement pas au tirage au sort cher aux guerriers francs. De plus, trois des quatre fils étaient mineurs donc incapables de faire prévaloir leurs revendications. Il s'ensuit que la reine Clotilde dut veiller à ce que le découpage fût équitable. Arbitrage délicat, car Thierry, le fils aîné, n'était pas du même lit. On peut supposer que les discussions furent laborieuses. Pour autant, il est impossible de définir les règles auxquelles on obéit. Tantôt la partition paraît logique, tantôt elle frise l'incohérence. Il est évident que, si la reine Clotilde espérait assurer la concorde entre ses fils, elle montra une singulière maladresse. D'un autre côté, on a l'impression que cette partition n'était pas seulement géographique, mais fiscale : on tenta d'équilibrer les revenus respectifs des ayants droit. On tint compte également de l'ascendance maternelle de Thierry, de son âge et de ses capacités militaires. On ménagea enfin deux grandes zones : celle du nord, de la Seine et de la Loire à la Manche, où l'implantation franque était la plus dense, et celle du sud, de la Loire aux Pyrénées, englobant les territoires les plus récemment conquis par Clovis. Chacune de ces deux zones fut divisée en quatre parties (se reporter à la carte reproduite dans le présent volume).

Thierry Ier se vit attribuer les régions de l'est, bordées au nord par le royaume de Thuringe et par les Saxons, au sud par les Alamans et les Burgondes. Ce royaume occupait donc la rive droite et la rive gauche du Rhin. Il englobait la Champagne et avait Reims pour capitale. Il comptait aussi des cités de grande importance : Cologne, Trèves et Metz. On pouvait redouter des révoltes chez les peuples germaniques dont la soumission était relative et qui pouvaient profiter de la mort de Clovis pour reconquérir leur indépendance. Thierry seul était apte à les maintenir dans l'obéissance. Dans la zone sud, il obtint l'Auvergne qu'il avait conquise pendant la guerre contre les Wisigoths et une bonne partie du Limousin avec Limoges. Les Auvergnats avaient accepté la domination des Wisigoths; ils toléraient mal la présence des Francs. Sur ce point aussi le choix de Thierry Ier était judicieux. On savait qu'il avait la main lourde.

Clodomir Ier était le fils aîné de Clovis et de Clotilde. Il pouvait avoir une quinzaine d'années. Son lot se composait des régions de la Loire (avec Orléans et Nantes), d'une partie de la Beauce (avec Chartres), du Berry (avec Bourges), du Poitou (avec Poitiers), et de l'ouest de l'Aquitaine. Il était en somme avantagé par rapport à ses frères, car son royaume était d'un seul tenant, avec Orléans pour capitale.

Childebert Ier fut maître de Paris, de la Picardie, de l'Ile-de-France, de la Normandie et de la Bretagne. Il reçut en outre le sud de l'Aquitaine : on ne peut à la vérité déterminer avec exactitude sa part dans cette province. On lui donna probablement Bordeaux.

Clotaire Ier était le plus jeune. Il eut l'honneur d'hériter de l'ancien royaume franc, entre la Somme et le Rhin, avec Soissons pour capitale et l'antique cité de Tournai où reposait la dépouille de son grand-père Childéric. Dans la zone sud, sa part s'intercalait entre celles de ses frères, englobant le Toulousain et l'ancienne capitale wisigothe, l'Albigeois et l'Agenois.

J'insiste sur le fait qu'il n'existe aucun document qui permette de tracer les contours précis de ces quatre royaumes.

On aura noté par ailleurs le rapprochement des quatre capitales : Paris, Reims, Orléans et Soissons. Elles étaient les unes et les autres excentrées par rapport aux territoires qu'elles contrôlaient, principalement celle de Thierry Ier. Ce choix n'était pas dû au hasard; on y discerne une intention très nette, une volonté de maintenir une certaine unité politique. C'était en quelque sorte un gouvernement quadripartite qu'il traduisait. Il donnait en tout cas aux héritiers de Clovis le moyen de se prêter rapidement secours. La partition méridionale posait un épineux problème dans l'éventualité d'un conflit intérieur. Pour gagner Limoges, Toulouse ou Bordeaux, on devait obligatoirement traverser le royaume de Clodomir. Ce dernier tenait la marche entre le nord et le midi; il était en somme favorisé; l'occasion s'offrant, il pouvait jouer un rôle déterminant.

Tant que la reine Clotilde exerça la régence, elle parvint à maintenir la concorde entre ses fils. Thierry lui-même ne lui donna point de tablature. Mais, lorsque Clodomir, Childebert et Clotaire furent en âge de régner, les jalousies, les rivalités, les haines ne tardèrent pas à se manifester. La vieille reine s'efforçait en vain de les aplanir. C'était en vain qu'elle tentait d'éveiller en eux des sentiments chrétiens. Il lui fallait bien admettre que leur foi n'était que superficielle et qu'ils parvenaient mal à juguler les vieux instincts de ruse et de brigandage.

C'est dire que le partage de 511 ne dura pas longtemps. Clodomir fut tué en 524. Il laissait trois enfants en bas âge. Childebert et Clotaire les massacrèrent dans les conditions que l'on verra au chapitre suivant. Ils se partagèrent son royaume. Childebert eut les régions de Chartres et d'Orléans; Clotaire, celles de Tours et de Poitiers. Ils désintéressèrent Thierry en lui donnant Sens et Auxerre, région qui reliait les deux morceaux de son royaume et facilitait ses acheminements vers l'Auvergne.

Quand mourut Thierry en 534, son fils Théodebert faillit perdre son royaume. Childebert et Clotaire avaient résolu de le dépouiller, puis ils se battirent entre eux. La reine Clotilde parvint à grand-peine à rétablir la paix.

Théodebert mourut en 548. Son fils Théodebald (Thibault) mourut prématurément, usé par les débauches, en 555. L'insatiable Clotaire mit la main sur son héritage, Childebert étant trop malade pour le lui disputer. Quand ce dernier passa de vie à trépas, après un règne assez ignoble, en 558, Clotaire recourut à ses procédés habituels et s'empara de son royaume. Pendant trois ans, ce despote fourbe et cruel, insensible à la pitié, fut le maître des quatre royaumes. Mais ce n'était pas un nouveau Clovis, encore qu'il pût se vanter d'avoir achevé son œuvre, de régner sur un territoire plus vaste et plus homogène, d'être devenu le souverain le plus puissant d'Europe! Il devait cette réussite exceptionnelle à un concours de circonstances en partie provoquées. Il mettait son intelligence au service de la duplicité, de la fourberie la plus basse et d'une cupidité sans bornes. Ni les notions d'honneur, ni la fraternité, ni les scrupules religieux ne le retenaient de méfaire, toujours dans le même but : s'agrandir, évincer ses concurrents, être le seul à régner. Childebert était de la même espèce, dont la complicité lui était acquise. Clodomir avait plus de mesure ou plus d'hypocrisie : la mort de ses enfants occulte un peu sa mémoire. Quant à Thierry, il avait au moins la stature d'un grand roi, mais la mansuétude n'était pas sa qualité dominante.

Quand on lit Grégoire de Tours, ou l'adaptation qu'en a faite Augustin Thierry dans *Récits des temps mérovingiens,* on a l'impression que les fils de Clovis, comme leurs successeurs, n'étaient que des brutes sanguinaires et rusées, ne reculant devant aucun crime, semblables à des bêtes fauves, que dis-je, à des bêtes enragées! Que toutes les fureurs étaient en eux, aggravées de sadisme, qu'ils régnaient par la terreur. Ils avancent dans l'histoire, les mains tachées de sang et la trogne barbouillée de vin. Ils vont d'une orgie au spectacle des supplices qu'ils ont inventés. Et leur époque semble à leur image, une forêt ombreuse et perfide, remplie de pièges mortels. Ce n'est qu'une apparence. A travers les guerres, les débauches, les meurtres et les querelles familiales, ces rois gouvernaient, la société s'organisait, évoluait en modifiant ses clivages. Ces brutes couronnées recevaient des ambassadeurs, négociaient, prenaient des décisions importantes, légiféraient. Elles furent capables d'oublier un moment leurs querelles pour se lancer dans de grandes aventures presque toujours victorieuses, d'instaurer l'hégémonie franque sur l'Europe! C'étaient les loups du songe de Childéric et de la prophétie de Basine, les loups qui s'agrègent en horde pour rabattre le gibier et le dépecer.

II

LES ENFANTS DE CLODOMIR

Voici quelques faits qui aident à comprendre ce que pouvaient être les fils de Clovis et à montrer le climat régnant au sein de la maison mérovingienne. Je les ai tirés de Grégoire de Tours, éparpillés dans les Livres III et IV de son *Histoire des Francs*. Ils sont authentiques, au détail près, car le brave évêque force parfois la note et laisse courir son imagination. Il est significatif, quant aux mœurs de l'époque, que ces tragiques récits ne semblent pas l'émouvoir spécialement. On dirait qu'il prend au contraire plaisir à les collectionner, qu'il les savoure comme des friandises!

D'abord, le meurtre des enfants de Clodomir qui inspira de si belles gravures romantiques et n'est pas sans rappeler le meurtre des enfants d'Édouard perpétré par leur oncle, Richard III. Lorsque Clodomir fut tué – peut-être par trahison –, la reine Clotilde prit ses trois jeunes fils sous sa protection. Sans doute avait-elle des raisons de craindre la malfaisance de leurs oncles. L'occasion s'offrait à Childebert et à Clotaire de s'emparer des enfants et de les dépouiller de leur héritage. Childebert prit l'initiative; il envoya secrètement un messager à Clotaire pour lui dire :

– « Notre mère garde avec elle les fils de notre frère et veut qu'ils soient dotés du royaume; tu dois venir à Paris et, après avoir délibéré ensemble, il faudra décider ce qu'on doit faire d'eux : auront-ils la chevelure coupée comme le reste du peuple ou bien, après qu'ils auront été tués, le royaume de notre frère sera-t-il également partagé entre nous deux? »

C'était un langage que Clotaire entendait promptement. Il accourut à Paris. Childebert fit courir le bruit que cette réunion des deux rois avait pour but l'élévation au trône de leurs neveux. Ils prirent le même prétexte pour les demander à Clotilde. Elle conservait sans doute quelques illusions sur la mentalité de ses fils, car elle crut à la pureté de leurs intentions. Elle se réjouit même de leur initiative. Les trois enfants furent donc amenés au palais et la reine leur dit, au moment de se séparer d'eux :

– « Je ne croirai plus que j'ai perdu mon fils Clodomir si je vous vois lui succéder dans son royaume. »

A peine arrivés, les enfants furent séparés de leurs serviteurs. Childebert et Clotaire s'étaient concertés et mis d'accord. Ils avaient soigneusement agencé leur attentat. Ils envoyèrent à Clotilde un messager qui portait une épée d'une main, et de l'autre des ciseaux.

– « C'est à ta volonté, dit-il, ô très glorieuse reine, que tes fils nos seigneurs font appel. Que juges-tu qu'il faille faire des enfants? Donnes-tu l'ordre de les laisser vivre avec des cheveux coupés, ou de les tuer? »

Furieuse, et terrifiée tout ensemble, Clotilde répondit :

– « Je préfère, s'ils ne doivent pas monter sur le trône, les voir morts que tondus. »

On connaît l'importance de la chevelure pour les rois francs. Le messager rapporta la réponse de la reine. Aussitôt, sans la moindre hésitation, Clotaire saisit l'aîné des enfants par le bras, et lui planta un couteau sous l'aisselle.

Sceau de Childéric Ier,
père de Clovis Ier,
provenant de la tombe
de ce roi retrouvée à Tournai
en 1653.
(Bibliothèque nationale)

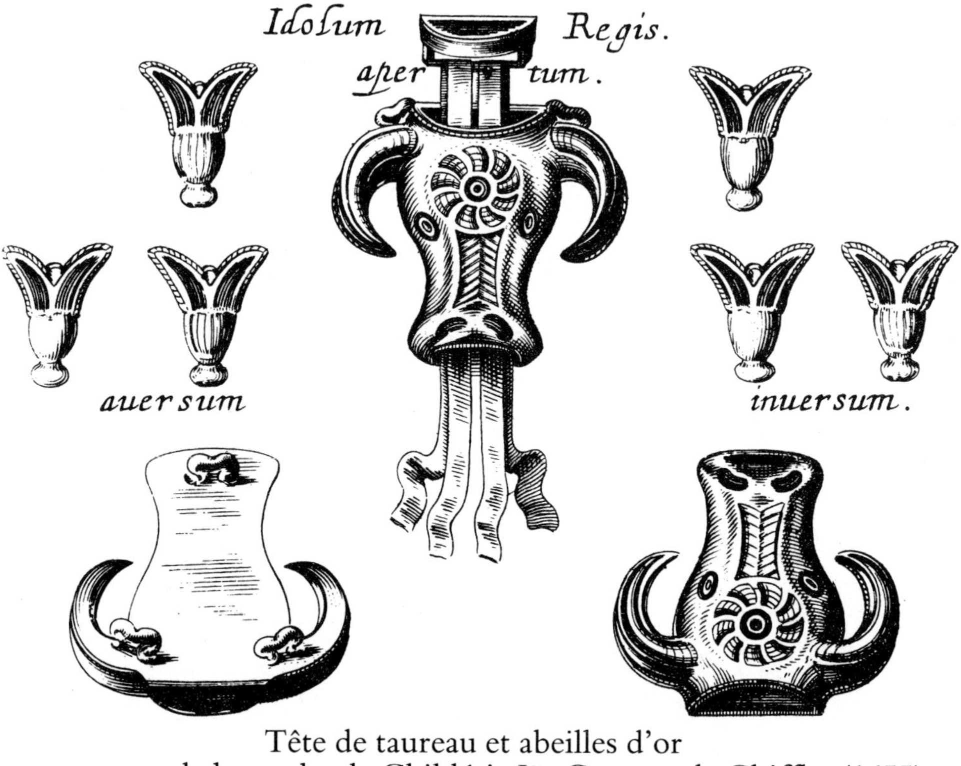

Tête de taureau et abeilles d'or
provenant de la tombe de Childéric Ier. Gravure de Chifflet (1655)
(Bibliothèque nationale)

Clovis à la bataille de Tolbiac,
fresque de Joseph Blanc.
(Le Panthéon, Paris)

Clovis, tel qu'on l'imaginait au XVIIe siècle.
(Bibliothèque nationale)

Essai de reconstitution d'une villa mérovingienne (XIXe siècle)

La bataille de Vouillé (507), gravure du XVIIe siècle *(Bibliothèque nationale)*

Clovis élevé sur le pavois

l'épisode du vase de Soissons

L'imagerie de Clovis (XIXe siècle)

Le supplice de la reine Brunehaut.
Gravure du XIXe siècle

Les rois « fainéants ».
Gravure du XIXe siècle

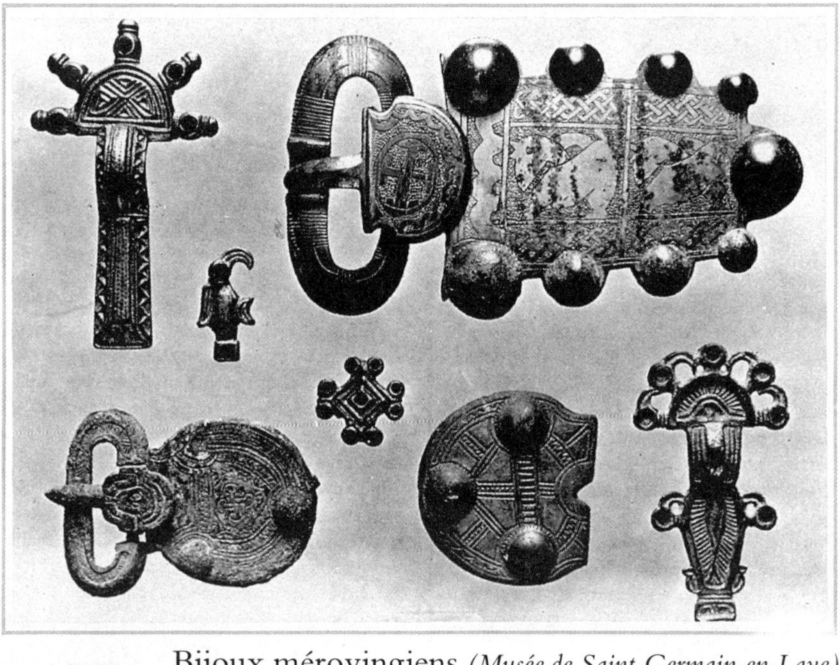

Bijoux mérovingiens *(Musée de Saint-Germain-en-Laye)*

◀
Trône dit de Dagobert Ier.
La base est gallo-romaine ; le dossier a été ajouté au VIIe siècle.
(Bibliothèque nationale)

▶
Plaque d'or travaillée au repoussoir. Epoque mérovingienne.
(Bibliothèque nationale)

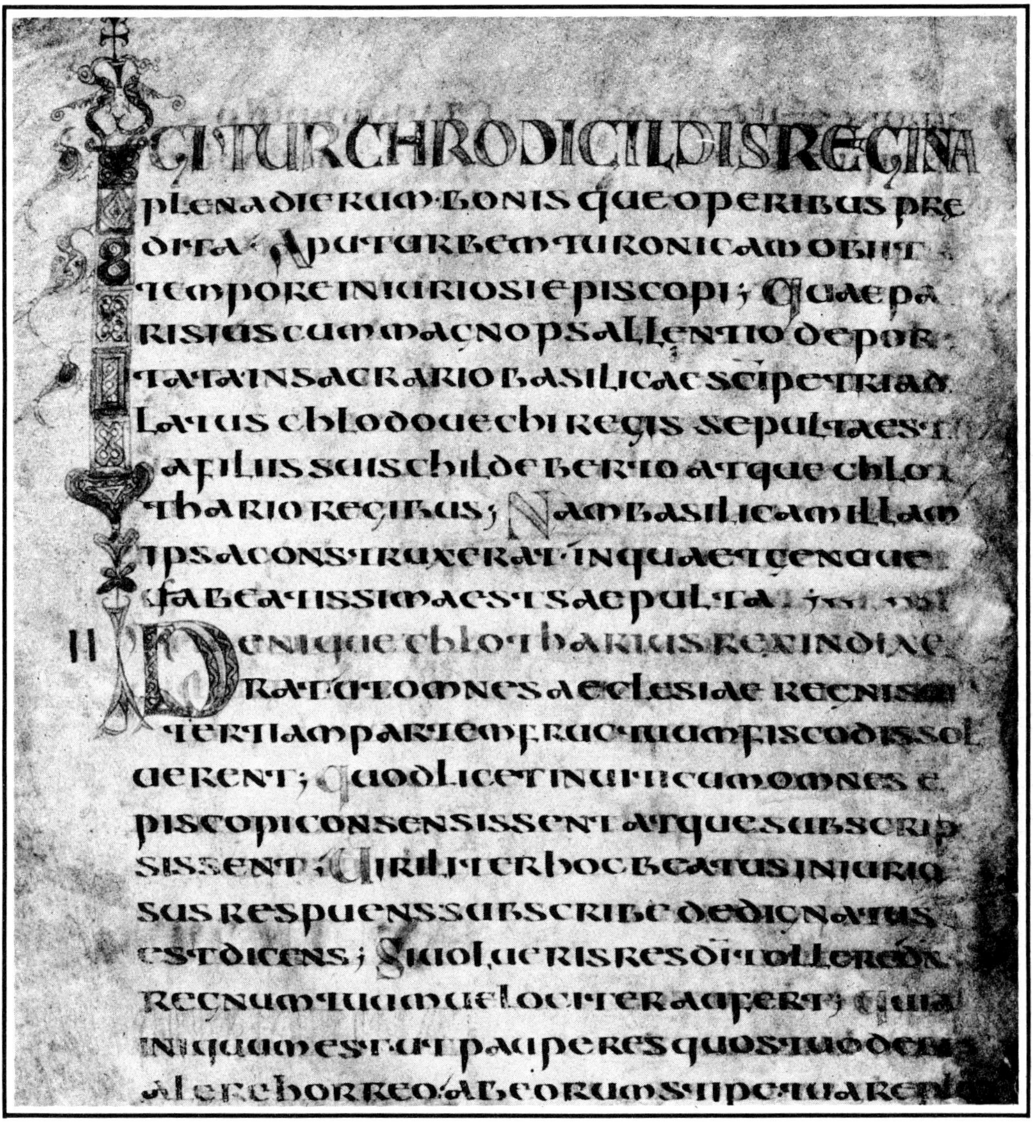
IGITUR CHRODICILDIS REGINA
plena dierum bonisque operibus prae
dita. Apud urbem Turonicam obiit
tempore Iniuriosi episcopi; Quae pa
risius cum magno psallentio depor
tata in sacrario basilicae sci Petri ad
latus Chlodouechi regis sepulta est a
filiis suis Childeberto atque Chlo
thario regibus; Nam basilicam illam
ipsa construxerat in qua et Genoue
fa beatissima est saepulta.
II Denique Chlotharius rex indixe
rat ut omnes aecclesiae regni sui
tertiam partem fructuum fisco dissol
uerent; Quod licet inuiti cum omnes e
piscopi consensissent atque subscrip
sissent; Uiriliter hoc beatus Iniurio
sus respuens subscribere dedignatus
est dicens; Si uolueris res di tollere
regnum tuum uelociter amiseris; quia
iniquum est ut pauperes quos tuo de
...

Une page de l'*Historia Francorum*
(Histoire des Francs) de Grégoire de Tours.
Manuscrit en écriture onciale du VIIIe siècle.
(Bibliothèque nationale)

Tiers de sou d'or de Childebert Ier
(Bibliothèque nationale)

Tiers de sou d'or de Clotaire II
(Bibliothèque nationale)

Tiers de sou d'or de Dagobert Ier
(Bibliothèque nationale)

Tiers de sou d'or de Clovis II
(Bibliothèque nationale)

Le cadet se jette aux pieds de Childebert, lui étreint les genoux et supplie :

– « Au secours, très pieux oncle, que je ne périsse pas comme mon frère! »

Tout de même Childebert a un mouvement de cœur. Les larmes lui viennent aux yeux. Il dit à Clotaire :

– « Je t'en prie, frère très doux, accorde-moi dans ta générosité la vie de celui-ci et je te donnerai ce que tu exigeras pour son salut à condition que tu l'épargnes. »

Clotaire l'injuria. Il était comme un fauve ayant flairé l'odeur du sang :

– « Laisse-le, sinon c'est toi qui mourras à sa place! C'est toi, gronda-t-il, qui as eu l'initiative de cette chose et maintenant tu te dédies, aussitôt que tu t'es engagé! »

Childebert lâcha l'enfant que Clotaire poignarda, et acheva en l'étranglant. Puis il fit massacrer les domestiques. Il se trouva pourtant des hommes assez courageux pour soustraire, à la faveur du tumulte, le troisième fils de Clodomir. Ils le conduisirent en quelque asile sûr. Cet enfant, nommé Clodoald, coupa lui-même sa chevelure, et renonçant au monde, devint clerc. On le connaît sous le nom de saint Cloud.

La reine Clotilde recueillit les corps de ses petits-fils et les fit inhumer près du tombeau de Clovis. Clotaire, Childebert et Thierry se partagèrent les dépouilles de leur frère dans les conditions que l'on a dites. Quant à leur mère, elle se retira à Tours. Il lui restait ses yeux pour pleurer, la prière et les œuvres pieuses pour trouver l'apaisement. Elle savait que ce crime en amènerait d'autres. « Elle se comporta de telle sorte, écrit Grégoire de Tours, et si vertueusement qu'elle était respectée par tous. Assidue à faire l'aumône, passant les nuits dans les veillées pieuses, vivant dans la chasteté et une dignité parfaite, elle se garda toujours pure; elle pourvut les églises, les monastères et tous les lieux saints des terres qui leur étaient nécessaires; elle les distribuait avec largesse et empressement, en sorte qu'elle était considérée dans ce temps non pas comme une reine mais comme une servante personnelle de Dieu qu'elle servait avec zèle. Ni la royauté de ses fils, ni l'ambition du siècle, ni ses richesses ne l'ont entraînée à la ruine, mais son humilité l'a élevée à la grâce. »

Pendant la campagne de Thierry contre Hermanfried, roi de Thuringe, il avait pour allié Clotaire. Après avoir remporté la victoire et comme il avait promis de partager le butin avec celui-ci, il résolut de l'assassiner. Il le pria de se rendre dans la maison où il résidait. Des hommes armés avaient été apostés derrière une tenture. Toutefois la tenture était trop courte. Elle laissait voir les pieds des hommes d'armes. Clotaire éventa le guet-apens. Il était bien accompagné et demanda explication à Thierry. Ce dernier s'en tira en présentant ses excuses et, en gage d'amitié, offrit un plat d'argent ciselé à Clotaire qui remercia et déguerpit. Alors le roi Thierry se prit à regretter le plat qu'il venait de donner et dit à son fils Théodebert :

– « Va chez ton oncle et prie-le de me rendre le présent que je lui ai fait. »

Théodebert obéit et Clotaire restitua le plat sans se faire prier. Cette anecdote éclaire la mentalité de ces princes : un mélange de puérilité et de fourberie.

Un peu plus tard, après la mort de Thierry, on retrouve Childebert allié à Théodebert. Tous deux s'apprêtaient à combattre Clotaire. Ce dernier se sentit incapable de livrer bataille en rase campagne. Il se replia dans une forêt et fit abattre un grand nombre d'arbres pour fortifier son camp. Après quoi, ce saint homme plaça « tout espoir dans la miséricorde de Dieu ». On informa la reine Clotilde. Elle se rendit au sépulcre de saint Martin, se mit en oraison et pria pendant toute la nuit pour éviter que ne se déchaînât la guerre entre ses fils. Childebert et son neveu arrivèrent avec leurs armées. Ils se préparèrent à assiéger le camp de Clotaire et résolurent de tuer celui-ci le jour suivant. Une tornade d'une violence extrême s'éleva : « ... elle ravagea le matériel et détruisit tout. La foudre, mêlée au tonnerre et à des pierres, tombe sur eux. Ils se précipitent la face sur le sol inondé de grêle et sont violemment frappés par les pierres qui tombent – il ne leur est resté, en effet, pour les protéger que les boucliers; ce qu'ils redoutaient surtout, c'était d'être brûlés par les feux célestes. Quant à leurs chevaux, ils se dispersèrent de telle sorte qu'on eut de la peine à les découvrir à une distance de vingt stades; beaucoup même ne furent jamais retrouvés. » Pleins de remords et implorant le pardon divin, Childebert et Théodebert envoyèrent des messagers de paix à Clotaire. Leur foi se réduisait à une peur d'enfants vicieux : peur de l'enfer, peur de la colère de saint Martin. Ils prêtaient au dieu de Clotilde l'esprit de marchandage et de vengeance qui était le leur.

Clotaire était peut-être le pire, dont la tyrannie et la cruauté s'accompagnaient de cynisme, parfois d'humour. Son comportement envers les femmes passe l'entendement. Lorsque son frère Charibert mourut, sans héritier mâle, il traita brutalement sa veuve et ses filles et les exila sans le moindre motif, pour le seul plaisir de les humilier. Sa première femme s'appelait Ingonde. Elle lui avait donné six enfants, dont cinq fils. Elle était d'origine modeste. Il appréciait sa docilité; il en abusait même ouvertement, tout en déclarant l'aimer beaucoup. Un jour, Ingonde lui dit :

– « Le roi mon seigneur a fait de sa servante ce qui lui a plu, et m'a appelée à son lit; il mettrait le comble à ses bonnes grâces en accueillant la requête de sa servante. J'ai une sœur nommée Aregonde et attachée à votre service; daignez lui procurer, je vous prie, un mari qui soit vaillant et qui ait du bien, afin que je ne sois pas humiliée à cause d'elle. »

Paroles imprudentes, car elles allumèrent aussitôt la lubricité de Clotaire. Il se rendit dans la villa où la jeune Aregonde (ou Arnegonde) tenait un emploi. Il la trouva appétissante, l'appela « à son lit » et lui donna le titre d'épouse. Au bout de quelques jours, il l'amena au palais et dit à Ingonde :

– « La grâce que ta douceur désirait de moi, je l'ai accordée. J'ai cherché pour ta sœur un homme riche et sage, et n'ai trouvé mieux que moi-même. Apprends donc que j'ai fait d'elle mon épouse, ce qui, j'espère, ne te déplaira pas. »

– « Que mon seigneur, répondit sans broncher Ingonde, fasse ce qui lui semble à propos, pourvu seulement que sa servante ne perde rien de ses bonnes grâces. »

Elle était habituée à ses frasques, tolérait ses vagabondages amoureux, car il lui revenait toujours, mais pour repartir! Sa cour n'était pas un harem; c'était plutôt un haras! Clotaire avait une prédilection pour les humbles filles, celles de ses « fiscalins », c'est-à-dire des serviteurs de ses domaines, voire pour des femmes de condition servile. Mais il ne dédaignait pas non plus les princesses. Il est peu de dire qu'il pratiquait allégrement la bigamie et l'on se demande comment il se justifiait devant les évêques pour éviter l'excommunication. Il est pourtant exact qu'Aregonde fut élevée à la condition de la reine, mais Clotaire l'épousa-t-il devant l'Église?

La dépouille d'Aregonde fut découverte à Saint-Denis, en 1959, et identifiée par Michel Fleury. L'étude de son squelette révéla qu'elle était morte vers quarante-cinq ans et qu'elle mesurait 1,55 m. Elle portait une chemise de toile de laine d'une grande finesse, une robe d'ottoman violet, une longue tunique de soie rouge fermée par une aiguille et deux fibules, des bottines lacées et munies de jarretières. On l'avait partiellement embaumée. Les manches de sa robe étaient brodées de fils d'or; ses bijoux, en or cloisonné serti de grenats. L'anneau sigillaire qui était au pouce de sa main gauche, offrait cette inscription : « Arnegundis regina ».

Parmi toutes ses épouses, Clotaire eut aussi une sainte, fondatrice d'un monastère. Après la défaite des Thuringiens, dans le lot qui lui échut, il y avait le fils et la fille du défunt roi Berther. La fille avait huit ans. Elle se nommait Radégonde. Sa beauté précoce fut remarquée par Clotaire. Radégonde ne fut pas traitée en captive ordinaire. Clotaire l'envoya au domaine royal d'Attignies et ordonna qu'on lui apprît le latin. En lisant les Écritures et la vie des saints,

Radégonde oublia les dieux de Germanie et embrassa d'un cœur fervent la foi chrétienne. Quand elle fut en âge d'être femme, Clotaire décida de l'épouser. Elle n'éprouvait que répugnance pour l'homme qui avait tué les siens et réduit son peuple à la servitude. Le dégoût qu'elle manifestait attisait la concupiscence de Clotaire. Elle tenta de s'évader. On la retrouva. Elle fut amenée de force à Soissons, où le mariage fut célébré. La délicatesse n'étouffait point l'époux de Radégonde. Il se moquait des pratiques pieuses de sa femme, de son austérité, de sa charité. Il lui avait accordé en dot la villa d'Attignies; Radégonde la transforma en asile pour les miséreux et pour les malades qu'elle soignait elle-même. Elle fuyait, autant qu'il lui était possible, les beuveries, les fêtes païennes, les chasses forcenées, la présence des leudes et des officiers aux mœurs semblables à celles de son époux. Pendant la nuit, après les étreintes de Clotaire, elle quittait le lit conjugal et s'étendait sur un cilice. L'aversion qu'elle éprouvait pour lui n'échappait nullement à Clotaire; elle attisait ses désirs. Il disait :

– C'est une nonne que j'ai là, ce n'est pas une reine!

Il se méfiait du frère de Radégonde, qui vivait à la cour, non sans regretter lui aussi le pays natal. Il le fit exécuter, par précaution. Ce crime désespéra Radégonde. Elle décida de s'enfermer dans un cloître. Mais comment s'évader, comment se soustraire à sa condition de reine? Clotaire était sincèrement épris, si étrange que cela puisse paraître. Il avait besoin de cette pieuse créature, ce qui ne l'empêchait pas de lui infliger les pires contraintes, voire de l'humilier publiquement, ni de recruter de nouvelles concubines. Radégonde finit par obtenir la permission de se rendre à Noyon, auprès du saint évêque Médard. Clotaire devait être en veine de gentillesse et sinon accaparé par quelque conquête. Mal lui en prit, car il ne devait plus revoir sa chère épouse! Radégonde se jeta aux genoux de l'évêque Médard :

– « Très saint prêtre, dit-elle, je veux quitter le siècle et changer d'habit! Je t'en supplie, consacre-moi au Seigneur! »

Périlleux dilemme pour l'évêque! Rompre un mariage royal contracté selon la loi salique, c'était exposer sa vie. Sans doute ce mariage n'avait-il aucune valeur selon le droit canon; l'Église pourtant tolérait encore ces pratiques, par obligation. Cependant, si Médard consacrait Radégonde, il mettait fin au concubinat royal et déchaînait la fureur du roi. Les leudes qui escortaient la reine le mirent en garde:

– « Ne t'avise pas de donner le voile à une femme qui s'est unie au roi! Prêtre, n'enlève pas à notre prince une femme qu'il a épousée solennellement! »

Et, joignant la menace à la parole, ils le bousculèrent et le contraignirent à descendre de l'autel. Radégonde s'était réfugiée dans la sacristie avec ses femmes. Quand le tumulte se fut apaisé, elle revint à la charge:

– « Si tu tardes à me consacrer, dit-elle à l'évêque, et que tu redoutes plus les hommes que Dieu, tu auras à rendre compte, et le Seigneur te demandera l'âme de sa brebis. »

Ces paroles ranimèrent le courage de Médard. Il consacra Radégonde diaconesse par l'imposition des mains. Les leudes n'osèrent pas châtier l'évêque, ni ramener la reine à leur maître. La seule peur de l'enfer arrêta leur bras. Radégonde ne resta pas longtemps à Noyon. Elle préféra se mettre à l'abri sans retard et s'enfuit à Orléans. Puis elle prit un bateau et descendit la Loire jusqu'à Tours. Là, saisie de remords, elle écrivit à Clotaire pour obtenir son pardon et son consentement. Le roi resta sourd à ses prières. Il revendiquait ses droits d'époux. Il menaçait de ramener la fugitive de force. Terrorisée, Radégonde gagna Poitiers, la ville de saint Hilaire. Elle priait et jeûnait, suppliant Dieu de l'enlaidir afin que Clotaire la laissât enfin tranquille. Le roi ne renonçait pas à elle. Il vint à Tours, sous prétexte de dévotion. L'évêque l'empêcha d'aller à Poitiers, lui rappelant qu'il n'avait pas le droit de violer le droit d'asile, même pour reprendre sa femme. Les âmes de cette époque avaient une déconcertante mobilité. Elles passaient d'un extrême à l'autre en un instant, du crime au repentir, de la fureur à l'apaisement, de la frénésie au calme. Soudain Clotaire donna son consentement à tout ce que voulait Radégonde. Elle consacra sa dot à construire un monastère. Elle s'y enferma pour le reste de ses jours. On l'avait élue abbesse. Elle s'astreignait pourtant aux travaux du ménage, balayait, cuisinait, portait l'eau et le bois. Elle abdiqua même, par humilité, et fit élire une de ses filles. Elle disait aux sœurs :

– « Vous, jeunes plantes, objet de tous mes soins : vous, mes yeux; vous, ma vie; vous, mon repos et tout mon bonheur... »

Le célèbre Venantius Fortunatus (Fortunat), clerc et poète distingué, Italien de naissance, fut attiré par la réputation de Radégonde. Il visita le couvent de Poitiers. Il plut aux religieuses par sa piété et l'élégance de ses propos. Il devint à la fois le directeur de conscience, l'intendant et l'envoyé du couvent, qui possédait des biens considérables. En ces époques troublées, la vigilance et l'habileté étaient nécessaires pour éviter les usurpations et les vols. Fortunat s'y employa. Il sut négocier avec l'évêque de Poitiers, obtenir les immunités royales, préserver les intérêts et assurer la sécurité du monastère. Il éprouvait à l'égard de Radégonde un sentiment d'admiration tempéré par le respect et l'appelait « ma mère », mais aussi, dans ses poésies, « ma vie, ma lumière, mes délices ». Il recueillait ses confidences, puis il les mettait en vers. Radégonde se souvenait parfois de la tragédie de sa jeunesse, du massacre de son peuple et de ses parents. Ce qui donne sous la plume de Fortunat :

« J'ai vu les femmes traînées en esclavage, les mains liées et les cheveux épars; l'une marchait nu-pieds dans le sang de son époux, l'autre passait sur le cadavre de son frère. Chacun a eu son sujet de larmes, et moi j'ai pleuré pour tous. J'ai pleuré mes parents morts et il faut que je pleure aussi ceux qui sont restés en vie. Quand mes larmes cessent de couler, quand mes soupirs se taisent, mon chagrin ne se tait pas. Lorsque le vent mumure, j'écoute s'il m'apporte quelque nouvelle, mais aucune ombre de mes proches ne m'est apparue. Un monde me sépare de ceux qui me sont le plus chers. Où sont-ils? Je le demande au vent qui siffle; je le demande aux nuages qui passent; je le demande aux oiseaux... »

Ces plaintes virgiliennes traduisent des souvenirs précis et des faits bien réels. Les peuples vaincus étaient traités de la sorte par les rois mérovingiens et par leurs guerriers. C'était la loi du vainqueur. Mais les Romains avaient donné l'exemple, qui traînaient des rois enchaînés derrière le char des Césars, avant de les étrangler et de les jeter aux égouts, déportaient des peuples entiers et peuplaient leurs ergastules de guerriers captifs. Ne crions pas trop haut! Notre époque a élaboré d'autres méthodes, organisé quasi scientifiquement les génocides et la déchéance des vaincus.

J'achèverai ce tableau par la mort de Chram, qui fut le dernier crime perpétré par Clotaire. Chram était l'un de ses fils; il ne lui ressemblait que trop. Il estimait que son père tardait à mourir. Impatient de régner, il s'allia avec son oncle Childebert et se fit reconnaître roi par les Aquitains. Cela ne lui suffit pas: il voulut annexer la Bourgogne et s'avança jusqu'à Dijon. Clotaire était absent. Quand il rentra de campagne, il livra bataille à son fils et l'obligea à se soumettre, tout en lui accordant son pardon. Après la mort de Childebert, Chram se révolta encore, en s'appuyant cette fois sur les Bretons. Clotaire lui livra bataille à nouveau et le défit. Chram tenta de s'enfuir par mer, avec sa femme et ses enfants. On le captura. Clotaire ordonna que « le nouvel Absalon » fût enfermé dans une cabane de pêcheur, avec sa famille, et ordonna d'y mettre le feu. Il vit ainsi brûler vifs non seulement son fils, mais sa bru et ses petits-enfants sans le moindre remords.

Peu après, au retour d'une chasse, il fut saisi d'une violente fièvre. On le transporta dans son domaine de Compiègne. Il suppliait en vain saint Martin d'intervenir auprès du Seigneur. Se sentant mourir, il dit:

– « Imaginez ce qu'est ce roi céleste qui traite ainsi les rois de la terre! »

Ayant prononcé ces mots, il expira. Était-il pis que les

autres princes, que certaines princesses? Une des filles de Théodoric le Grand s'éprit d'un de ses serviteurs, nommé Traguilan, et l'épousa secrètement. Sa mère, furieuse, fit égorger Traguilan. La fille se vengea en mettant du poison dans le calice où sa mère devait communier. On la maria de force avec un prince toscan, lequel, apprenant le crime de sa femme, la fit périr dans un bain d'eau bouillante avec une servante. Prenant fait et cause pour la criminelle et invoquant leur droit de parenté, Childebert et Clotaire exigèrent du mari le versement de 50 000 sous d'or, en application de la loi salique...

III

L'APOGÉE DES MÉROVINGIENS

Clovis avait laissé son œuvre inachevée. Il est presque incroyable, et pourtant vrai, que ses fils poursuivirent dans la même voie, en dépit de leurs luttes fratricides, de la haine réciproque qui les animait et dont le chapitre précédent donne quelque idée. En 511, la Gaule romaine n'était point entièrement conquise: la Burgondie restait indépendante; la Septimanie était aux mains des Wisigoths et la Provence sous le contrôle de Théodoric, roi d'Italie.

Ce fut la riche Burgondie qui, la première, attira l'attention des rois mérovingiens. La défaite d'Arles avait ébranlé le pouvoir de Gondebaud. Son trésor était fortement entamé et son armée affaiblie. Il tenta de restaurer son autorité en promulguant cette loi Gombette qui plaçait à égalité les Burgondes et les Gallo-Romains. Sans cesser d'être arien, il accentua sa politique de tolérance. Il laissa même ses fils se convertir au christianisme et manifester leur zèle. Ce fut ainsi que le prince Sigismond put fonder le monastère d'Agaune. Pressentant le péril auquel son royaume serait exposé, il prit la décision de le léguer en entier à son fils aîné, Sigismond. Il rompait ainsi avec la vieille coutume burgonde, analogue à celle des Francs, selon laquelle le royaume devait être divisé en parts égales entre les héritiers. De la sorte, il donnait à Sigismond les moyens de résister à une agression des rois mérovingiens. Les Burgondes étaient assez romanisés pour accepter cette innovation. Après la mort de Gondebaud en 516, Sigismond lui succéda sans rencontrer d'opposition, même de la part de Godomar, son frère cadet. L'année suivante, il réunit un concile à Épaone. D'importantes décisions furent prises par les Pères, concernant les réformes de l'Église, la règle des monastères et la conversion des ariens. Le traitement infligé à ces derniers péchait à coup sûr par excès de sévérité. Tout arien converti et retombé dans l'erreur était astreint à une trop longue pénitence. Le culte était à jamais banni des basiliques ariennes, considérées comme des lieux de pestilence spirituelle. Il était même interdit aux prêtres de l'église catholique de prendre un repas avec un hérétique. Sigismond s'empressa de publier ces canons, avec une ardeur de néophyte. Il irrita une bonne partie de son peuple, adhérant encore à l'arianisme. Le nouvel empereur d'Orient, Justinien, venait de lui envoyer le diplôme de patrice. Pour manifester sa reconnaissance, Sigismond lui répondit : « Mon peuple vous appartient, et j'ai plus de joie à vous obéir qu'à commander. » C'était aller un peu vite : les Burgondes n'entendaient point se mettre aux ordres du maître de Constantinople. Sigismond mécontentait en outre son beau-père et voisin, Théodoric. Ce dernier rêvait toujours d'imposer son hégémonie aux autres rois. Il avait compris que le nouvel empereur serait moins souple que Zénon et Anastase. L'attitude de Sigismond l'irritait. Ce dernier avait eu d'un premier mariage avec Ostrogotha, fille du même Théodoric, un fils nommé Ségéric. Ostrogotha étant morte, Sigismond se remaria. Sa seconde femme haïssait Ségéric. Elle dressa le père contre le fils. Sigismond, dans un moment d'égarement, étrangla, ou fit étrangler Ségéric (522). Quand il reprit ses esprits, le remords l'accabla. Il ne s'agissait point d'un repentir à la façon de Clotaire, mais d'une souffrance intolérable. Sigismond se retira au monastère d'Agaune, afin d'implorer le pardon du Seigneur.

Informés de ces événements, Clodomir, Childebert et Clotaire y virent une occasion inespérée. D'un commun accord, ils décidèrent d'attaquer la Burgondie. Ils rassemblèrent leurs armées respectives et, le cœur vaillant, envahirent la Bourgogne. Ils comptaient faire une bouchée du moine couronné. Sigismond oublia son repentir et prit la tête de ses soldats. Il fut défait, capturé avec sa famille, conduit à Orléans, dans le royaume de Clodomir, et tonsuré. Malgré les objurgations de saint Avit, Clodomir estima prudent de se débarrasser du ci-devant roi : il le fit jeter dans un puits avec sa famille.

Les trois frères crurent avoir soumis la Bourgogne. Ils oubliaient Godomar, le frère survivant. Godomar se fit proclamer roi et entreprit de reconquérir les territoires perdus. Clodomir, Childebert et Clotaire revinrent à la charge, cette fois avec le concours de Thierry, leur aîné et sans doute le meilleur homme de guerre de la famille. Thierry s'était abstenu de participer à la première expédition, parce qu'il était gendre de Sigismond. Ce dernier étant mort, le roi de Cologne était libre de ses actes! Mais Godomar avait réveillé les énergies, suscité une sorte de mobilisation générale. Une grosse bataille fut livrée, le 25 juin 524, à Vézéronce, dans les environs de Vienne. Les Francs furent défaits. Clodomir périt dans la mêlée. Sa tête fut promenée au bout d'une pique. Godomar put reconquérir le nord de la Burgondie. Plus adroit que Sigismond, il s'était assuré la neutralité de Théodoric en lui abandonnant la région de la Durance.

Les fils de Clovis ne se tinrent pas pour battus. Après la mort de Thédoric (532), le royaume d'Italie fut en proie à l'anarchie. Le moment leur parut propice pour attaquer à nouveau la Burgondie. Ils mirent le siège devant Autun et anéantirent l'armée de Godomar qui dut s'enfuir. C'en était fait du royaume burgonde. Il fut partagé en trois : Théodebert, qui venait de succéder à son père, eut le nord. Le centre échut à Childebert et le sud à Clotaire. Le royaume burgonde n'avait pas duré cent ans! On aura noté que les fils de Clovis avaient exactement repris la politique de leur père dans cette région. La Gaule recouvrait sa frontière naturelle. Cependant les trois rois eurent quelque mal à imposer leur autorité. Le particularisme burgonde subsista.

La Provence restait aux mains des Ostrogoths. Mais l'empereur Justinien avait résolu de reconstituer l'ancien Empire romain, c'est-à-dire de soumettre effectivement l'Afrique et l'Occident à son autorité. Entreprise grandiose, toutefois utopique, car les temps avaient changé. Il avait déjà reconquis l'Afrique sur les rois vandales, quand les Ostrogoths assassinèrent la fille de Théodoric le Grand, Amalasonthe. Justinien en profita pour intervenir en Italie, où il envoya Bélisaire, son meilleur général. Il crut pouvoir compter sur l'alliance des Mérovingiens. Il leur offrit une grosse somme qu'ils empochèrent sans hésiter. Les Ostrogoths se donnèrent un autre roi, du nom de Théodat. Il fit de la surenchère et offrit tout bonnement aux Francs de leur céder la Provence. Elle fut, comme la Burgondie, divisée en trois parts. Les trois rois entrèrent triomphalement à Arles. Ils avaient désormais accès à la Méditerranée. La décomposition de la monarchie ostrogothe leur procurait en outre de grands espoirs de l'autre côté des Alpes.

Les Wisigoths tenaient toujours la Septimanie. Leur roi Amalaric avait épousé Clotilde, fille de Clovis. Grégoire affirme qu'il maltraitait sa femme en raison de la foi catholique de celle-ci. Il raconte que, désespérée, Clotilde envoya à ses frères un linge taché de son sang, témoignant des persécutions que son cruel époux lui infligeait. Belle et naïve histoire, montée en épingle par Grégoire de Tours dont la sagacité s'estompait un peu dès qu'il s'agissait des ariens. En réalité, les frères de Clotilde n'avaient nul besoin de ce prétexte pour agresser Amalaric, le rescapé de Vouillé. La

Septimanie seule, avec ses vignes, ses oliviers et ses riches cités, les intéressait. Au surplus, Amalaric manifestait l'intention de reconquérir l'ancien royaume wisigoth. Ses troupes occupaient déjà les Cévennes. Childebert parvint à les en déloger, mais, après avoir remporté quelques avantages, il dut battre en retraite. Il revint l'année suivante avec Théodebert. Celui-ci s'empara de plusieurs villes et les Wisigoths semblaient mal en point, quand le prince apprit la mort du roi Thierry, son père. Il dut lâcher sa proie et se dirigea vers Reims à marches forcées. Ses oncles essayaient de lui ravir son héritage, avec leurs méthodes habituelles.

Les Wisigoths bénéficièrent de dix ans d'accalmie. Les Mérovingiens ne renonçaient nullement à la Septimanie, mais leurs occupations les retenaient ailleurs. En 542, Childebert et Clotaire résolurent de frapper un grand coup. C'est en Espagne même qu'ils entendaient abattre la puissance wisigothe. Ils franchirent les Pyrénées, s'emparèrent de Pampelune, mais échouèrent devant Saragosse. L'affaire était manquée. La Septimanie restait aux Wisigoths. Tout ce que Childebert rapporta d'Espagne, ce fut la tunique de saint Vincent. Il fit bâtir un monastère pour abriter la précieuse relique, monastère qui devint Saint-Germain-des-Prés. Il ne doutait pas d'avoir sauvé son âme par ce moyen. Il voulut être inhumé dans le même monastère, pour plus de sûreté.

La Gaule était donc entièrement franque, la Septimanie exceptée. Cette expansion ne suffisait pas aux Mérovingiens. Suivant une fois de plus les traces de Clovis, ils progressèrent vers l'est, parfois même sans tirer l'épée. Les rois ostrogoths en guerre avec les Byzantins leur abandonnèrent la Rhétie, habitée par les Alamans, naguère vaincus par Clovis et recueillis par Théodoric le Grand. Les Alamans, désormais privés de protection, durent se soumettre et payer tribut. Ils conservèrent cependant leurs chefs et leurs propres lois, c'est-à-dire une autonomie de fait. Les Bavarois, implantés depuis peu dans les vallées septentrionales des Alpes (ils venaient de Bohême), n'osèrent affronter les

Francs; ils acceptèrent aussi de payer tribut, mais gardèrent leur duc Garibald. Après avoir écrasé les Thuringiens, avec l'aide des Saxons qui étaient leurs voisins, Thierry se retourna contre ceux-ci et les soumit après de durs combats. Ce n'était encore qu'une fédération de tribus indépendantes mais d'une rare pugnacité et d'une fierté indomptable.

Théodebert (ou Thibert Ier), roi de Reims depuis 534, était encore plus ambitieux que son père. On le retrouve dans quasi toutes les batailles, où sa présence décidait souvent de la victoire. Il secondait généralement ses oncles dans leurs entreprises, mais parfois il se battait pour son propre compte. L'Italie l'attirait. A vrai dire, on comprend mal pourquoi il franchit les Alpes et se lança dans une aventure aussi hasardeuse, alors qu'il était un excellent chef de guerre. « Tout recommence toujours et ce qui a été sera », écrivait de Gaulle, qui avait de l'Histoire une vue panoramique. L'intervention de Théodebert en Italie eut en fait les mêmes causes et les mêmes effets que les guerres d'Italie de la Renaissance. On appela Théodebert à l'aide : il céda au même mirage que plus tard Charles VIII, Louis XII et François Ier.

Justinien s'acharnait à reconquérir la péninsule. Il avait écrit à Théodebert : « Les Goths ont envahi par force l'Italie qui est d'ancienneté de notre domaine et ne voulurent pas nous en faire raison. Ils nous font si grande injure qu'ils nous contraignent à la guerre. Nous avons tenu à vous en avertir, étant raisonnable que vous nous prêterez renfort, tant pour la bonne et vraie opinion que nous avons ensemble de Dieu, que pour la haine que nous portons en commun aux Goths, à cause de l'erreur des ariens qui les rend détestables à tous les bons chrétiens. » Une alliance fut conclue avec Justinien, mais, comme on l'a dit, les Ostrogoths obtinrent la neutralité de Théodebert contre la cession de la Provence. Violant cet accord, il franchit les Alpes en 539, surprit les Ostrogoths et razzia méthodiquement la plaine du Pô. Une épidémie décima ses troupes. Il fut obligé de regagner la Gaule. En 541, il revint avec une grosse armée, occupa l'Italie du Nord et la Vénétie. Le nouveau roi ostrogoth, Totila, combattait alors les Romains, farouches partisans de Justinien. Théodebert organisa tranquillement sa conquête, implanta même des évêques francs dans les diocèses. Il faisait la sourde oreille aux injonctions de l'empereur d'Orient. On lui prêtait l'intention de rassembler tous les peuples germaniques, d'envahir la Thrace et de marcher sur Constantinople. Entreprise insensée, mais que semblent corroborer ses lettres à Justinien, où l'insolence s'enrobait d'un hypocrite respect. On l'a parfois comparé à Charlemagne et à Othon le Grand. C'est grossir son personnage jusqu'à la démesure. Théodebert n'était qu'un aventurier heureux et un conquérant sans scrupules. Il put en tout cas se croire maître de l'Italie du Nord, jusqu'à sa mort qui survint en 547. Son fils Théodebald (Thibault) ne le valait pas. Justinien le mit en demeure d'évacuer l'Italie du Nord. Il lui rappela les engagements souscrits par son père et la mauvaise foi de celui-ci. Théodebald répliqua fièrement que « l'honneur de son père était sans tache ». Les Francs restèrent donc en Italie. L'empereur envoya une nouvelle armée, commandée par Narsès. Le roi des Ostrogoths fut vaincu et tué. Son successeur, Teïa, opposa une résistance désespérée aux Byzantins. Jamais l'occasion n'avait été plus propice pour les Francs d'étendre leurs conquêtes. Les deux adversaires étaient épuisés. Théodebald laissa passer l'occasion. Il s'abstint de prendre la tête de son armée, délégua ses pouvoirs à deux lieutenants : Buccelin et Leutharis. Ils se ruèrent sur l'Italie centrale, bousculèrent les Byzantins, puis se séparèrent : l'un marcha vers le sud, l'autre vers l'Adriatique. Les Byzantins exterminèrent les deux bandes (553-554). Il fallut renoncer au mirage italien. Le royaume ostrogoth s'était effondré, après soixante ans d'existence. Les Byzantins étaient désormais les maîtres de Rome et de la péninsule.

Théodebald mourut l'année suivante, fort jeune. Il n'avait pas d'enfant. Ses oncles Childebert et Clotaire partagèrent son héritage. Les Saxons profitèrent du changement de règne pour secouer le joug, avec l'aide des Thuringiens. Clotaire leur livra une première bataille, en 555, qu'il gagna. L'année suivante, il conduisit une seconde expédition qui se solda par un échec. Cependant les Saxons étaient si affaiblis qu'ils acceptèrent de payer un tribut annuel.

En 558, Childebert mourut. Il n'avait pas de fils. Clotaire recueillit donc son héritage. Il était désormais l'unique successeur de Clovis, seul maître d'un royaume qui avait les dimensions d'un empire. Il régnait en effet sur la plus grande partie de l'Allemagne et sur toute la Gaule, la Septimanie exceptée. Il n'existait en face de l'Empire de Constantinople aucun ensemble territorial aussi consistant, aucun autre roi capable de rivaliser avec Clotaire. Mais ce dernier n'avait plus que trois ans à vivre. Eût-il été plus jeune qu'il n'eût certes pas songé à de nouvelles conquêtes. Il manquait de hauteur de vue, ne voyait de son nouvel état que les avantages extérieurs qui flattaient sa vanité.

C'est ici l'apogée des Mérovingiens. Malgré leur échec en Espagne wisigothe et la perte de l'Italie du Nord, en dépit de leurs querelles intestines et de leurs crimes, l'œuvre qu'ils avaient réalisée était considérable. Ils avaient consolidé les conquêtes de Clovis, en annexant le royaume burgonde et, à l'est, en soumettant les Alamans, les Thuringiens et les Saxons. Ce faisant, ils avaient hâté la christianisation de la Germanie et libéré l'Église de la contrainte arienne. Bien plus, ils avaient osé ce que les empereurs romains au faîte de leur puissance n'avaient pu faire! Ils avaient largement débordé l'ancien limes et jeté, sans le vouloir, les premières bases de ce que serait plus tard l'État allemand. Ils avaient pénétré dans ces terres inconnues et sauvages qui éveillaient la crainte des légionnaires de garde sur le Rhin. Ils étaient devenus, quasi malgré eux, des civilisateurs. Certes, l'appât du butin, une ambition effrénée soutenue par la certitude de vaincre, guidaient leurs pas. Et pourtant ils donnent l'apparence d'avoir suivi une ligne politique très ferme. Ce dualisme ne laisse pas d'étonner. Il montre en tout cas qu'ils étaient conscients de leur état de rois des Francs (puisque tous portaient ce titre) et de l'avenir dont ils étaient dépositaires. Cette conscience prévalait en eux, par périodes, sur les haines fratricides. Leur comportement même attestait, en dépit de leurs crimes, un véritable sens de la grandeur. Ils étaient à vrai dire à l'image même de la mutation qui s'opérait, du monde nouveau qui se construisait avec les débris de l'Empire romain.

IV

INSTITUTIONS
ET MŒURS MÉROVINGIENNES

Il faut abandonner l'idée selon laquelle les rois mérovingiens détruisirent la romanité. Ils se substituèrent simplement à l'État romain qui avait cessé d'exister. Ils ne songèrent point à abolir les structures subsistantes, mais à les exploiter. La notion d'empire persistait : les empereurs de Constantinople revendiquaient l'héritage des empereurs de Rome et tentaient d'établir leur hégémonie sur l'Occident. Ni Clovis, ni les quatre rois qui lui succédèrent ne contestaient la souveraineté nominale de l'empereur d'Orient, mais ils se comportaient en souverains indépendants et, de fait, traitaient cet empereur en égal tout en lui prodiguant les marques de respect. Ils se croyaient en réalité les continuateurs des Césars dans ce qu'on appelait le *Regnum Francorum* (le royaume des Francs). Il existait pourtant une différence de nature entre la monarchie franque et l'Empire romain. La notion d'État prédominait à Rome; César n'était point propriétaire de l'Empire, mais, quel que fût son pouvoir, un simple usufruitier ou, si l'on préfère, un gestionnaire. Chez les Francs, au contraire, le concept d'État était inexistant. On a vu le royaume de Clovis partagé entre ses quatre fils, comme s'il s'était agi d'une propriété personnelle. En revanche, quoique divisé et même morcelé, ce royaume conservait une unité sous-jacente. Ce qui explique d'ailleurs que chacun des quatre fils de Clovis s'intitulât « roi des Francs » et non roi de Paris, d'Orléans, de Reims ou de Soissons. On partageait les territoires et leurs revenus, mais le pouvoir restait en quelque sorte indivis, au moins dans le domaine de la politique extérieure. Ce système était aléatoire; il permit cependant les grandes expéditions en Germanie, en Burgondie et en Espagne.

Le baptême de Clovis avait profondément modifié la nature du pouvoir royal. La monarchie mérovingienne avait été originairement élective. Cependant le droit à régner était l'apanage d'une seule famille, au sein de laquelle l'assemblée des guerriers devait obligatoirement choisir le roi. Le prestige acquis par Childéric avait permis de rendre la monarchie quasi héréditaire : l'élection se limitant à une présentation suivie de l'acclamation des guerriers. Cependant le droit de ces derniers à déposer le roi et à élire un remplaçant n'avait pas été aboli. Le baptême de Clovis y mit fin. Cette cérémonie ne fut pas l'équivalent d'un sacre. Elle concrétisait pourtant la reconnaissance de l'Église. Elle faisait donc obligation aux chrétiens d'obéir au roi. Elle légalisait un pouvoir de fait. Par surcroît, elle conférait au seul Clovis le droit de régner au nom de Dieu, et par là même écartait ses parents, à l'exception de sa descendance directe. Dès ce moment, les branches collatérales de la famille mérovingienne, les princes qui descendaient des anciens rois saliens issus de Clodion, de Mérovée ou de Childéric, perdirent leur vocation au trône.

Cependant l'aval de l'Église ne résolvait pas tous les problèmes qui se posaient à Clovis et à ses successeurs. Le pouvoir royal s'exerçait sur deux ethnies d'inégale importance : les Gallo-Romains qui représentaient l'immense majorité et les Francs implantés à titre de colons, lesquels, avec leurs familles, ne dépassaient guère 200 000 personnes. Son arsenal juridique était double et contradictoire : la loi salique et le droit romain, procédant de traditions différentes, voire opposées. Les structures de l'ancien État romain subsistaient ici et là. Il fallait les restaurer et les actualiser. L'archaïsme de la royauté mérovingienne, encore à demi barbare, rendait cette opération difficile, presque impossible. Clovis et ses fils s'y essayèrent. Il leur eût fallu une administration centrale efficace. Or ils organisaient leur cour non point en fonction des besoins, mais en continuant des usages immémoriaux. Ils se contentaient d'étaler leur puissance et leur magnificence, comblant de cadeaux et de privilèges les principaux de leurs guerriers et les évêques qu'il importait de ménager à proportion de leur influence.

A leur avènement, les rois mérovingiens visitaient leur royaume. Ils se montraient à leurs sujets, lesquels leur prêtaient un serment collectif de fidélité. Leurs Entrées dans les villes font penser à celles des rois Capétiens, Valois et Bourbons. Chez les Mérovingiens, il s'agissait moins de festoyer que de faire reconnaître un pouvoir; c'était, au plein sens du terme, une prise de possession. En outre, la rupture du serment de fidélité était passible de la peine de mort et de la confiscation des biens. Il va sans dire que le serment devait être prêté par tous les hommes libres, qu'ils fussent francs ou gallo-romains.

J'ai précédemment évoqué la cour du roi Clovis. Je n'y reviendrai pas, mais je mettrai l'accent sur quelques points. Chacun de ses fils eut évidemment sa propre cour, ses propres officiers. Ces derniers étaient plus nombreux. En raison de leurs rivalités, les quatre rois devaient étoffer leur clan personnel, gagner à leur cause des hommes éminents, augmenter la garde du palais et de l'escorte, s'entourer de « convives » de choix, mettre sur pied un embryon d'administration. Les personnages admis à la cour de façon permanente étaient qualifiés d'auliques ou de palatins. Les plus importants se voyaient octroyer des titres qui rappelaient la hiérarchie du Bas-Empire. Tous bénéficiaient de la protection spéciale du roi (la mainbour) et de ses faveurs. Des missions civiles ou militaires leur étaient fréquemment confiées. Les antrustions formaient un groupe à part. C'étaient des guerriers d'élite. Ils avaient prêté serment « dans les mains du roi », s'engageant non seulement à lui être fidèles, mais à le servir corps et âme. En temps de guerre, ils étaient en somme le bataillon sacré ou la force de frappe. On ne doit donc pas les confondre avec la garde du roi. Les « nourris » formaient un autre groupe. C'étaient des enfants de grandes familles dont on confiait l'éducation au roi. Il les nourrissait, les faisait instruire. On leur enseignait aussi le maniement des armes. C'était un moyen de discerner les vocations et d'apprécier les caractères. Les rois puisaient ensuite dans ce vivier pour recruter leurs chefs de guerre et leurs fonctionnaires. Les « nourris » s'appelleront plus tard pages ou enfants d'honneur. Et le verbe « nourrir » sera longtemps synonyme d'éduquer. Le personnel du palais se composait de ministres ou ministériales et de serviteurs employés à diverses besognes. Le maire du palais n'était toujours qu'un intendant, responsable de l'organisation matérielle et de la gestion de certains domaines. Les grands officiers et les officiers de second rang restaient identiques. Il en était de même des référendaires qui commandaient aux scribes de la chancellerie. Le pouvoir étant la propriété du roi, il était logique que le service attaché à sa personne se confondît avec les représentants du service public. Le nombre des serviteurs proprement dits s'était accru : chambriers, archiâtres, échansons, boulangers, cuisiniers, valets d'écurie, maréchaux-ferrants, sommeliers, cordonniers, brodeurs, orfèvres et forgerons. Cette cour se transportait d'une ville à l'autre, pour les raisons que l'on a déjà indiquées.

A l'origine, les rois mérovingiens avaient un conseil, d'ailleurs composé à leur gré, donc variable. Les ministériales y siégeaient avec les évêques. Mais l'autorité royale évolua rapidement vers l'absolutisme. Bientôt le roi décida seul de la guerre et de la paix. Il fut le seul justicier et le législateur unique. Les Assemblées de Mars, si chères aux guerriers francs, n'étaient plus que des parades militaires.

L'administration locale était assurée par les comtes, comme sous le Bas-Empire. Mais ces comtes étaient assujettis au pouvoir central, choisis par le roi, souvent parmi ses ministériales, révocables, passibles de châtiments qui pouvaient aller jusqu'à la décapitation. Ils étaient les représentants du roi et, à ce titre, détenaient les pouvoirs civils et militaires dans leur circonscription. Ils mobilisaient les hommes en état de porter les armes, collectaient les impôts et rendaient la justice. Ils étaient assistés d'un « mallus » qui était une assemblée de notables. Les ducs étaient à la tête de plusieurs comtés, mais leurs attributions étaient essentiellement militaires.

Clovis avait espéré maintenir le système fiscal de l'Empire, notamment la capitation et l'impôt foncier. Mais les rôles avaient pour la plupart disparu dans la tourmente des invasions. Les spécialistes manquaient pour établir une nouvelle assiette. On s'efforça de refaire le cadastre. Néanmoins les impôts rentrèrent irrégulièrement et, sous la pression des Francs qui y voyaient une atteinte à leur qualité d'hommes libres, finirent par disparaître. Les rois mérovingiens tiraient leurs principales ressources de leurs immenses domaines (villas, forêts, mines, etc.), des amendes judiciaires, des tributs annuels versés par les peuples qu'ils avaient soumis et du butin rapporté de leurs campagnes de guerre. Ils percevaient une infinité de droits indirects qui s'étaient plus ou moins substitués aux impôts directs. Ils bénéficiaient des confiscations de biens, des successions ab intestat, du remariage des veuves. Ces revenus s'entassaient dans leurs coffres. S'y ajoutaient les présents plus ou moins spontanés de grands personnages, de cités, de souverains étrangers. Tout cela restait la propriété personnelle du roi. Il n'y avait pas de budget d'État, parce que l'État n'existait pas en tant que tel. Le roi ne payait pas ses fonctionnaires, sauf par des cadeaux et des concessions de terres. Il n'entretenait pas les voies de communication : les belles voies romaines n'étaient pas réparées. Il n'assumait même pas les dépenses de guerre. Tout homme libre était mobilisable. Il devait s'équiper à ses frais et se nourrir. On comprend pourquoi le passage d'une armée ruinait la plus riche contrée.

L'assimilation était une nécessité pour les rois mérovingiens. Ils manifestèrent en ce domaine une pondération surprenante. Au lieu d'imposer la loi du vainqueur et d'abolir le droit romain, ils procédèrent comme l'avaient fait Jules César et les premiers empereurs. Le droit public, c'est-à-dire l'ensemble des décisions royales, fut commun aux occupants et aux occupés. Mais, dans le domaine du droit privé, les Gallo-Romains continuèrent à appliquer le droit romain et les Francs, la loi salique. Il en fut de même des Burgondes et des Germains ripuaires et alamans.

Les principes qui se dégagent de la loi salique sont en contradiction absolue avec ceux du droit romain. L'individu ne bénéficie pas de la protection de l'État. Il peut tirer vengeance du crime ou du délit dont il a été victime, lui ou sa famille. La liste des crimes est toutefois limitative : meurtre, viol, adultère, rapt, violation de sépulture, vol important. Le plaignant a toutefois la possibilité de renoncer à la vendetta et de s'en remettre à l'arbitrage d'un tribunal. Les juges fixent alors le prix de la réparation, ou wergeld. Si l'accusé ne peut prouver son innocence, il doit payer. S'il ne peut le faire, sa famille se substitue à lui. L'échelle des peines est intéressante à consulter. On apprend ainsi que la vie d'un Franc vaut deux cents sous d'or et celle d'un Gallo-Romain, la moitié. Les palatins, les comtes, les antrustions, les guerriers en campagne sont protégés par des wergelds qui se proportionnent à leur importance. La loi salique n'est pas un code méthodique, mais la recension désordonnée des coutumes franques et, à tout prendre, plus une échelle de peines qu'autre chose. Il est vrai qu'elle règle aussi les questions de succession, en exhérédant les femmes au profit des mâles. Le roi étant le grand justicier dans son royaume prélevait une part du wergeld.

Quant aux Gallo-Romains, ils demeuraient soumis à la procédure romaine. On aperçoit les difficultés. Comme il était inévitable, les deux droits finirent par fusionner. D'ailleurs, à mesure que s'instaurait un climat de violence, triste résultat de la désagrégation de l'État, les dispositions légales perdirent leur importance. Si les Francs s'étaient romanisés, les Gallo-Romains s'étaient barbarisés; les mentalités se confondaient.

Pour les Francs, il n'existait que deux sortes d'individus: les hommes libres et les esclaves qui étaient d'ailleurs des prisonniers de guerre. Ils abolirent donc la classe des « sénateurs » romains. Mais ils leur laissèrent la plus grande partie de leur fortune foncière, car il leur restait assez de terres à se partager. Des rapprochements s'opérèrent entre les uns et les autres, fréquemment sanctionnés par des mariages. Il est faux de dire que les rois mérovingiens créèrent une nouvelle noblesse, mais il est exact qu'ils permirent à une aristocratie de se constituer. Elle ressemblait fort à celle de Rome qui était fondée sur la fortune, non sur les services rendus. Les grandes familles gallo-romaines avaient peuplé les évêchés de leurs fils. Il y avait de véritables familles « épiscopales ». C'était l'ultime moyen de maintenir leur influence. L'aristocratie mérovingienne s'appuyant sur la propriété foncière, l'influence des ex-sénateurs ne pouvait que s'accroître. Ils entrèrent au service des rois, où leur culture et leurs belles manières étaient appréciées. Ce fut l'occasion pour eux d'accomplir un nouveau cursus honorum. Ils accédèrent aux plus hautes charges. De toute manière, la qualité de palatin permettait de s'enrichir rapidement, donc de s'agréger à la nouvelle aristocratie, certes plus durable que le prestige s'attachant aux fonctions de duc ou de comte. Il était fatal qu'à force de donner, les rois mérovingiens s'appauvrissent dangereusement et vissent leur pouvoir menacé par les grands propriétaires. Et non moins fatal que la condition d'homme libre déclinât promptement.

Ces glissements étaient encore imperceptibles. Les soldats-laboureurs gardaient l'illusion d'être les égaux des riches hommes. Mais ceux-ci s'entouraient déjà d'une clientèle. Les difficultés économiques, l'insécurité quasi permanente, les malheurs de la guerre, incitaient les modestes à se mettre sous la protection des puissants. Le système de la « recommandation » se répandit. Voici un extrait d'un de ces pactes :

« ... Comme il est reconnu par tous que je n'ai pas de quoi me nourrir ni me vêtir, j'ai demandé à votre pitié, et votre volonté me l'a accordé, de pouvoir me livrer et me commander en votre mainbour, ce que j'ai fait de cette manière : vous devez m'aider et me soutenir pour la nourriture autant que pour le vêtement, selon que je pourrai vous servir et bien mériter de vous. Tant que je vivrai, je vous devrai le service et l'obéissance selon ma condition d'homme libre... »

Une telle pratique devait tôt ou tard conduire au vasselage. La féodalité y est en germe. Le statut de « recommandés » rejoignait celui des colons d'origine gallo-romaine et de la multitude des demi-libres, affranchis et autres. La condition des esclaves tendait à s'améliorer sous l'influence de l'Église, également en raison du fait que les Francs ne les considéraient pas comme un troupeau. Selon l'importance de leur maître et l'emploi qui leur était confié, leur état variait à l'infini. L'Église avait obtenu la validité de leurs mariages, donc la légitimité de leurs enfants. Elle encourageait les affranchissements. Très souvent, les maîtres leur concédaient une tenure contre certaines prestations. Rien n'était changé pour le menu peuple des campagnes. On ne savait toujours pas dans les villages qui était libre, esclave ou colon. On restait, comme par le passé, tributaire du grand propriétaire. La plupart des maisons étaient en bois, misérables cabanes où les familles s'entassaient. Mais les opulentes villas de naguère n'étaient plus que des ensembles disparates de bâtiments élevés à la hâte, entre lesquels s'élevait parfois un harmonieux portique.

L'Église poursuivait ses progrès. Elle avait érigé les villages en paroisses. Elle croissait en richesse et en influence. Les monastères se multipliaient. Les moines jouèrent un rôle déterminant dans l'évangélisation des contrées restées païennes, surtout dans le dernier quart du VIe siècle. Les rois mérovingiens conservèrent l'appui de l'Église, malgré les conflits et les tentatives de spoliation ou de récupération. Ils s'intéressaient, parfois d'un peu trop près, aux problèmes religieux. Ils n'hésitaient pas, à l'imitation de Clovis, à convoquer des conciles nationaux, dont ils fixaient eux-mêmes le programme. Les évêques étaient devenus, bon gré mal gré, leurs agents. L'administration de ces comtes-évêques profitait généralement au peuple. Le roi se considérait comme leur chef. L'Église gallicane était désormais un instrument de pouvoir. En contrepartie, ses domaines bénéficiaient d'immunités diverses. Ces exemptions d'impôts réduisaient peu à peu les ressources royales. Mais que n'eussent pas fait les descendants de Clovis pour se rédimer de leurs crimes!

L'art et la culture se mouraient. On essayait pourtant de construire des sanctuaires en copiant les architectes romains : le baptistère de Poitiers en est un exemple. On se risquait à écrire les premières hagiographies. Francs et Gallo-Romains parlaient un latin émaillé de barbarismes. Les échanges commerciaux devenaient de plus en plus difficiles et l'on évoluait, par la force des choses, vers une économie fermée. Seules les fabriques de bijoux cloisonnés et d'épées restaient prospères. C'était une époque de transition. La monarchie mérovingienne eût pu réussir à construire un grand État, à condition de sortir de son archaïsme. Mais les partages périodiques du *Regnum Francorum,* les donations, immunités et libéralités de toutes sortes, la condamnaient à dépérir dès le milieu du VIe siècle.

QUATRIÈME PARTIE

LES NOUVEAUX ATRIDES

561-613

I

LES PETITS-FILS DE CLOVIS

Lorsque Clotaire Ier mourut, en 561, il laissait quatre fils : Caribert, Gontran, Sigebert et Chilpéric. Tous étaient en âge de régner. Les deux aînés avaient une trentaine d'années; les deux autres, de vingt à vingt-six ans. Caribert, Gontran et Sigebert étaient fils de la reine Ingonde. Le dernier avait eu pour mère cette Arégonde dont la dépouille fut retrouvée à Saint-Denis. L'histoire de ces quatre rois est un peu mieux connue que celle de leurs prédécesseurs et de Clovis, leur aïeul, car Grégoire fut leur contemporain. Il les a connus. Il a eu des démêlés avec certains d'entre eux. Il est pourtant malaisé de reconstituer leurs règnes à travers son récit encombré de détails pittoresques et d'anecdotes moralisantes. Son témoignage apparaît toutefois irremplaçable. Jamais époque – hormis celle des guerres de Religion – ne fut traversée d'autant de violences et de bouleversements, ni marquée d'une cruauté pareillement sadique. Les excès de tous ordres relevés chez les fils de Clovis se retrouvent décuplés chez ses petits-fils, sans être compensés par des qualités politiques ou militaires. Ce que l'on peut appeler la conscience royale laisse place dans leur comportement à la cupidité systématique et au dédain du bien public.

Après les funérailles de Clotaire, la coutume franque voulait que l'on procédât au partage du royaume. Chilpéric essaya, par un coup hardi, de dépouiller ses frères. Il s'empara du trésor de son père, qui se trouvait dans la villa de Berny, distribua de somptueux cadeaux aux palatins et se fit reconnaître roi. Ce qu'apprenant, les trois autres frères réunirent leurs forces et l'expulsèrent de Paris où il s'était installé. Après quoi, on découpa le royaume, non probablement sans disputes, et les parts furent tirées au sort. On aurait pu reproduire le partage de 511, puisqu'il y avait aussi quatre rois à pourvoir, ou s'inspirer de ce partage. Il est vrai que le *Regnum Francorum* s'était considérablement agrandi.

Caribert eut l'ouest de la Gaule, de la Normandie aux Pyrénées, avec Paris pour capitale, et les cités de Rouen, Tours, Poitiers, Limoges, Bordeaux et Toulouse. Gontran eut le Berry, les vallées de la Saône et du Rhône (approximativement l'ancienne Burgondie) avec pour capitale Orléans. Sigebert eut les territoires entre la Meuse et l'Elbe, avec Reims pour capitale; il reçut en outre l'Auvergne et une partie de la Provence. Chilpéric eut l'ancien royaume des Francs saliens avec pour capitale Soissons. Il était le plus mal servi. Profitant de l'absence de Sigebert, il s'empara de Reims par surprise. Sigebert lui reprit cette ville et confisqua Soissons.

En 567, Caribert vint à mourir. Il ne laissait pas de fils, bien qu'il fût bigame. On procéda donc au partage de son royaume. Chilpéric eut les régions de Rouen, Évreux, Angers, Bordeaux, Limoges, Cahors, plus la Bretagne, le Béarn et la Bigorre. Sigebert eut les régions de Tours et de Poitiers. Gontran, celles d'Angoulême, de Saintes et de Périgueux. Inutile de souligner l'incohérence de cette partition que j'ai d'ailleurs réduite à l'essentiel. L'enchevêtrement inextricable des trois nouveaux royaumes, les enclaves que l'on avait ménagées à dessein, les contestations qu'elles pouvaient susciter, expliquent les guerres intestines qui suivirent. Les trois frères ne purent se mettre d'accord sur la possession de Paris, ce qui par parenthèse montre l'importance prise par cette ville. Elle était devenue la vraie capitale du royaume des Francs. Ils convinrent de la laisser indivise et de l'administrer en commun, autre pomme de discorde! Par précaution, ils décidèrent même qu'aucun d'entre eux ne pourrait y pénétrer sans l'accord des deux autres. On le constate, le royaume restait une propriété privée pour les rois francs. Ils s'en disputaient les morceaux, comme des héritiers se disputent les biens d'une succession, meubles et immeubles, la divisant en lots et les tirant au sort dans le seul souci de n'être pas lésés.

En simplifiant à l'extrême, pour aider à comprendre les luttes fratricides qui se succédèrent, je dirais que Sigebert eut la Francia du nord-est, déjà nommée Austrasie, plus l'Auvergne, le Velay, le Vivarais et l'Albigeois. Que Chilpéric eut le nord-ouest (que j'appellerai Neustrie, au risque d'être taxé d'anachronisme par les érudits), plus le Limousin, le Quercy, le Bordelais, la Bigorre, le Béarn et le Comminges. Et que Gontran eut la Burgondie (c'est-à-dire la Bourgogne, le Lyonnais, le Dauphiné, la Savoie), outre la Champagne, le Berry, la Saintonge, l'Angoumois et le Périgord. Si confus et bizarre que ce découpage paraisse, il laisse déjà entrevoir trois grands ensembles dont la consistance et la personnalité s'affirmeront par la suite : l'Austrasie, la Neustrie et la Burgondie (ou Bourgogne). L'Aquitaine, morcelée à dessein, retrouvera ultérieurement son unité et son autonomie.

Le plus humain – ou le moins inhumain – des trois frères était Sigebert. Une générosité certaine tempérait la violence de son caractère. Il n'était pas inaccessible à la pitié; cependant, quand il fut en guerre contre Chilpéric, il rameuta les plus sauvages des guerriers germaniques et les laissa piller et dévaster le royaume de son frère, sans se soucier le moins du monde de la misère des humbles. Il n'hésita pas non plus, au mépris de la parole donnée, à occuper Paris. Il est vrai que l'impétueuse et fière Brunehaut inspirait ses actes et le stimulait.

Par la mort de Caribert, Gontran, roi de Burgondie, était devenu le chef de la dynastie. C'était un mélange de violence et d'onction. Il se voulait justicier, prêchait volontiers la concorde, mais avait une habileté extrême à tirer son épingle du jeu. « Il était plein de bonté, dit un chroniqueur, et, dans une assemblée d'évêques, semblait l'un d'entre eux. Répandant les aumônes, aimé de ses leudes, il régnait en sagesse et en prospérité. » Il avait la dévotion si démonstrative que le bon peuple lui attribuait des guérisons miraculeuses. Et Grégoire de Tours le nomme parfois saint Gontran. En réalité, c'était un tartufe, dont les débordements ne cédaient rien à ceux de ses frères. Mais, selon la mentalité du temps, il croyait que les fondations pieuses et l'amitié des évêques rachetaient ses iniquités. La duplicité formait le fond de son caractère. Mais, en dépit de sa prudence, il cédait à des emportements furieux. Il tua un de ses palatins coupable d'avoir chassé dans une forêt royale sans autorisation. Il fit torturer des serviteurs pour un cor de chasse perdu ou volé. Lorsque sa femme, Austruchide, fut à son lit de mort, en 581, elle lui demanda de faire exécuter les deux médecins qui l'avaient soignée sans pouvoir la guérir. Et Gontran ordonna, pieusement, qu'ils fussent décapités. Son seul vrai talent fut de naviguer au plus juste de ses intérêts, entre ses frères et leurs épouses perpétuellement en conflit.

Chilpéric était une espèce de monstre sans foi ni loi. Grégoire de Tours nourrit à son endroit une haine aggravée de mépris. Il ne lui pardonnait pas d'avoir osé spolier les églises et prononcer ces fortes paroles : « Notre fisc en est appauvri et notre puissance est passée aux évêques! » Chilpéric estimait, non sans pertinence, que l'Église devenait trop riche, accumulant les donations des pécheurs repentis, les domaines octroyés par les rois, assortis de trop d'immunités et d'exemptions. L'Église devenait un État dans l'État. Partant de là, Chilpéric révoqua les donations consenties par Clotaire Ier, annula quantité de testaments privés. Les évêques du VIe siècle pouvaient pardonner beaucoup, mais l'appauvrissement de l'Église leur était insupportable. La loi salique n'était point applicable aux rois, sinon Chilpéric se fût aussi ruiné en wergelds. C'était un criminel-né, alternant les crimes et les débauches, sans éprouver le moindre remords. On eût dit que l'esprit du mal s'incarnait en lui, et ce n'était pas son épouse Frédégonde qui pouvait le bonifier. A la façon de Néron, cet assassin couronné se prenait pour un grand artiste. Il composait à ses heures perdues des poèmes, des chants religieux, des hymnes, dans un latin trébuchant et sans trop se préoccuper de la prosodie. Les flatteurs ne manquaient pas pour célébrer son talent, par exemple Fortunat, l'ami de sainte Radegonde! Il prétendit réformer l'orthographe et, pour compléter l'alphabet latin, inventa des lettres correspondant à la phonie germanique. Il rendit ce nouvel alphabet obligatoire dans les écoles (ce qui en restait!). Il ordonna que les livres fussent grattés et récrits. Ceux qui contreviendraient à l'édit royal seraient énucléés.

Il se piquait aussi de théologie! Il crut avoir résolu le conflit doctrinal opposant les catholiques aux ariens. Il écrivit un petit traité pour démontrer que la Sainte Trinité représentait Dieu sans distinction de personnes, affirmant qu'il était indigne d'appeler Dieu une personne comme un homme charnel; il soutenait aussi que le Père est le même que le Fils et également que l'Esprit Saint est le même que le Père et le Fils. Il déclara à Grégoire de Tours :

– « C'est ainsi qu'il est apparu aux prophètes et aux patriarches, et c'est ainsi que la Loi elle-même l'a annoncé... Je veux que toi et les autres docteurs des églises vous le croyiez de même. »

Grégoire de Tours répondit :

– « Délaisse cette croyance, pieux Roi. Il te faut suivre ce qu'après les apôtres, les autres docteurs de l'Église nous ont transmis, ce qu'Hilaire et Eusèbe ont enseigné, ce que tu as aussi confessé dans ton baptême. »

– « En cette affaire, répliqua Chilpéric, Hilaire et Eusèbe sont donc mes ennemis acharnés? J'exposerai ces choses à de plus sages que toi, qui seront de mon sentiment! »

Il grinçait des dents en prononçant ces paroles. L'évêque pouvait craindre pour sa vie. Mais Chilpéric se contint et le laissa partir. Il consulta d'autres prélats et ne put les convaincre. Les uns et les autres avaient reconnu l'hérésie de Sabellius, jadis condamnée par le concile d'Alexandrie. Chilpéric renonça à donner force de loi à son petit traité.

Ses préoccupations religieuses ne l'empêchaient point de multiplier les chevalets de torture, d'accabler son pauvre peuple de nouveaux impôts, de se comporter en toute circonstance en despote sanguinaire. Mais le même collectionnait les objets d'art. Un juif nommé Priscus était son rabatteur. Bien plus, Chilpéric se croyait un grand orfèvre. Un jour, il montra à Grégoire de Tours un plat d'or ciselé de sa main et incrusté de pierreries. Et comme l'évêque le complimentait :

– « J'ai fait cela pour ennoblir et faire briller la nation des Francs. J'en ferai bien d'autres, si j'en ai le temps. »

Il manifestait tant d'intérêt aux femmes qu'il modifia la loi salique en leur faveur, en leur accordant une part (éventuelle) dans la succession de leur mari. Sa sollicitude à leur égard se traduisait aussi par le nombre de ses concubines, indépendamment de ses épouses légitimes. Puis la servante Frédégonde entra dans sa vie, pour le malheur de la famille royale.

II

FRÉDÉGONDE

Un double mariage fut à l'origine de la guerre entre Chilpéric et Sigebert. La cause véritable en fut également la jalousie féroce qui opposait les deux frères. Avant même la double union dont il sera question, cette jalousie s'était manifestée de façon spectaculaire. Une nouvelle peuplade, les Avars, venant de l'est, menaçait les frontières de la Germanie. Sigebert leur infligea une lourde défaite sur les bords de l'Elbe, en 562. Profitant de son absence, Chilpéric avait mis la main sur Reims. A son retour, Sigebert reprit cette ville et confisqua Soissons, ainsi qu'on l'a déjà signalé. Ce n'était que la première phase d'un duel impitoyable.

Sigebert n'avait point les mœurs dépravées de ses frères. On ne lui connaît point d'amours ancillaires. C'était un chef de guerre, avec l'ambition pour seul mobile. Méprisant les unions dégradantes de ses frères, il se mit en tête d'épouser une princesse digne de son rang de roi d'Austrasie. Les rois wisigoths d'Espagne entretenaient des rapports courtois avec les petits-fils de Clovis, bien qu'ils eussent toujours la Septimanie. Leur cour de Tolède brillait d'un vif éclat. L'Espagne avait conservé plus de traces de la civilisation romaine que la Francia. Les lettres latines y étaient à l'honneur. Le roi des Wisigoths était alors Athanagilde. Sigebert lui envoya des ambassadeurs pour lui demander la main de sa fille, Brunehilde (Brunehaut), qui était arienne. Sa demande fut agréée. Le roi Athanagilde espérait que cette union mettrait un terme au conflit entre son peuple et les Francs. Brunehaut abjura l'arianisme et se convertit au catholicisme.

« C'était, en effet, dit Grégoire de Tours, une jeune fille élégante de manières, jolie d'aspect, honnête et distinguée de mœurs, sage dans sa conduite et agréable dans sa conversation. Son père, ne l'ayant pas refusée, l'envoya avec de grands trésors. »

Elle avait reçu une éducation raffinée et parlait admirablement le latin. Le comportement des leudes du roi dut la surprendre quelque peu, mais elle n'en laissa rien paraître et s'en accommoda rapidement. Fortunat était un poète réputé. Il cherchait encore sa voie. Il célébra de la même plume courtisane les vertus guerrières de Sigebert, protégé par le dieu Mars, et la conversion de Brunehaut, digne fille de Vénus. Il était en somme le poète de service. Brunehaut était certainement très belle. Sa fierté espagnole, la majesté de ses attitudes, son intelligence et sa culture firent grande impression sur les palatins. Les pronostics de Sigebert se vérifiaient. Ce grand mariage lui procurait un regain de prestige, indépendamment des « trésors » apportés par sa femme. Les noces furent célébrées en grande pompe, non point à Reims, mais à Metz. Elles donnèrent lieu aux divertissements et beuveries habituels.

Les frères de Sigebert avaient contracté des mariages moins brillants. Le défunt Caribert avait d'abord épousé une certaine Ingeburge dont on ne sait rien. Celle-ci avait à son service Méroflède et Marcovège, filles d'un cardier. Caribert s'éprit de ces deux servantes. Il prit Méroflède pour maîtresse, puis la fille d'un berger. Elles ne furent que des concubines. Ensuite, Caribert épousa Marcovège. L'évêque de Paris l'excommunia. Il existait d'ailleurs une autre reine nommée Theudogilde. Quand elle devint veuve, elle s'offrit carrément à Gontran, roi des Burgondes, avec ses trésors. Ce bon apôtre prit les trésors, mais enferma la femme pour le reste de ses jours dans un monastère arlésien!

Gontran avait eu un fils d'une servante nommée Vénérande. Il épousa ensuite Marcatrude, qui fit empoisonner l'enfant de Vénérande. Gontran la répudia et se maria avec Austrigilde que l'on surnommait Bobilla et qui lui donna deux fils.

Quant à Chilpéric, il avait d'abord contracté un mariage honorable avec Audovère, qui lui donna trois fils. Puis il s'était adonné aux amours ancillaires. La servante Frédégonde prit sur lui un ascendant extraordinaire. Il répudia Audovère à son incitation. Ardente et belle, elle l'entraîna dans une vie de débauches effrénées. Il n'y était déjà que trop enclin! Cependant le mariage de Sigebert éveilla sa jalousie. Il est fort probable que Brunehaut produisit sur lui un effet décisif. Il résolut soudain d'égaler son frère. Malgré les caresses et les larmes de Frédégonde, il envoya une ambassade à la cour de Tolède, pour demander la main de Galswinthe, sœur de Brunehaut. Ayant évalué à leur juste prix les « trésors » apportés par Brunehaut, il proposait d'assigner comme douaire à sa future épouse les villes de Bordeaux, Limoges et Cahors, le Béarn et la Bigorre qui venaient de lui échoir après la mort de Caribert (partage de 567). Le roi Athanagilde consentit à ce mariage qui rapprochait encore les deux familles royales. Beau-père de deux rois mérovingiens, il croyait assurer la paix entre l'Espagne et la Francia pour de nombreuses années. Galswinthe vint donc à la cour de Chilpéric, avec ses « trésors ». Aussi belle que Brunehaut, elle semblait plus fragile et plus craintive. Frédégonde s'était effacée. Chilpéric s'efforçait de plaire à sa nouvelle épouse, d'apaiser ses appréhensions. Le climat de sa nouvelle cour la décontenançait. Chilpéric se lassa d'elle au bout de quelques mois. La mélancolie, la résignation plaintive de Galswinthe l'irritaient. Il retourna à ses premières amours et Frédégonde refit surface. Elle haïssait la reine espagnole. Un matin, on trouva Galswinthe étranglée dans son lit. On ignore si Frédégonde était l'auteur de ce meurtre, ou si elle avait incité Chilpéric à le commettre. Toujours est-il que, peu de jours après, Chilpéric épousa sa maîtresse. La servante devenait reine et celle-ci détestait Brunehaut, parce qu'elle était indirectement responsable de son éviction momentanée. Bientôt, elle eut d'autres sujets de haine à son endroit.

Brunehaut n'était encore qu'une très jeune femme. Nul ne soupçonnait l'importance qu'elle prendrait un jour, le rôle de premier plan que des événements tragiques lui imposeraient, les qualités politiques que dissimulaient sa grâce et sa discrétion. Le meurtre de sa sœur la désespéra. Elle réclama vengeance. Le fait qu'une servante succédât à Galswinthe blessait sa fierté de princesse royale. Elle ne doutait pas que Frédégonde fût l'auteur de cet attentat, puisqu'il lui profitait. Sigebert aimait sa femme, mais ne perdait pas ses intérêts de vue. Il prit fait et cause pour elle. Bien que la loi salique ne fût pas applicable aux rois, il l'invoqua, comme un simple particulier. Après avoir consulté Gontran, il déclara la guerre à Chilpéric. Gontran partageait ses vues, mais c'était un poltron et un cynique. En pareil cas la loi salique offrait, comme on sait, deux possibilités à la victime : soit la vendetta, soit le wergeld ou prix du sang versé. Gontran suggéra le second moyen, par esprit de « concorde ». Ce faisant, il jetait de l'huile sur le feu, mais se donnait le beau rôle. Il réunit donc une sorte de tribunal qu'il présida. Le jugement ne pouvait être qu'un arbitrage, la loi salique n'ayant pas prévu le prix du sang royal. On décida néanmoins que « les cités de Bordeaux, Limoges, Cahors, Béarn et Bigorre, que Galswinthe, sœur de la très excellente dame Brunehaut, à son arrivée dans le pays des Francs, reçut à titre de douaire et de présent du matin, deviendront, à partir de ce jour, la propriété de la reine

Brunehaut et de ses héritiers, afin que, moyennant cette composition, la paix et la charité soient rétablies entre les très glorieux seigneurs Chilpéric et Sigebert ».

Chilpéric accepta la sentence. Il feignit de se réconcilier avec Sigebert qui, au nom de sa femme, entra en possession des villes et des territoires confisqués. Finalement l'assassinat de sa belle-sœur était une excellente affaire pour lui! Chilpéric ne pouvait accepter cette humiliation, plus encore cet appauvrissement! Il rongeait son frein. Malgré les imprécations et les suggestions perfides de Frédégonde, il différait sa vengeance. Il résolut, non pas de reprendre les villes perdues, trop éloignées du centre de son royaume et probablement trop bien gardées, mais de s'emparer de Tours et de Poitiers, qui étaient plus riches et plus proches de la Neustrie. Il attendit quatre ans pour exécuter ce projet, donnant à Sigebert l'illusion d'une fausse sécurité. Pour se ménager une porte de sortie, peut-être pour ne pas quitter sa chère Frédégonde dont la fidélité était douteuse, il ne prit pas lui-même la tête de ses troupes. Il en confia le commandement à l'un des fils d'Audovère, sa première épouse. Ce jeune prince avait reçu le prénom de Clovis en mémoire du grand aïeul. L'armée s'était rassemblée à Angers, qui appartenait à Chilpéric. En 573, sans déclaration de guerre, le jeune Clovis marcha sur Tours, dont il s'empara aisément. La garnison était insignifiante et les habitants n'avaient aucune velléité de se défendre: appartenir à l'un ou à l'autre des rois mérovingiens les laissait indifférents! De Tours, Clovis se dirigea vers Poitiers qui ouvrit pareillement ses portes. Il s'y installa. Informé de cette agression, sans s'émouvoir outre mesure, voulant aussi mettre le droit de son côté, Sigebert consulta à nouveau Gontran. Le cas de Chilpéric était clair: il avait à la fois violé la coutume militaire des Francs en ne prévenant pas son adversaire, et l'arbitrage rendu quatre ans plus tôt contre lui. Gontran préférait les combinaisons fructueuses aux aléas des batailles. Mais, puisque son frère en appelait à son jugement, il ne pouvait se dérober. Il chargea Mummole (Mummolus), son meilleur général, de reprendre les villes dérobées par le fils de Chilpéric. Mummole rentrait d'une campagne victorieuse contre les Lombards. Ses troupes avaient fait leurs preuves. Elles étaient plus disciplinées que les bandes du jeune Clovis et Mummole avait de réelles qualités de stratège. A son approche Clovis s'affola. Il déguerpit de Poitiers, se dirigea vers Tours, puis redescendit vers Poitiers et, ne sachant que faire, attendit les Burgondes. Mummole fit son entrée à Tours. Il agissait au nom du roi Gontran, mais pour le compte de Sigebert. Les Tourangeaux prêtèrent donc serment de fidélité à ce dernier. Clovis avait essayé d'étoffer son armée, pour se donner au moins la supériorité du nombre. Il avait mobilisé de force les paysans poitevins. Il crut habile de disposer cette horde à l'avant-garde, en sorte qu'elle subit le premier choc. Mummole balaya ces pauvres paysans; l'armée proprement dite fut saisie de panique et se débanda. Clovis n'eut que le temps de s'enfuir par la route de Saintes. Mummole entra donc à Poitiers sans coup férir, fit prêter serment aux habitants et regagna la Bourgogne. Il avait strictement accompli la mission que lui avait confiée le roi Gontran et s'abstint donc de capturer le jeune Clovis. Le départ de Mummole enhardit ce dernier. Il se présenta devant Bordeaux avec une escorte misérable. Les Bordelais le laissèrent entrer et même s'installer. Déjà les concepts d'autorité royale, de loyalisme, de fidélité à la parole donnée, se désagrégeaient. Clovis crut la partie gagnée, quand surgit le duc Sigulf. Le roi d'Austrasie l'avait chargé de défendre les villes et territoires cédés à Brunehaut. Clovis n'essaya point de résister. Il prit à nouveau la fuite. Sigulf le poursuivit en sonnant du cor, comme on chasse le gibier. Clovis avait un bon cheval. Il put se réfugier à Angers.

Le dépit de Chilpéric fut extrême. Plus que la perte de Poitiers et de Tours, la fuite éperdue de son fils blessait son amour-propre. Il résolut de se venger et réunit une grosse armée. Il en donna le commandement à son fils aîné, Théodebert. Sigebert en appela une seconde fois à Gontran.

L'arbitre suprême n'aimait guère travailler pour le compte d'autrui. L'expédition de Mummole avait été coûteuse. Gontran suggéra à Sigebert de soumettre le différend à un synode qui siégeait à Paris. Comme il était à prévoir, le synode n'aboutit à rien. Théodebert attaqua par surprise et vainquit les chefs austrasiens dans les environs de Poitiers. Il marcha ensuite vers Tours dont il pilla et dévasta les environs. Les moines relevant du couvent de Marmoutier eurent beau crier : « Ne traversez pas, Barbares, ne traversez pas! C'est un monastère du Bienheureux Martin! » leur maison fut saccagée, les objets du culte furent dérobés. Mais la barque qui transportait le butin chavira. Théodebert restitua les calices et les ostensoirs. Il redoutait la colère du grand saint Martin et la ville de Tours fut épargnée. Il se rattrapa sur le Limousin et le Quercy, ravagea ces deux régions, incendia les églises, emporta les vases sacrés, massacra les clercs, dispersa les moines, laissa ses soudards outrager les religieuses. « Il y eut en ce temps, écrit Grégoire de Tours, des lamentations pires qu'à l'époque de la persécution de Dioclétien. » Sans doute Théodebert exécutait-il les ordres de son père. On se demande pourtant comment un prince royal pouvait se livrer à de pareils excès sur un peuple innocent et désarmé! De quelle pâte étaient pétris les hommes de cette espèce, incapables de refréner leurs instincts de sauvagerie! Mais que l'on se tourne vers tel prince mérovingien ou tel autre, on constate la même mentalité, la même complaisance envers les pulsions originelles d'incontinence et de férocité, la même inflexible insensibilité, les mêmes terreurs superstitieuses... Pendant ce temps, Sigebert s'apprêtait à agir. Il mobilisait ses soldats, faisait appel aux plus redoutables des peuples qui lui étaient soumis, Alamans, Thuringiens et Saxons. L'appât du butin, la promesse d'une guerre « fraîche et joyeuse » entraînaient les hésitants. Le « bon » roi des Burgondes s'émut, ou feignit de s'émouvoir. Selon lui, c'était la chrétienté entière que menaçaient les hordes païennes de Sigebert! Simple prétexte pour se rapprocher de Chilpéric.

Il le rencontra donc et les deux frères se jurèrent fidélité jusqu'au tombeau. Le dessein de Gontran était évidemment d'impressionner Sigebert et d'éviter une trop lourde défaite à Chilpéric. Sigebert déjoua ce calcul. Son armée arriva à Pont-sur-Seine qui appartenait à Gontran. Il mit ce dernier en mesure de lui laisser le passage, faute de quoi il envahirait son royaume. Gontran n'était pas téméraire. Il rompit l'alliance conclue avec Chilpéric et laissa les Austrasiens traverser la Seine. Force fut à Chilpéric d'abandonner ses positions et de reculer le plus vite possible. Sigebert le suivait à faible distance. Chilpéric établit son camp dans le village d'Alluye, en plaine beauceronne. Sigebert respecta la règle et lui envoya son défi :

– « Si tu n'es pas un homme de rien, prépare-toi à combattre. »

Mais Chilpéric avait oublié le vieil honneur germanique dans les bras de sa servante-reine. Ne pouvant s'enfuir, il implora le pardon de son frère et demanda la paix. Sigebert pouvait l'anéantir. Il éprouva pourtant de la compassion devant les larmes de Chilpéric. Il crut à la sincérité de son repentir et céda à la générosité. Cet imprévisible mouvement de cœur scellait son destin! Les deux frères se réconcilièrent. En veine de bons sentiments et pour mieux duper Sigebert, Chilpéric lui demanda humblement d'épargner les habitants des cités qui avaient trahi leur serment. Sigebert acquiesça. Tout à coup une immense rumeur s'éleva de son camp. Les guerriers autrasiens protestaient contre cette paix soudaine. Ils étaient venus pour combattre, pour s'enrichir des dépouilles de l'adversaire et piller la Neustrie! Sigebert les calma à grand-peine. Ils consentirent enfin à se mettre en marche. Il ne put les empêcher de butiner et d'incendier. Les bourgs, les villages, les hameaux, les villas brûlèrent. Les églises et les monastères furent dépouillés de leurs richesses sans excepter Saint-Denis. Les dévastations que commirent les Austrasiens en traversant le nord du royaume burgonde irritèrent Gontran. Il envoya dire à Chilpéric : « Que mon frère vienne vers moi; rencontrons-nous et d'un commun accord poursuivons Sigebert notre ennemi. » Chilpéric ne demandait pas mieux. Les volte-face successives de son frère ne l'inquiétaient nullement : elles étaient l'un des traits de la race mérovingienne. On échangea cadeaux et promesses. Plein d'espérance, Chilpéric divisa son armée en deux corps. L'un se dirigea vers l'Aquitaine sous les ordres du prince Théodebert que nous avons déjà vu à l'œuvre. Chilpéric prit le commandement du second et marcha sur Reims. Les soldats du père et du fils « dégâtèrent » du même cœur les régions qu'ils traversaient, sans épargner les récoltes ni les arbres fruitiers.

Le roi d'Austrasie résidait le plus souvent à Metz. Les nouvelles qui lui parvinrent d'Aquitaine et de Champagne le mirent en fureur. Mais Brunehaut le connaissait bien. Elle savait qu'après les injures et les invectives sa colère retombait soudain. Plus d'une fois ses ennemis avaient profité de ces brusques fléchissements. Il gardait, malgré sa violence, une propension à pardonner. Il avait eu pitié de Chilpéric s'humiliant devant lui, tout en le méprisant d'être aussi lâche. Brunehaut, qui avait pris sur lui une grande influence, n'eut pas de peine à lui montrer que Chilpéric avait abusé de sa bonne foi. Elle l'exhorta, le supplia de châtier, cette fois impitoyablement, le meurtrier de sa sœur, traître, menteur et parjure, en soulignant la perfidie et la poltronnerie du roi Gontran, faux arbitre et faux justicier. Bref, elle souffla le feu sur des braises déjà ardentes. La haine qui lui mangeait le cœur depuis la mort de Galswinthe, elle la communiqua à son époux, ignorant qu'elle provoquait sa perte.

De son côté, Frédégonde agissait de même auprès de Chilpéric, assoté pour elle de passion sexuelle, tout en tremblant devant ses accès de colère et en redoutant sa perfidie. Grégoire de Tours parle de leurs « fréquents orages domestiques », pieuse formule! En réalité, les colères de Frédégonde touchaient à la frénésie et ses haines étaient mortelles. Son esprit démoniaque n'était jamais à court d'inventions malfaisantes, de combinaisons qui eussent stupéfié Machiavel s'il avait vécu au VIe siècle. Auprès de Frédégonde, le prince qui servit de modèle au Florentin n'était qu'un enfant de chœur... Ce que Chilpéric n'osait faire, elle s'en chargeait, tout en raillant sa pusillanimité. C'est qu'il avait peur de se damner, alors que Frédégonde ne croyait qu'au diable. Cependant ils furent l'un et l'autre à deux doigts de leur perte.

Chilpéric apprit en même temps l'anéantissement de l'armée d'Aquitaine et la mort de Théodebert. Pour la première fois dans les annales germaniques, la dépouille d'un prince royal avait été traitée comme celle de n'importe quel guerrier tué au combat. On l'avait dépouillé de ses belles armes, de ses vêtements et laissé nu sur le champ de bataille. La chevelure magique ne lui avait pas épargné cette honte. C'était le signe indubitable du discrédit où la race mérovingienne était déjà tombée : les soldats ne la respectaient plus! Quant à lui, Chilpéric, il n'osait engager le combat, fût-ce pour venger la mort de son fils préféré. A son habitude il rétrogradait. Sigebert, violant ses engagements, s'était installé à Paris. Il avait fait de cette cité qui devait rester indivise une base logistique. Il n'avait pas le droit d'y entrer sans l'accord de ses deux autres frères, mais les Parisiens ne lui opposèrent aucune résistance. Le roi Gontran changea une nouvelle fois de camp; il se rangeait du côté du vainqueur, espérant arracher quelques lambeaux du royaume de Chilpéric. Ce dernier se réfugia à Tournai, avec Frédégonde. Il mit la ville en état de défense, résigné à subir un siège dont l'issue était prévisible. La plupart de ses leudes l'avaient abandonné. La facilité avec laquelle ils avaient oublié leur serment de fidélité était un autre signe de l'évolution qui s'opérait. Les principaux seigneurs de Neustrie, craignant de perdre leurs biens, offrirent leurs services à Sigebert : « Les Francs, lui écrivirent-ils, qui regardaient autrefois du côté du roi Sigebert, et qui sont devenus depuis les hommes du roi Chilpéric, veulent maintenant se tourner vers toi et se proposent, si tu viens les trouver, de t'établir roi sur eux. » Sigebert ne rejeta pas cette proposition et prit ses mesures en conséquence. Mais Brunehaut eut peur qu'au dernier instant il ne changeât d'avis et renonçât à dépouiller Chilpéric de son royaume. Elle quitta Metz, avec une superbe escorte, emmenant son fils Childebert, ses deux filles, Ingonde et Chlodeswinde, ses plus belles parures et ses coffres les plus précieux. Son voyage vers Paris fut triomphal. Elle se croyait déjà l'égale des impératrices d'antan. Son faste, sa beauté, la majesté qui se dégageait de sa personne enthousiasmèrent les Parisiens. L'évêque saint Germain, gravement malade, n'avait pu saluer Brunehaut. Il lui fit porter une longue lettre, qui serait à citer tout entière. En voici le passage essentiel.

« C'est une victoire sans honneur que de vaincre son frère, que de faire tomber dans l'humiliation une famille de parents, et de ruiner la propriété fondée par nos ancêtres. En se battant l'un contre l'autre, c'est contre eux-mêmes qu'ils se battent... Nous lisons que la reine Esther fut l'instrument de Dieu pour le salut de tout un peuple; faites éclater votre prudence et la sincérité de votre foi en détournant le seigneur roi Sigebert d'une entreprise condamnée par la loi divine, et en faisant que le peuple jouisse du bien de la paix... »

Brunehaut n'était pas Esther. Elle pressait Sigebert de préparer l'assemblée qui devait le proclamer roi. Lorsque Sigebert se mit en route, l'évêque Germain trouva le courage de quitter son lit, et se présenta devant le roi, lui disant :

– « Roi Sigebert, si tu pars sans intention de mettre ton frère à mort, tu reviendras vivant et victorieux; mais si tu as une autre pensée, tu mourras. »

Sigebert ne répondit pas. Une partie de son armée investissait déjà Tournai. L'assemblée des leudes avait été convoquée à Vitry-en-Artois. Sigebert se rendit en cet endroit fort joyeusement. Il ne doutait pas de sa victoire. Dans le palais de Tournai, l'heure était à la tragédie. Chilpéric, accablé de tristesse, semblait accepter sa déchéance. Frédégonde, qui était enceinte, était désespérée. Elle accoucha d'un fils qu'elle songea, un moment, à laisser mourir. Puis elle se ravisa. L'enfant fut baptisé et reçut le prénom de Samson. La servante-reine retrouva ses talents! Elle fit venir deux jeunes soldats, dont elle avait remarqué le zèle. Elle les persuada d'assassiner Sigebert, en leur promettant de riches présents ou, selon le cas, des messes. Ils acceptèrent. Frédégonde leur donna des sacramasaxes qu'elle avait empoisonnés. Ils sortirent de la ville et, se prétendant déserteurs, franchirent les lignes ennemies.

A Vitry, Sigebert reçut les acclamations d'usage et, selon le rite franc, fut hissé sur le pavois et promené sur le front des troupes. Les sicaires de Frédégonde se présentèrent au camp, demandèrent à parler au roi. Il les accueillit avec bienveillance. Ils le frappèrent simultanément de leurs longs poignards. Sigebert mourut à l'instant. Les deux meurtriers furent massacrés. Les leudes abandonnèrent aussitôt le camp et regagnèrent leurs domaines. L'armée qui était devant Tournai leva le siège dès que la mort de Sigebert fut connue. Elle prit la route du Rhin, sans plus se soucier de la reine Brunehaut qui était restée à Paris, ni de ses enfants. Chilpéric put sortir de Tournai. Ceux-là mêmes qui avaient acclamé Sigebert se rallièrent à lui. Il fit transporter le cadavre de son frère à Soissons où on l'inhuma près de Clotaire Ier. Frédégonde exultait et par avance savourait sa vengeance. Sa rivale Brunehaut et l'héritier du royaume d'Austrasie étaient à sa merci.

III

BRUNEHAUT

Abandonnée par les ministériales d'Austrasie et même par le référendaire, la reine Brunehaut ne perdit pas la tête. Elle connaissait la cupidité de Chilpéric et pensait que les trésors qu'elle avait apportés de Metz suffiraient à apaiser sa colère. Elle redoutait davantage la cruauté de Frédégonde. Dans cette situation dramatique, elle estima urgent de soustraire son fils, Childebert, héritier du royaume d'Austrasie, à la perfidie de son oncle. C'était un enfant d'environ cinq ans; nous l'appellerons Childebert II dès à présent, pour éviter les confusions. Brunehaut était quasi prisonnière dans le palais royal, mais il lui restait un fidèle : le duc Gondobald. Il accepta de faire sortir discrètement et promptement l'enfant de Paris et le conduisit à toute bride à Metz. Le petit prince fut accueilli avec des transports de joie. L'assemblée des seigneurs et des guerriers austrasiens le reconnut pour roi et lui donna un conseil de régence. La fuite de Childebert II renversait les plans de Chilpéric. Il arriva à Paris plein de ressentiment et sans doute Brunehaut courut-elle un grand danger. Il s'empara de ses trésors. Ainsi que Brunehaut l'avait pressenti, la vue de ces coffres remplis de pièces d'or et d'orfèvreries refroidit le courroux de son beau-frère. La dignité de Brunehaut l'impressionnait; sa beauté – elle n'avait pas encore trente ans – ne le laissait pas indifférent. Brunehaut fut traitée plus humainement et courtoisement qu'elle ne l'avait espéré. Chilpéric se contenta de l'exiler à Rouen, malgré les objurgations de Frédégonde. Toutefois les deux filles de Brunehaut furent envoyées à Meaux. Le désastre auquel il venait d'échapper inclinait Chilpéric à l'indulgence. En outre, il pouvait redouter la vengeance des Austrasiens s'il avait fait exécuter leur reine. Celle-ci n'avait pas été sans remarquer les regards énamourés d'un des fils de Chilpéric, Mérovée. Le jeune prince avait eu le coup de foudre. Il convoitait passionnément cette belle captive qui était aussi sa tante. Quand elle partit pour Rouen, il ne songea plus qu'à la rejoindre sous n'importe quel prétexte. Son père le lui fournit. Il voulait profiter de la jeunesse et de l'éloignement du roi d'Austrasie pour remettre la main sur Poitiers, Limoges et Bordeaux. Il confia donc une petite armée à Mérovée, bien que celui-ci fût un piètre chef de guerre. Mérovée fit étape dans la cité de Tours. Au lieu de préparer sa campagne en Aquitaine, il se constitua un trésor en rançonnant les riches hommes, sans excepter Leudaste, comte de Tours [1]. Puis, avec quelques compagnons, il abandonna ses soldats et galopa vers Rouen. L'amour lui donnait des ailes! Chose étrange, Brunehaut ne repoussa pas le jeune écervelé. Bien plus, au bout de quelques jours, elle partagea sa passion, oubliant déjà le défunt Sigebert. Mérovée était le filleul de l'évêque de Rouen, Prétextat. Ce vieillard l'aimait tendrement. Il consentit à célébrer le mariage. Or le droit canon prohibait l'union entre neveu et tante, l'assimilant à un inceste. Cette faiblesse lui coûta la vie.

Quand il eut appris la fugue de son fils et son mariage

1. Voir annexe : Leudaste, esclave et comte.

avec Brunehaut, Chilpéric partit aussitôt pour Rouen. Il imaginait que Brunehaut avait séduit le fils pour le dresser contre le père et venger ainsi la mort de son premier époux. Il lui semblait aisé de rompre cette union entachée d'inceste. Apprenant son arrivée à Rouen, les deux époux se réfugièrent dans une petite église dédiée à saint Martin, bâtie sur les remparts de la ville. Chilpéric n'osa pas violer le droit d'asile, d'autant qu'il redoutait par-dessus tout le courroux de saint Martin. On négocia. Chilpéric promit de ne point séparer les époux, si telle était la volonté divine. Mérovée et Brunehaut sortirent donc de l'église. Chilpéric retint sa colère. Pendant quelques jours, ils purent se croire pardonnés. Soudain Chilpéric emmena son fils, laissant Brunehaut à Rouen, en résidence surveillée. Il apprit, chemin faisant, que les Austrasiens assiégeaient Soissons, où l'attendait Frédégonde. Les seigneurs austrasiens marquaient ainsi leur ralliement au petit roi Childebert II. Chilpéric les avait comblés de bienfaits, croyant ainsi les gagner à sa cause. Il rassembla une armée et dégagea Soissons. Il retrouva donc sa chère Frédégonde. Elle détestait ses beaux-fils, Mérovée et Clovis. La cruelle mort de Théodebert, leur aîné, l'avait comblée d'aise. Elle tenait un merveilleux prétexte pour perdre l'imprudent Mérovée. Elle insinua que le jeune prince, poussé par Brunehaut, cherchait à s'emparer du trône. Que la trahison des seigneurs austrasiens et le siège de Soissons résultaient d'un complot savamment ourdi et dont Mérovée était le complice! Elle fut si convaincante que Chilpéric fit garder étroitement Mérovée, après l'avoir dépouillé de ses armes et de ses insignes. Sur ces entrefaites, une ambassade austrasienne vint désavouer l'affaire de Soissons et demander la libération de la reine Brunehaut. Chilpéric y vit l'occasion de se débarrasser à bon compte d'une dangereuse intrigante. Brunehaut quitta Rouen en laissant à la garde de Prétextat les coffres qui lui restaient. Elle s'arrêta à Meaux, où ses deux filles lui furent remises, et rentra en Austrasie. Peut-être Chilpéric eût-il pardonné à son fils, mais Frédégonde veillait. Elle finit par obtenir que Mérovée fût tonsuré et conduit dans un monastère. Mais un Austrasien réfugié à Tours, Gonthramn-Boson (le fourbe), l'enleva en chemin. Les aventures de Mérovée et de Boson seraient trop longues à relater; elles offrent d'ailleurs peu d'intérêt. Elles montrent seulement que Mérovée n'avait pas renoncé à son titre royal et que Boson croyait pouvoir se servir de lui pour réaliser ses propres ambitions. Elles montrent aussi que la trahison était générale et quasi constante dans tous les milieux, ainsi que la violence. Désespérant de réussir, Mérovée finit par rejoindre Brunehaut en Austrasie. Mais les leudes du jeune roi Childebert se souciaient peu d'accorder asile au mari de Brunehaut. Malgré les instantes prières de celle-ci, Mérovée fut expulsé. Il erra dès lors misérablement de la Champagne aux Ardennes. Chilpéric vint lui donner la chasse. Mérovée échappa à la meute neustrienne. Frédégonde s'aboucha alors avec Boson, qui n'hésita pas à livrer son ami. Cerné dans une maison, aux environs d'Arras, Mérovée décida de se donner la mort! Il n'en eut pas le courage et dit à l'un de ses fidèles :

– « Gaïlen, jusqu'à présent, nous n'avons eu qu'une âme et une pensée; ne me laisse pas, je t'en conjure, à la merci de mes ennemis; prends une épée et tue-moi. »

Gaïlen obéit. Lorsque Chilpéric survint, il ne trouva que le cadavre de son fils. Frédégonde le persuada, sans doute pour lui éviter des remords, que Mérovée avait été assassiné par ses compagnons. Gaïlen eut les pieds, les mains, les oreilles et le nez coupés. Un autre périt sur la roue après qu'on lui eut brisé les membres. Un autre fut décapité. L'évêque Prétextat fut arrêté, conduit à Paris pour répondre devant un synode du mariage qu'il avait indûment célébré. Dépouillé de son évêché, il fut envoyé en exil à Jersey. Chilpéric n'avait pas eu l'audace de le faire assassiner. Mais Frédégonde avait la haine tenace. Après la mort de Chilpéric (584), Prétextat revint à Rouen. Il fut poignardé pendant un office. Il eut la force de prendre le calice où l'on gardait l'Eucharistie et communia. Son meurtrier avoua que Frédégonde lui avait donné deux cents sous d'or, somme considérable pour l'époque.

Pour en finir avec les haines et les crimes de Frédégonde, et parfaire le portrait de cette démone, j'ajouterai la mort de Clovis à ce sinistre nécrologe. Il était le dernier fils de Chilpéric et de l'ex-reine Audovère toujours recluse. Frédégonde avait mis au monde trois fils (Samson, Clodebert et Dagobert) dont elle escomptait bien qu'ils régneraient plus tard. Les trois enfants périrent, victimes d'une épidémie. La douleur de Frédégonde se changea en fureur contre le fils d'Audovère. Il aimait une fille de la suite de Frédégonde. La reine accusa cette fille et sa mère d'avoir fait périr les petits princes par sorcellerie. Elles furent fouettées, torturées et exécutées. Clovis, réputé complice, fut jeté en prison et chargé de chaînes. On le retrouva poignardé. Sa mère fut étranglée dans le monastère où on la tenait enfermée. Frédégonde eut un autre fils qui mourut en bas âge. Elle fit brûler vives, écarteler ou noyer nourrices et servantes, elles aussi accusées de sorcellerie. Le préfet du palais fut de même supplicié. De tous les enfants qu'elle avait donnés à Chilpéric, une seule fille survivait, nommée Rigonthe. Digne fille de sa mère, elle la couvrait d'outrages et d'invectives. Un jour, excédée par ses reproches, Frédégonde ouvrit un coffre, dit à Rigonthe de prendre ce qu'elle voulait, rabattit brusquement le couvercle et faillit lui rompre le cou...

Chilpéric avait recouvré sa puissance. Rien désormais ne pouvait juguler son despotisme. Il pressurait ses sujets, multipliait les confiscations, les actes d'injustice et de cruauté, vendait les évêchés pour se procurer de l'argent. « Pour la luxure, écrit Grégoire de Tours, il est impossible de rien imaginer qu'il n'eût en réalité accompli. » Mais ce débauché ne cessait d'intriguer, de chercher à s'agrandir et, dans ce but, d'attirer dans son camp les seigneurs d'Austrasie. La jeunesse de Childebert II, l'anarchie qui divisait la cour de Metz, l'encourageaient à méfaire. Il essayait en même temps de s'approprier les villes d'Aquitaine; Frédégonde attisait ses convoitises, bien qu'elle n'eût pas de fils. Cependant Chilpéric oubliait que Childebert II avait un autre oncle en la personne de Gontran, roi des Burgondes.

Gontran n'avait pas d'héritiers. Ses fils étaient morts. Il se méfiait d'autant plus de Chilpéric et surtout de Frédégonde, et veillait de fort près à sa sécurité. Il craignait d'être poignardé ou empoisonné par les envoyés de sa belle-sœur. Il tenait aussi à préserver son royaume de la guerre civile. Ce pusillanime prit une initiative hardie. Il organisa une rencontre avec Childebert II à Pompierre, près de Neufchâteau (en 577). Et, là, il déclara : « A cause de mes péchés, je suis resté sans enfant; je demande donc que ce neveu devienne mon fils. » Puis il l'investit solennellement de l'héritage burgonde, en disant : « Qu'un même bouclier nous protège; qu'une même lance nous défende. » A la suite de cette touchante cérémonie, Chilpéric fut mis en demeure de restituer les villes d'Aquitaine qu'il détenait indûment. Ainsi le roi Gontran se posait en protecteur de son neveu Childebert. Quel était son but réel? Assurément faire pièce à l'ambition de Chilpéric, donc se prémunir contre celui-ci, mais aussi préserver Childebert II des intrigues menaçant son trône. Les palatins et les grands seigneurs profitaient de la minorité de Childebert pour usurper les droits régaliens et s'enrichir à ses dépens. Deux partis divisaient la cour. Brunehaut ne pouvait imposer son autorité, gouverner au nom de son fils, comme elle s'était flattée de le faire à son retour de Rouen. L'alliance avec le roi des Burgondes confortait sa position.

Ce que voyant, les grands persuadèrent Childebert de se rapprocher des Neustriens : les intrigues de Chilpéric et de Frédégonde portaient leurs fruits! La scène de Pompierre se renouvela en sens inverse. Chilpéric prononça les mêmes touchantes paroles que son frère Gontran : « A cause du poids de mes péchés, mes fils ne me sont point demeurés; et je n'ai d'autre héritier que le fils de mon frère Sigebert, à savoir le roi Childebert; il me succédera en tout ce que je puis acquérir. » Il n'avait d'autre dessein, cela va sans dire, que d'attaquer les Burgondes. Le parti royal tenta de s'opposer au projet. Brunehaut voulut même séparer les combattants. Elle s'attira cette réponse cinglante :

– « Retire-toi, ô femme; qu'il te suffise d'avoir gouverné du vivant de ton mari; maintenant ton fils règne. Ce n'est pas sous ta protection, mais sous la nôtre que le royaume est placé. Retire-toi, si tu ne veux pas être foulée à terre sous les sabots de nos chevaux. »

Brunehaut se retira, mais dès lors travailla sans relâche à soulever le peuple contre les seigneurs vendus à Chilpéric. L'armée se rassemblait en vue d'envahir la Burgondie, quand les soldats se révoltèrent brusquement et chassèrent leurs chefs, parmi lesquels il y avait l'évêque de Reims, Égidius! Une fois de plus Chilpéric avait perdu la partie. Mais Frédégonde venait de mettre au monde un fils bien vivant, le futur Clotaire II. Il ne restait plus à Childebert qu'à demander le pardon de Gontran, ce qu'il fit. Ce renversement d'alliance mettait à nouveau Chilpéric en mauvaise posture. Mais il avait fait son temps. En 584, au retour d'une partie de chasse, comme il regagnait sa villa de Chelles, deux sicaires lui percèrent la poitrine et le ventre de leurs sacramasaxes. Frédégonde fut accusée du meurtre : on ne prête qu'aux riches! Pourtant avec Chilpéric elle perdait son unique soutien. Il est d'ailleurs significatif qu'après l'assassinat de son époux elle se soit enfuie vers Paris, et réfugiée à Notre-Dame, avec son nouveau-né. Elle pouvait en effet tout craindre de Brunehaut et de Childebert. Elle eut alors un trait de génie. Sans hésiter, elle se mit sous la protection du « bon » roi Gontran! Elle connaissait son caractère ondoyant : « Que mon seigneur vienne, lui écrivit-elle, et reçoive le royaume de son frère; j'ai un petit enfant que je désire mettre entre ses bras; pour moi, je me soumets en toute humilité à sa domination. » Le roi des Burgondes accourut. Une grande occasion s'offrait à lui de manifester son esprit d'équité, mais aussi de faire pièce à Brunehaut et à son fils. Il remplit son rôle de chef de famille à la perfection, fit reconnaître comme roi de Neustrie le nourrisson

Clotaire, mit sur pied un conseil de régence, répara de son mieux les injustices et les crimes du défunt Chilpéric et traita sa veuve honorablement. Elle n'était à son égard que douceur et soumission.

Childebert et Brunehaut demandèrent en vain que Frédégonde leur fût livrée pour répondre de ses crimes. Gontran leur opposa un refus, arguant du fait que la reine de Neustrie s'était mise sous sa protection. Ils réclamèrent la restitution des villes d'Aquitaine. Gontran devait préserver le royaume du petit roi Clotaire! L'alliance avec l'Austrasie fut à nouveau rompue, mais pour peu de temps, car les événements allaient vite et les caractères avaient une mobilité extrême. Brunehaut et son fils suscitèrent un usurpateur en la personne d'un certain Gondovald, qui se prétendait bâtard de Clotaire Ier. Gondovald s'allia avec Mummole, qui se mit en devoir de conquérir le royaume de Gontran, son maître! La réaction ne se fit pas attendre. Gontran se rapprocha de Childebert, le confirma dans sa qualité d'héritier de Burgondie, et conclut avec lui un pacte d'alliance défensive et offensive connu sous le nom de traité d'Andelot (28 novembre 587). Les deux rois s'engageaient à se révéler l'un à l'autre les noms des grands qui les trahissaient. Privé de soutien, Gondovald fut assiégé dans la ville de Comminges, livré par les siens, lardé de coups de lance et misérablement dépecé. Il s'était pourtant fait proclamer roi peu de temps avant, à Brive-la-Gaillarde. Par crainte des Austrasiens et des Burgondes, ses sujets l'abandonnèrent.

Désormais soutenue par le roi Gontran, Brunehaut put régler ses comptes et libérer son fils de la dangereuse tutelle des grands. Ceux-ci tombèrent, un à un, dans les pièges qu'elle leur tendit et furent exécutés: Gonthramn-Boson, le traître professionnel qui avait naguère livré Mérovée, le duc Rauching qui brûlait les jambes de ses serviteurs avec des flambeaux de cire, Ursion, Berthefried, redoutables chefs de bandes à vendre au plus offrant, et leurs complices. L'aristocratie austrasienne était à genoux. Childebert II avait été déclaré majeur. Agé de quinze ans, il laissa sa mère gouverner. On aperçut alors les qualités de la reine espagnole. L'Austrasie connut quelques années paisibles. Frédégonde essaya, à plusieurs reprises, de faire empoisonner sa rivale et son fils. Ses agents furent dénoncés et châtiés. En 593, le roi Gontran mourut. Son neveu Childebert II recueillit la totalité de son héritage. Il projetait de s'emparer de la Neustrie, pour en finir avec Frédégonde, mais son armée se fit battre à Soissons. Lui-même mourut en 596, après trois ans de règne. Il avait seulement vingt-cinq ans et laissait deux fils : Théodebert (onze ans) et Thierry (neuf ans).

L'héritage de Childebert II fut divisé en deux parts : Théodebert eut l'Austrasie et Thierry eut la Burgondie, mais on y ajouta l'Alsace parce qu'il y avait été élevé. Brunehaut gouvernait les deux royaumes au nom de ses petits-fils. Contrairement à ce que l'on pourrait croire et à ce que l'on a dit, elle n'agissait point par ambition, mais veillait à conserver intact l'héritage de son mari et de son beau-frère. Elle se distinguait absolument des princes de son temps dont l'impulsivité, la mobilité inspiraient les décisions. Elle avait une pensée politique fort claire et s'y tenait, quoi qu'il arrivât, une conception toute romaine du pouvoir. Elle haïssait le désordre et cherchait à établir un absolutisme tempéré, une administration efficace et loyale, une fiscalité équitable. Très pieuse, sincèrement croyante, elle correspondait avec le pape, dont elle reconnaissait la suprématie sur tous les évêques. Elle fonda de nombreux monastères, toutefois soumis à son contrôle. Elle honorait les prélats, mais surveillait leurs activités et pourvoyait elle-même aux vacances. Elle s'employait de même à faire régner la justice. On se doute bien que ce bon gouvernement n'était guère apprécié par l'aristocratie laïque et religieuse. La révision du cadastre, qu'elle prescrivit afin de répartir plus équitablement l'impôt foncier, ne fut pas non plus du goût de tout le monde. Elle n'en avait cure : le peuple l'approuvait. Elle veillait aussi à l'entretien des routes et des ponts. Bref, elle avait un comportement de chef d'État, très en avance sur son temps.

A la mort de Childebert II, Frédégonde, faisant fond sur les troubles probables du changement de règne, avait attaqué par surprise et remporté une facile victoire à Laffaux, entre Laon et Soissons. Elle était morte l'année suivante. Son fils Clotaire II déclara la guerre aux Austrasiens en 600, fut battu à Dormelles, perdit les trois quarts de son royaume et Paris.

Brunehaut eut encore quelques années paisibles. Ses petits-fils grandissaient. Les grands circonvinrent Théodebert. Brunehaut fut obligée de se réfugier en Bourgogne. Elle s'obstina pourtant à lutter contre les grands, incita le jeune roi Thierry à les combattre. Elle n'abcutit qu'à dresser le frère contre le frère. Ses efforts pour maintenir la concorde entre ses petits-fils échouèrent. Théodebert et Thierry se disputèrent l'Alsace, puis se livrèrent une grande bataille à Tolbiac (lieu prédestiné!). Fait prisonnier, Théodebert fut massacré. Désormais Thierry était maître des deux royaumes, mais il mourut subitement l'année suivante (613). Il laissait quatre fils en bas âge. Brunehaut rompit avec la tradition mérovingienne et tenta d'imposer le droit d'aînesse, afin d'éviter les partages et leurs conséquences. Les deux royaumes furent attribués au seul Sigebert (Sigebert II). Brunehaut croyait pouvoir gouverner en son nom. Ce fut alors qu'éclata la tragédie. Les grands d'Austrasie se soulevèrent contre elle, ayant à leur tête Pépin de Landen et Arnoul, évêque de Metz. Ils appelèrent à l'aide le roi de Neustrie, Clotaire II. Brunehaut parvint à réunir une armée, mais la trahison était partout. Au moment d'engager le combat, ses partisans l'abandonnèrent. Elle n'eut que le temps de s'enfuir en Bourgogne avec ses arrière-petits-fils. Clotaire II la poursuivit. Elle se retira dans sa villa de l'Orbe, proche du lac de Neuchâtel. Elle y fut découverte et livrée au fils de Frédégonde. Clotaire la haïssait. Il tenait à honneur de venger sa mère. Sigebert et ses frères furent massacrés, sauf un dont on ne sait ce qu'il est devenu. Restait Brunehaut. Ni les cheveux blancs, ni la détresse de la reine déchue n'éveillèrent la compassion de Clotaire. Il pouvait la faire mourir dignement. Mais le sang furieux de Frédégonde roulait dans ses veines. Pendant trois jours, il fit savamment torturer Brunehaut. Puis il la promena sur un chameau, par dérision, et l'exposa aux insultes des soldats. Enfin, il la fit attacher nue à la queue d'un cheval fougueux : par un pied, un bras et les cheveux. Les sabots la disloquèrent. Bientôt l'altière reine Brunehaut, princesse de Tolède, ne fut plus qu'une loque informe. On était en 613. Il y avait quarante-six ans qu'elle était venue dans la Francia pour épouser Sigebert Ier, roi d'Austrasie.

IV

A L'AUBE DU VIIe SIÈCLE

Cinquante années venaient de s'écouler depuis la mort de Clotaire Ier. Un demi-siècle de guerres intestines, de trahisons, de meurtres politiques, de dévastations, de pillages, de massacres! Deux reines avaient occupé le devant de la scène, Frédégonde et Brunehaut, l'une guidée par la fureur et la haine, l'autre par le sens de la grandeur, toutes deux déchaînant les passions! Le pouvoir royal s'était affaibli, émietté. La puissance des grands avait crû en proportion, laissant présager l'avenir. Des princes trop jeunes se succédaient sur le trône, pères à quatorze ans, prématurément usés. La race mérovingienne déclinait, marquée d'un signe fatal. Pourtant, malgré les luttes fratricides et ces rois-enfants, le vaste royaume des Francs restait à peu près intact. Il tenait encore la première place en Occident. Il constituait même la seule force cohérente avec l'Empire de Constantinople, mais il avait cessé de progresser et les premières failles apparaissaient. Il avait connu son apogée sous les fils de Clovis, en dépit de leurs rivalités. Les petits-fils ne songeaient qu'à s'entre-tuer et à se disputer des lambeaux de territoires. Ils étaient incapables de s'unir dans un but commun. Bien plus, si l'un d'entre eux s'éloignait de son royaume, il risquait d'être dépouillé par ses rivaux. Les rares guerres extérieures se soldèrent, inévitablement, par des échecs. Certains peuples de l'Est n'étaient soumis aux rois mérovingiens que superficiellement, tels les Thuringiens, les Saxons ou les Alamans. Ils ne profitèrent pas de la conjoncture pour secouer le joug et, sinon, leurs tentatives tournèrent court. Certaines provinces de l'ancienne Gaule romaine, comme la Bretagne et l'Aquitaine, où l'implantation franque était peu consistante, aspiraient à l'indépendance. Leurs rébellions, d'ailleurs sporadiques, n'aboutirent pas. Elles restèrent dans l'obédience mérovingienne. A vrai dire, l'autorité royale s'exerçait surtout en Gaule septentrionale. Ailleurs, elle était plus théorique que réelle. Autour du noyau franc entre le Rhin et la Loire, il s'agissait plutôt d'une zone d'influence. L'indifférence des populations urbaines devant les usurpations périodiques, la facilité avec laquelle on oubliait les serments de fidélité, sont à cet égard éloquentes.

Par moments les petits-fils de Clovis (et leurs descendants) avaient conscience de cette désagrégation. Ils réagissaient avec vigueur, mais quelque événement les ramenait inexorablement à leurs luttes intestines.

La Bretagne, apparemment soumise aux rois mérovingiens, jouissait d'une autonomie de fait. Vannes et Nantes avaient toutefois des comtes francs, mais l'autorité de ceux-ci ne s'étendait guère au-delà de ces deux cités. L'intérieur du pays breton était aux mains de chefs de bandes, dont le plus connu s'appelait Waroch. Il effectuait de fructueuses razzias en territoire franc. Quand il s'empara de Vannes, en 578, Chilpéric envoya une armée contre lui. Waroch lui infligea une cuisante défaite; il consentit pourtant à payer tribut. L'année suivante, il recommença ses expéditions. Par la suite, ni Gontran ni Childebert ne parvinrent à imposer leur domination effective aux Bretons. Ils ne purent que conserver Vannes, Nantes et Rennes.

La situation dans le sud-ouest de l'Aquitaine n'était pas meilleure. Les Basques, ou Vascons, ou Gascons, débris de la race des Ibères, avaient été chassés par les Wisigoths d'Espagne. Ils avaient occupé l'ancienne Novempopulanie. N'acceptant pas davantage la domination franque, ils opéraient eux aussi de vastes razzias dans les campagnes aquitaines, remontant parfois jusqu'à Bordeaux. En 581, Chilpéric envoya contre eux une armée qui se fit battre. Six ans plus tard, une armée de Gontran subit le même sort. En 602, les petits-fils de Brunehaut, Théodebert et Thierry, lancèrent une troisième expédition qui fut en partie victorieuse. Les Gascons réclamèrent un duc nommé Génialis, qui était un de leurs chefs. Désormais la Vasconie (ou Gascogne) avait la Garonne pour limite. Elle n'était pas encore détachée de la Francia, mais s'administrait elle-même.

Les relations avec les Wisigoths avaient été pacifiques pendant une vingtaine d'années, malgré la strangulation de la reine Galswinthe. En 585, Herménégilde, roi de Tolède, fut assassiné. Il avait abjuré l'arianisme pour épouser Ingonde, princesse mérovingienne. Celle-ci fut chassée d'Espagne. Vendetta entre les deux maisons royales! Ce fut Gontran qui se chargea de l'opération, au nom de Brunehaut et du jeune Childebert II. Il y voyait l'occasion de récupérer la Septimanie. Il envoya deux armées. L'une s'empara de Carcassonne. L'autre assiégea vainement Nîmes. Le prince Reccared survint alors avec ses Wisigoths et balaya les Francs. Reccared monta sur le trône de Tolède, adhéra au catholicisme et força son peuple à se convertir. Gontran ne pouvait plus invoquer le prétexte religieux. Néanmoins, en 589, il lança une seconde expédition qui se solda à nouveau par un échec. La Septimanie resta wisigothe. Jamais les rois mérovingiens ne purent reconquérir cette province.

Leurs expéditions en Italie du Nord n'eurent pas plus de succès. L'Italie était alors soumise aux Byzantins. En 568, elle fut brusquement envahie par les Lombards. Ce peuple occupait précédemment la Pannonie. Repoussés par l'arrivée des Avars (peuple venu de l'est, apparenté aux Huns), ils descendirent vers le sud et occupèrent la province italienne qui porte leur nom. Les Byzantins étaient incapables d'arrêter leurs progrès. L'une des bandes lombardes envahit le royaume burgonde. Elle fut anéantie par le célèbre Mummole. Le nouvel empereur d'Orient, Maurice, fit appel à Childebert II, roi d'Austrasie, et à Brunehaut. Un traité fut conclu et Childebert garnit ses coffres des cinquante mille pièces d'or envoyées par Maurice. Il accepta aussi le titre de fils adoptif que lui avait décerné l'empereur. Il passa les Alpes en 584. Les Lombards n'osèrent l'affronter en rase campagne. Ils se réfugièrent dans leurs forteresses et leurs camps retranchés. Les Austrasiens se contentèrent d'amasser du butin et de commettre leurs brigandages habituels. Finalement les Lombards préférèrent acheter le départ de Childebert. L'empereur protesta : Childebert s'était engagé à chasser les Lombards d'Italie. Il fit d'abord la sourde oreille. Puis, devant les reproches de Maurice, il repassa en Italie. L'expédition, mal conduite, n'aboutit à rien. La troisième tentative n'eut pas de meilleurs résultats, car une épidémie décima l'armée austrasienne. « Si tu souhaites réellement notre amitié, écrivait l'empereur, nous désirons que tu agisses sans délai; il ne faut pas seulement proclamer cette amitié en paroles, mais exécuter les paroles virilement, comme il convient à un roi. » Childebert négociait en secret avec les Lombards, qui finirent par accepter de payer tribut.

La progression des Avars n'était pas seulement un sujet d'inquiétude pour les Lombards. En 562, ils avaient envahi la Thuringie. On a vu que Sigebert, alors roi d'Austrasie, était parvenu à les refouler. Ils revinrent à la charge en 596. Brunehaut dut acheter leur départ.

Comme on le constate, pendant ce demi-siècle, les rois mérovingiens parvinrent tant bien que mal à maintenir le *Regnum Francorum,* mais ils ne progressèrent pas. Désormais l'élan est brisé; l'expansion, stoppée. Toutes les guerres extérieures ont échoué. La Septimanie n'est pas reconquise. Les expéditions de Childebert en Italie ne répondent même pas à une politique déterminée; ce ne sont que des opérations de pillage. A l'intérieur du royaume franc, l'anarchie s'installe. La Bretagne et la Gascogne sont d'ores et déjà dissidentes. La dégradation du pouvoir royal provoque la dégradation des mœurs et l'appauvrissement général. Les rois s'entre-tuent, mais leurs luttes fratricides entraînent la dévastation et le pillage de vastes contrées. Les populations réduites à la misère subissent une mortalité effrayante, aggravée par de fréquentes épidémies. La variole, la dysenterie, la lèpre, les maladies nerveuses, la folie, frappent des villages entiers. Désespérés, les malheureux se font brigands, rançonnent les voyageurs, les marchands, les évêques eux-mêmes au cours de leurs déplacements. Il faut pour survivre se procurer des armes, ou se mettre sous la protection des puissants, en aliénant sa liberté. Le clergé subit la contagion générale. Il devient inculte, parfois d'une moralité douteuse. Cependant l'armature ecclésiastique résiste. Dans leur ensemble, les évêques conservent leur influence; ils protègent les fidèles contre les exactions des comtes, tiennent tête aux rois, risquent parfois leur vie et multiplient les actes de charité. Certes quelques-uns d'entre eux sont indignes de leur état. Tels les évêques d'Embrun et de Gap, dégradés pour homicide et adultère. Tel le marchand Eusèbe qui avait acheté l'évêché de Paris et voulait rentrer dans ses fonds. Mais saint Colomban et ses disciples arrivaient alors d'Irlande pour prendre la relève et raviver la foi à leurs risques et périls.

CINQUIÈME PARTIE

« *LES ROIS FAINÉANTS* »

613-737

I

CLOTAIRE II
ET DAGOBERT Ier

Selon Frédégaire (ou le pseudo-Frédégaire), le roi Clotaire II fut « adonné à la patience, savant dans les belles lettres, redoutant Dieu, magnifique protecteur des églises et des prêtres, libéral en aumônes, bon et plein de piété, s'abandonnant toutefois avec trop d'ardeur au plaisir de la chasse et accordant trop aux suggestions des femmes et des filles ». Le supplice de la reine Brunehaut incite à faire quelques réserves sur ses sentiments chrétiens, ou tout simplement humains. Mais il est vrai que, dans l'ensemble, il se montra moins cruel que Chilpéric et Frédégonde, ses parents. Sans doute était-il moins puissant, nonobstant les apparences. De même que Clotaire Ier, il devint, en 613, le maître du *Regnum Francorum* en son entier. La Neustrie, l'Austrasie et la Bourgogne étaient à nouveau réunies, avec leurs annexes d'Aquitaine. Mais l'autorité de Clotaire II n'était plus celle de Clotaire Ier, et pour deux raisons. D'une part, les trois composantes du royaume des Francs avaient acquis leur propre personnalité; leurs intérêts divergeaient; les guerres civiles avaient réveillé les ostracismes; Neustriens et Austrasiens étaient désormais ennemis. D'autre part, Clotaire II devait sa victoire sur Brunehaut à l'aide que lui avaient fournie les grands d'Austrasie et de Neustrie, au mépris de leurs serments de fidélité. La coopération des seigneurs austrasiens et de leurs guerriers avait même été déterminante. Elle n'était pas gratuite! Si Clotaire gardait quelques illusions, il déchanta vite. Il comprit notamment que les leudes d'Austrasie ne lui avaient offert leurs services que dans le dessein d'abattre l'autoritarisme de Brunehaut. Ils n'avaient pas secoué le joug de l'Espagnole pour retomber sous celui du Neustrien. Bref, Clotaire II était tributaire de l'aristocratie. Elle avait fait un roi; elle pouvait le défaire.

Clotaire ne manquait pas d'habileté. Il recourut au dialogue, comme nous dirions aujourd'hui. Il convoqua les évêques et les grands, sous prétexte de réorganiser l'Église et le royaume. Le 10 octobre 614, un grand concile national se réunit à Paris, dans l'église où reposait Clovis (Sainte-Geneviève). Soixante-dix évêques y assistaient, ainsi que les principaux leudes des trois royaumes. Le 18 octobre, Clotaire publia l'édit rendant exécutoires les décisions de l'assemblée. On a souvent exagéré la portée de ce texte prétendument imposé au roi, et sinon on l'a minimisée. S'il n'apportait aucune innovation, il officialisait une situation existante. Clotaire conservait son pouvoir législatif et bien entendu le droit de conclure la paix ou de déclarer la guerre, mais il se soumettait à la loi. Il confirmait le principe d'élection des évêques, mais se réservait la possibilité de présenter son candidat. Il acceptait l'extension des attributions reconnues aux tribunaux ecclésiastiques et s'engageait à ne pas soustraire un clerc à la justice des évêques. Il s'engageait à ne pas annuler les testaments en faveur de l'Église. Il annonçait l'abolition de certaines taxes. Il confirmait les donations et les immunités accordées par ses prédécesseurs. Jusqu'ici ces donations étaient précaires, souvent limitées à la vie des bénéficiaires, en tout cas renouvelables. Elles devenaient perpétuelles. Il y avait là un amoindrissement considérable, mais Clotaire ne pouvait s'y opposer. Plus grave était son engagement de recruter ses comtes dans le pays même qu'ils devaient administrer. Cette disposition révèle la situation exacte de la monarchie mérovingienne au début du VIIe siècle. Le roi nomme les comtes et peut les révoquer, mais c'est finalement l'aristocratie locale qui lui impose le candidat de son choix. Autant dire que les comtes, agents du roi, devenaient en réalité les délégués de l'aristocratie! Clotaire fut assurément contraint de faire droit aux demandes des grands, pour se dessaisir ainsi d'une part de son autorité.

Avec cette assemblée mi-laïque, mi-ecclésiastique de 614 et la promulgation de son édit, Clotaire II crut avoir sauvé l'unité de la Francia. Peu de temps après, les Bourguignons se révoltèrent. Ils assassinèrent le duc Herpon, dont Clotaire leur avait imposé la nomination. Oubliant ses engagements, Clotaire usa des procédés habituels aux Mérovingiens. Il attira les chefs rebelles, les uns en Alsace, les autres dans la région de Sens, sous prétexte de négocier, et les fit massacrer. Les Bourguignons s'opiniâtrèrent. Il recourut alors à des moyens moins sanguinaires. Il réunit une assemblée d'évêques et de seigneurs bourguignons. Les concessions qu'il leur accorda aplanirent les difficultés. La Bourgogne eut un maire du palais inamovible. Elle restait dans la mouvance mérovingienne, mais s'administrait elle-même!

L'Austrasie ne fut pas en reste. En 623, ses évêques et ses seigneurs réclamèrent un roi. Ils ne supportaient plus d'être gouvernés par des Neustriens. Clotaire II céda. Il leur envoya son jeune fils Dagobert, mais amputa le royaume austrasien des territoires situés à l'ouest des Vosges et des Ardennes, ainsi que de ses annexes en Aquitaine et en Provence. Les deux conseillers de Dagobert étaient Pépin de Landen et Arnoul, évêque de Metz. Ils avaient joué le rôle que l'on sait pendant la lutte contre Brunehaut. A leur incitation, Dagobert demanda la restitution des territoires conservés par son père. En 626, Clotaire II dut recourir à l'arbitrage de douze leudes. Ils opinèrent en faveur de Dagobert. Clotaire II s'inclina, mais garda l'Aquitaine et la Provence. On constate combien les liens se relâchaient, combien l'autorité royale devenait fragile. Ce serait pourtant une erreur de croire que le règne de Clotaire II fut une succession de capitulations. En réalité, il montrait autant de fermeté que de souplesse. En dépit des obstacles, il parvint à maintenir la mouvance mérovingienne dans son intégralité. Il mourut le 18 octobre 629 et fut enterré dans l'église Saint-Vincent (Saint-Germain-des-Prés), près de son père le roi Chilpéric. Il avait quarante-cinq ans. L'indigence des documents ne permet pas d'en dire davantage sur lui. Tout au plus pourrait-on ajouter que son règne semble avoir été relativement paisible. Grégoire de Tours était mort en 594. Son continuateur, le pseudo-Frédégaire, n'avait ni son talent ni son souci d'information!

La documentation concernant Dagobert Ier n'est guère plus riche. Par surcroît, les moines de Saint-Denis transformèrent ce roi en héros de légende. Dagobert est devenu sous leur plume le pendant de Clovis le Grand dans la cimaise mérovingienne. Le splendide mausolée élevé par saint Louis en témoigne. Au fil des âges, ces récits légendaires ont prospéré. Qui ne connaît la célèbre chanson du bon roi Dagobert et de saint Éloi! Et l'imagerie naïve qu'elle suscita... Il est néanmoins possible de reconstituer son règne. Il laisse apercevoir une personnalité très différente, une « bonté » très relative, un pragmatisme qui le rapproche de son père et contraste vigoureusement avec l'impulsivité furieuse de leurs devanciers. Cependant il leur ressemble par bien des aspects, ne serait-ce que par l'incontinence. Il eut au moins quatre reines et il est impossible de dénombrer ses concubines.

A son avènement, il quitta Metz, capitale de l'Austrasie, pour s'installer à Paris. Il ne semble pas qu'il ait éprouvé beaucoup de difficultés à se faire reconnaître roi par les Neustriens, bien qu'il eût un demi-frère. Ce dernier, nommé Caribert, était fils de la seconde épouse de Clotaire II, la reine Sichilde. Selon la coutume franque, il aurait dû recevoir la moitié de l'héritage paternel, par exemple la Neustrie, puisque Dagobert était déjà investi de l'Austrasie. En outre, Caribert avait un solide défenseur en la personne de son oncle Brodulf, frère de Sichilde. Dagobert voulait la totalité de l'héritage. Brodulf fut éliminé par assassinat. Caribert se contenta d'un apanage (avant la lettre) composé d'une partie de l'Aquitaine, avec les cités de Toulouse, Périgueux, Agen, Cahors et Saintes. Dagobert lui fit même cadeau du territoire occupé par les indociles Gascons. Caribert mourut (de mort naturelle) en 632. Il laissait un enfant qui disparut très vite, si opportunément qu'on soupçonna Dagobert d'avoir aidé le destin. Rien ne le prouve. En tout cas, « l'apanage » de Caribert fit retour à la couronne.

Dagobert avait été l'élève attentif de Pépin de Landen et de l'évêque Arnoul. Pépin était maire du palais d'Austrasie. Sa richesse et son influence étaient déjà considérables. Il donna à Dagobert ses premiers principes de gouvernement. Quant à Arnoul, il lui traça la voie en matière de politique religieuse. Ces deux personnages eurent certes plus d'influence sur son comportement que Clotaire II. Toutefois le jeune roi avait des idées personnelles. La principale était de maintenir l'unité du royaume franc en resserrant les liens entre le pouvoir central, l'Austrasie, la Neustrie et la Bourgogne, en quelque sorte de poursuivre, en l'accentuant, la politique de son père. Les circonstances étaient d'ailleurs plus favorables, car il ne devait pas son accession au trône à l'aristocratie. L'éviction relative de Caribert, le fait que Dagobert ait pu lui imposer une renonciation définitive à ses droits, en apportent la preuve.

Il commença, semble-t-il, par visiter la Neustrie et la Bourgogne. Voyage politique? La chronique nous le montre rendant assidûment la justice et écoutant les plaintes des pauvres gens, comme un nouveau Salomon. Il manifestait ainsi ses bonnes intentions et son autorité. Les aristocrates austrasiens et neustriens s'accommodaient du changement, mais continuaient à se détester les uns les autres. L'Austrasie fut la première à s'agiter. Elle n'entendait pas être gouvernée plus tard par le roi de Neustrie. Dagobert prit les devants, comme avait fait son père. Il avait eu un fils d'une concubine d'Austrasie nommée Raintrude. Ce fils, Sigebert, n'avait que trois ans, lorsque Dagobert le fit roi de Metz et lui donna pour mentors un duc choisi en raison de son loyalisme et l'évêque de Cologne, Churibert. C'était sa propre histoire qui recommençait, à la différence près que Pépin et Arnoul, instruments de l'aristocratie austrasienne, avaient été écartés du pouvoir. Non qu'ils eussent démérité, mais Dagobert connaissait d'expérience le rôle exact qu'ils s'étaient attribué. L'importance prise par les maires du palais commençait à l'inquiéter. Une complication ne tarda pas à survenir. Clotaire avait naguère obligé son fils à épouser Gomatrude, sœur de la reine. Dagobert la répudia, pour épouser Nantilde, fille de basse condition, qui lui donna un fils, le futur Clovis II. Les Neustriens prirent eux aussi leurs précautions. Ils réclamèrent pour futur roi l'enfant Clovis. Dagobert régla donc sa succession en conséquence. Il décida que la Neustrie et la Bourgogne appartiendraient après sa mort à Clovis II. Que Sigebert aurait l'Austrasie, diminuée du duché « de Dentelin » qui correspondait à l'ancien royaume des Francs. Austrasiens et Neustriens jurèrent de respecter ces dispositions.

Vis-à-vis de l'Église, Dagobert eut une politique d'une grande habileté. Sans dénoncer ou amender l'édit de 614, il choisit lui-même la plupart des évêques. Il consfisqua à son profit les terres usurpées par les ecclésiastiques. Il agit de même à l'encontre des laïcs. L'aristocratie marqua un temps d'arrêt. Elle avait un peu trop profité des désordres antérieurs pour s'approprier de vastes domaines et revendiquer des immunités inexistantes. La monarchie redevint riche, donc puissante. En contrepartie, Dagobert s'entoura de conseillers épiscopaux, parmi lesquels saint Ouen et saint Éloi sont les plus connus. Il les comblait de faveurs et faisait de grands dons aux églises et aux monastères. Il dota fastueusement l'abbaye de Saint-Denis. Or ce furent les moines de ce couvent qui écrivirent l'histoire des rois. Pouvaient-ils oublier leur bienfaiteur?

En politique extérieure, il ne fut pas tout à fait le conquérant qu'ils nous présentent. C'était un diplomate et un administrateur, non pas un roi-soldat. Au surplus, les aléas de la guerre s'accordaient mal à sa nature sensuelle et rusée. Il ne combattit jamais en personne. Au début de son règne, il eut pourtant à se préoccuper des Wendes, un peuple slave qui menaçait la Thuringie. Ils avaient choisi pour roi un certain Samo, d'origine franque. Les Wendes molestèrent un convoi de marchands. Dagobert demanda réparation, mais ses envoyés furent éconduits. L'armée austrasienne marcha contre les Wendes et fut défaite. Dagobert s'en remit aux Saxons pour les tenir en respect.

Par contre, il fit droit à la requête du Wisigoth Sisenand en révolte contre le roi de Tolède, Suintila. Une armée franque s'avança jusqu'à Saragosse et assura la victoire du prétendant. Dagobert aurait pu réclamer la Septimanie pour prix de ses services. Il se contenta d'une grosse indemnité.

Il conclut avec l'empereur d'Orient Héraclius un traité de paix perpétuelle. Il ne prenait aucun engagement envers lui. Héraclius ne demanda point son aide. Il s'adonnait assidûment à l'astrologie. Il croyait que l'Empire de Constantinople courait le risque d'être prochainement détruit par les Juifs. Afin de prévenir ce désastre, il fit baptiser de force tous les Juifs de Constantinople et conseilla à Dagobert de l'imiter au plus vite. Dagobert s'y employa, à la grande joie des prélats. Héraclius n'avait point prévu la naissance de Mahomet [1]!...

Dagobert n'aimait pas les aventures lointaines, hasardeuses. Il ne se mêla point des affaires d'Italie. C'était la situation intérieure de la Francia qui retenait son attention. Il envoya contre les Gascons une armée commandée par

1. Vers 570-580.

onze ducs, ce qui montre son importance. La Novempopulanie fut mise à feu et à sang. Le duc des Gascons dut se résoudre à la soumission. Il vint à la cour jurer fidélité au roi. Les Bretons prétendaient aussi à l'indépendance. Dagobert leur envoya saint Éloi. Il tint un langage si ferme, assaisonné de menaces si précises, que Judicaël, roi des Bretons, vint jurer fidélité. Cette fois la Gascogne et la Bretagne entraient réellement dans la mouvance mérovingienne.

Telle fut l'œuvre du « bon roi Dagobert ». Son règne marque le bref redressement de la dynastie mérovingienne. Un redressement sans lendemain...

Au début de 639, il fut pris de douleurs d'entrailles. Son mal empirant, il se fit transporter à Saint-Denis, appela à son chevet la reine Nantilde, le futur Clovis II et le maire du palais de Neustrie, Aega. Il mourut le 19 janvier, à trente-quatre ans, usé par les excès. On l'inhuma, non pas à Saint-Vincent, mais à Saint-Denis. Il fut le dernier roi de sa race à régner sur les trois royaumes, ou plutôt sur cet État franc qui avait les dimensions d'un empire et que Charlemagne reconstituera. Ses contemporains croyaient qu'il était damné, en raison de sa vie dissolue et des spoliations qu'il avait prescrites. Telle était bien l'opinion de Frédégaire. Les moines de Saint-Denis en jugèrent autrement. Ils ne pouvaient accepter que le bienfaiteur de leur abbaye fût en enfer. Ils imaginèrent que saint Denis avait tiré son âme suppliante des griffes des démons l'entraînant déjà sur le fleuve ténébreux. C'est précisément cette scène que l'on peut voir sculptée sur le mausolée de Saint-Denis, entre autres merveilles! Au XIIIe siècle, Dagobert était déjà devenu un roi de songe.

II

LES MAIRES DU PALAIS

Avec le règne de Dagobert Ier, la dynastie a jeté ses derniers feux. Des simulacres de rois se succéderont en Neustrie et en Austrasie, avant de tomber aussitôt dans l'oubli, cependant que la réalité du pouvoir sera entre les mains des maires du palais. Aucun de ces monarques éphémères n'aura assez d'énergie pour tenter d'évincer les nouveaux maîtres du royaume. Certains périront tragiquement; d'autres seront tirés de l'ombre pour y rentrer définitivement. Dagobert fut involontairement l'auteur de la déchéance progressive de ses successeurs. Il avait écarté Pépin de Landen (appelons-le Pépin Ier par commodité), mais à son lit de mort il avait désigné Aega en qualité de corégent avec la reine Nantilde. A vrai dire, il n'avait pas le choix : ses fils Sigebert III, roi d'Austrasie, et Clovis II, roi de Neustrie, avaient environ douze et cinq ans. Aega ne manquait ni de sagacité ni de prudence. Il estima impossible de gouverner seul les trois royaumes. Pépin Ier, naguère écarté par Dagobert qui se méfiait de son ambition, redevint maire du palais d'Austrasie. Il en profita pour demander la moitié du trésor du défunt roi, détenu par Nantilde, et obtint satisfaction. Aega fit également diverses concessions à l'aristocratie bourguignonne. Lorsque Pépin Ier mourut, en 640, on crut que son fils, Grimoald, lui succéderait comme maire d'Austrasie. Le jeune roi Sigebert, peut-être sous l'influence du sage Aega, écarta cette candidature. Pépin fut remplacé par un certain Otton, qui avait été son précepteur. Le principal mérite de ce dernier était son hostilité à l'encontre des Pépinnides. Le maire de Neustrie, Aega, mourut en 642 et la reine Nantilde le remplaça, avec l'accord des grands, par Erchinoald. « C'était, déclara le pseudo-Frédégaire, un homme patient plein de bonté, montrant sa bienveillance envers les prêtres, répondant avec douceur, non gonflé d'orgueil, sage et simple; il n'avait que des richesses modérées, voilà pourquoi il était aimé de tous. » Il fut surtout le conseiller de Nantilde, laquelle ne manquait pas de sens politique. Pour apaiser l'agitation des Bourguignons, qui n'avaient plus de maire du palais depuis 626, elle convoqua une assemblée d'évêques et de grands à Orléans. Elle fut assez habile pour leur imposer le maire qu'elle avait elle-même choisi : Flaochad. Elle croyait ramener ainsi la Bourgogne à l'autorité royale. Mais, pour se faire accepter par les Bourguignons, Flaochad dut promettre de ne toucher ni à leurs biens, ni à leurs fonctions. Encore dut-il livrer bataille à un fort parti d'opposition. En Austrasie, la situation d'Otton n'était guère plus enviable. Lorsque Radulf (ou Rodolphe), duc de Thuringe, se révolta contre le roi Sigebert, les seigneurs austrasiens refusèrent de combattre. Le roi fut sauvé de justesse par Grimoald. Ce dernier fit assassiner Otton par un Alaman, gagna l'amitié du jeune roi et la mairie d'Austrasie. J'évoquerai dans un livre ultérieur "Charlemagne et les Carolingiens" l'ascension méthodique des Pépinnides. A ce point de leur histoire, ils possédaient déjà d'immenses biens entre le Rhin et la Meuse, une clientèle nombreuse et efficace. Ils avaient contracté de fructueuses alliances. Une génération après l'autre, cette famille s'était hissée au premier rang de l'aristocratie austrasienne. Ses fondations religieuses (mais elle conservait la propriété des monastères), les Pépinnides qui détenaient les principaux sièges épiscopaux, la vénération dont les foules entouraient la mémoire de saint Arnoul, augmentaient encore son influence. Elle devait cependant compter avec plusieurs familles rivales, d'une puissance et d'une richesse équivalentes.

Il n'y avait point encore de noblesse, mais elle existait en fait. Depuis l'avènement de Clovis, les riches hommes, Francs et Gallo-Romains, n'avaient cessé d'agrandir leur fortune, soit en absorbant les petites propriétés, soit en recevant des donations du roi. Les Mérovingiens n'ayant pas de budget d'État n'avaient que ce moyen de récompenser ceux qui les servaient, guerriers ou « fonctionnaires » : ils achetaient ainsi les dévouements. Chaque règne les appauvrissait, donc amoindrissait leur autorité : la longue période d'anarchie qui avait marqué le règne des petits-fils de Clovis avait encore accéléré ce mouvement. Les grands profitaient du désordre général pour s'approprier les domaines du fisc royal. Les évêques n'étaient pas en reste. Les « spoliations » qu'ils reprochaient tant à Dagobert n'étaient en réalité que des récupérations. Il n'était pas jusqu'à la frappe de la monnaie qui n'ait été usurpée par l'aristocratie. Au temps de Clovis et de ses fils, les conquêtes regarnissaient le trésor; elles procuraient aussi de nouvelles terres à distribuer. Cette source était depuis longtemps tarie. D'où le fléchissement du pouvoir royal et l'indépendance croissante des grands. Ceux-ci, devenus plus riches, recrutaient leurs propres fidèles. Par le moyen de la « recommandation » ils transformaient les hommes libres en vassaux. Les troupes qu'ils amenaient au roi leur appartenaient. Le roi devait donc compter avec eux. Insensiblement le pouvoir se parcellisait. Il était apparemment intact, puisque les ducs et comtes étaient encore révocables. Cependant ces hauts fonctionnaires étaient désormais moins les représentants du prince que de l'aristocratie locale.

Les fonctions du maire du palais évoluaient dans le même sens. A l'origine simple intendant et chef de la domesticité du palais, il était en train de devenir le chef de l'aristocratie, non point une sorte de vice-roi, mais le véritable roi. Il était désormais chef de l'administration du royaume, nommait les ducs et les comtes, agréait les évêques, suscitait les candidatures aux sièges vacants, recevait les ambassades, correspondait avec les cours étrangères, décidait de la guerre et de la paix. Le comte du palais, le référendaire, les hauts officiers du palais, étaient ses subordonnés. Le roi signait les diplômes, puisque le maire du palais était censé gouverner en son nom. Son rôle n'était plus qu'une façade vide et qui peu à peu se délabrait. Dagobert avait essayé de réagir. Il était parvenu à restaurer son pouvoir et sa fortune. Sa mort amorça le déclin définitif de la dynastie. Lorsque ses fils parvinrent à l'âge d'homme, il était trop tard pour redresser la situation, surtout en Austrasie. Les luttes fratricides qui avaient opposé les descendants de Clovis, allaient se reproduire sous une autre forme, les maires du palais se disputer le pouvoir avec la même férocité et les mêmes méthodes expéditives.

Ce fut l'Austrasie qui donna le coup d'envoi, si l'on peut s'exprimer ainsi! Grimoald, le tout-puissant maire du palais, échafauda un plan d'une audace extrême. Il persuada son roi, Sigebert III, d'adopter son propre fils sous le nom bien mérovingien de Childebert. Sigebert, n'ayant pas d'enfant, consentit à l'adoption et désigna Childebert comme héritier. Mais il eut peu après un fils qui reçut le prénom de Dagobert. Ce dernier était encore enfant lorsque son père mourut. Il devait normalement lui succéder, sous le nom de Dagobert II. Grimoald le fit tondre et l'exila en Irlande pour y être éduqué par les moines. Il devint donc maire du palais de son propre fils, Childebert l'Adopté. Cette usurpation ne fut pas du goût des Austrasiens, surtout des rivaux des Pépinnides. Grimoald et Childebert furent capturés par trahison et livrés au roi de Neustrie, Clovis II. Il les fit mettre à mort et, dès lors, fut censé régner également sur l'Austrasie. Le grand royaume des Francs se trouvait donc réunifié. Clovis II mourut l'année suivante (657). Son fils aîné, Clotaire III (âgé de quatre ou cinq ans), lui succéda. Sa veuve, la reine Batilde, investit son fils cadet, Childéric II, du royaume d'Austrasie qu'elle pourvut d'un nouveau maire du palais nommé Wulfoad. Il appartenait à un clan rival des Pépinnides.

La reine Batilde n'agissait point seule, mais avec l'accord d'Ébroïn, maire du palais de Neustrie. Il n'avait point la « douceur » d'Aega, ni la pondération d'Erchinoald qui n'avaient pas cherché à s'imposer aux grands. Tout autre fut le comportement d'Ébroïn. Il ne se contenta pas d'être supporté par l'aristocratie. Il voulait au contraire la dominer. Il voulait aussi rassembler dans la même main les morceaux épars du *Regnum Francorum*. Il n'avait point, comme Grimoald, l'intention d'usurper le trône, mais croyait préparer un grand avenir à Clotaire III. La reine Batilde essayait de tempérer son zèle. Elle ne pressentait que trop les conflits que susciterait son intransigeance. Ébroïn, qui avait assurément la carrure d'un homme d'État, ne souffrait pas la contradiction. Après que Childéric eut été envoyé en Austrasie, il contraignit la reine à se retirer au monastère de Chelles. Il avait désormais le champ libre. Il s'employa à rétablir l'autorité royale dans son intégralité. C'était à ses yeux le seul moyen d'arrêter la désagrégation d'une société livrée à elle-même, ou plutôt offerte en proie à la rapacité des grands. Loin de les ménager, il brisa au contraire leurs velléités de résistance avec une inflexible rigueur. Son autoritarisme hautain offrait des points de ressemblance avec celui de la reine Brunehaut. Il produisit en tout cas les mêmes effets. Un parti d'opposition se forma, dont saint Léger, évêque d'Autun, fut le chef.

Léger avait été un « nourri » du roi Clotaire II. Il appartenait donc à une famille aristocratique. Ayant embrassé la vocation ecclésiastique, il avait rejoint son oncle, alors évêque de Poitiers. La reine Batilde l'appela à la cour. Ébroïn n'aimait pas beaucoup les hommes de talent. Il expédia Léger à Autun, dont le siège était vacant. Le nouvel évêque possédait certainement d'éminentes qualités d'administrateur. Il acquit une grande popularité et s'inséra tout naturellement dans l'aristocratie bourguignonne. Les prélats de cette époque, quelles que fussent par ailleurs leurs vertus, étaient de véritables princes. Sauf exceptions, leur vie n'était guère différente de celle des autres grands. Ils participaient pour la plupart aux festins et aux chasses. Les revenus souvent énormes des domaines ecclésiastiques leur assuraient un train de vie seigneurial. Ils étaient les égaux des comtes, mais bénéficiaient en outre du prestige attaché à leur état. Le futur saint Léger devint, comme malgré lui, le premier personnage du royaume de Bourgogne. Le dernier maire du palais, Flaochad, était mort. Ébroïn refusait de lui donner un successeur. Il refusait même de recevoir les députés bourguignons, ne connaissant que trop leur prurit d'indépendance. L'évêque Léger prit fait et cause pour eux. Il haïssait Ébroïn et le lui montra bien. N'osant encore rien entreprendre contre lui, il encouragea l'aristocratie bourguignonne à la révolte et noua les premiers fils du complot qui devait perdre Ébroïn.

Ce dernier provoqua lui-même la catastrophe. Quand Clotaire III mourut, en 673, il investit Thierry III du trône de Neustrie, sans consulter les grands. Thierry III était le plus jeune fils de Clovis et de Batilde. Neustriens et Bourguignons, pour une fois d'accord, appelèrent Childéric II et ses Austrasiens à l'aide. Ébroïn n'avait pas prévu cette révolte générale. On lui retira sa charge et on le relégua au monastère de Luxeuil. Thierry III fut enfermé à Saint-Denis. Une fois encore, la dernière, le royaume des Francs se trouvait réunifié. Le roi d'Austrasie régnait en même temps sur la Neustrie et la Bourgogne. L'évêque Léger paraissait tout-puissant. Bien qu'il eût incité Childéric à respecter les coutumes propres à ses trois royaumes, son despotisme devint vite insupportable. Un complot se forma contre lui. Childéric ne le défendit pas. Léger fut à son tour relégué au monastère de Luxeuil. Il y retrouva son ancien rival Ébroïn. Leur face à face dut être un spectacle plaisant. Il est très peu probable que la vie claustrale leur fut bénéfique. L'éviction de Léger ne réussit guère à Childéric. En 675, l'ex-maire du palais Wulfoad et ses amis le firent assassiner. Ébroïn et Léger quittèrent aussitôt Luxeuil et retrouvèrent leurs partisans respectifs. Léger tira le roi Thierry III du monastère de Saint-Denis, où naguère il l'avait fait enfermer! Ébroïn s'appuya sur les Austrasiens et s'opposa d'abord à Thierry, puis, nouvelle volte-face, se rallia à lui et reprit ses fonctions de maire du palais de Neustrie. Léger n'eut d'autre ressource que de se retirer à Autun, pour échapper à la vengeance d'Ébroïn. Celui-ci vint l'y assiéger. Abandonné par les Bourguignons, l'évêque dut capituler. Ébroïn commença par lui faire crever les yeux. Puis il le déféra devant un tribunal ecclésiastique sous l'inculpation d'assassinat. Léger fut reconnu coupable d'avoir fait tuer Childéric et périt dans des supplices atroces. Le bon peuple fit de lui un martyr.

Pendant ce temps, les Austrasiens s'étaient donné leur propre roi, sans l'assentiment d'Ébroïn. Refusant de reconnaître l'autorité du roi de Neustrie, ils avaient fait revenir d'Irlande le roi-moine Dagobert II, lequel fut assassiné en forêt de Woëvre en 679. Le maire du palais Wulfoad disparut aussi. Les Pépinnides refirent brusquement surface. Pépin II, dit de Héristal, assisté de son frère Martin, redevint maire du palais d'Austrasie. Ébroïn essaya de négocier avec lui. Les pourparlers échouèrent. Neustriens et Austrasiens en vinrent aux mains, comme on pouvait s'y attendre. La première bataille eut lieu dans la région de Rethel en 680. Pépin II fut battu, mais parvint à s'enfuir. Son frère Martin, capturé à Laon, fut exécuté sur l'ordre d'Ébroïn. Ce dernier fut assassiné peu après et son meurtrier trouva refuge auprès de Pépin. On peut raisonnablement penser que le Pépinnide n'était pas étranger à la disparition de Dagobert II, puis de Wulfoad, enfin d'Ébroïn! Ses partisans avaient fait place nette. Pourtant la poire n'était pas mûre. En Neustrie, le nouveau maire du palais, Waraton, gouvernait au nom de Thierry III. Il fut évincé par son propre fils, Gislemar. Pépin tenta à nouveau sa chance. Il fut battu pour la seconde fois aux environs de Namur. Ces échecs successifs ne le découragèrent pas. Il attendait son heure. A Paris, Waraton était revenu au pouvoir. A sa mort, son gendre Berchaire lui succéda. Son autoritarisme irrita les grands. Ils offrirent leurs services à Pépin II qui attaqua alors résolument la Neustrie. La rencontre eut lieu, en 687, à Tertry, près de Saint-Quentin. Berchaire fut écrasé et périt les armes à la main. Pépin de Héristal s'empara ensuite de Thierry III, du trésor royal et de la mairie de Neustrie. Les Pépinnides avaient enfin gagné la partie; ils ne lâcheraient plus le pouvoir, tout en tolérant, pendant un demi-siècle encore, la présence discrète des rois mérovingiens réduits au rôle de figurants.

III

PRINCE DES FRANCS

Il y a dans les chroniques d'Éginhard un passage demeuré fameux. Le voici : « La race mérovingienne depuis longtemps n'avait plus ni vigueur ni autorité, ni rien que le vain titre de roi. Les ressources du royaume et toute la puissance étaient entre les mains des maires du palais. Il ne restait au roi que le vain simulacre du pouvoir. Orné d'une abondante chevelure, la barbe longue, il prenait place sur le trône et figurait le souverain; il écoutait les ambassadeurs venus de toutes parts et leur rendait, à leur départ, les réponses qu'on lui avait dictées. Outre l'inutile nom de roi et l'argent que le maire lui assurait selon son bon plaisir, il n'avait rien en propre qu'une seule villa et encore d'un petit revenu; il y vivait avec des domestiques, en petit nombre, qui lui rendaient les services nécessaires. Là où il lui fallait aller, il se rendait sur un char, tiré à la manière rustique par des bœufs que poussait un bouvier. Ainsi il allait au palais, ainsi à l'assemblée du peuple qui était convoquée chaque année pour les affaires du royaume; ainsi il rentrait dans sa demeure. Mais toute l'administration royale, toutes les affaires, tant intérieures qu'extérieures, étaient gérées par les maires du palais. »

Cette page justement célèbre n'était point gratuite. Éginhard était au service de Charlemagne. Il s'agissait donc pour lui de justifier l'usurpation des Carolingiens en soulignant le ridicule et l'insignifiance des rois fainéants. Cette épithète ne signifie nullement paresseux, mais s'applique à des rois qui ne font rien (fait néant), parce qu'ils ne peuvent rien faire.

Les maires du palais se sont appropriés en effet la totalité des prérogatives royales : le trésor, ce qui restait du « fisc », les nominations. Ils mobilisent l'armée; ils légifèrent et lèvent les impôts. Le roi ne peut rien donner, parce qu'il ne lui reste rien, hormis la villa dont parle Éginhard et quelques menus domaines pompeusement qualifiés de palais. Il a donc perdu sa clientèle. Les leudes, les ministériales, les officiers de la cour servent désormais le maire du palais. On tolère que le roi garde une poignée de domestiques et de familiers, mais il est étroitement surveillé. On l'exhibe dans les grandes assemblées, parce qu'on ne peut faire autrement. Il est d'ailleurs plus facile de gouverner sous un prête-nom. De plus, si déchu qu'il soit, la présence du roi reste nécessaire. Il appartient à la race mérovingienne. Il est le descendant de Clovis le Grand et de Mérovée. Il est un mythe quasi sacré. Il porte la chevelure magique de ses aïeux. Il détient seul le droit à régner. Grimoald a su naguère ce que coûtait une tentative d'usurpation. L'avènement de la seconde race approche. Les Pépinnides ne sont pas encore les Carolingiens, mais ils détiennent déja la réalité du pouvoir. Ce sont des rois sans titre. Les derniers Mérovingiens sont des rois sans pouvoir. Ils incarnent cependant le *Regnum Francorum.* Le maire du palais, les grands du royaume sont censés tenir leur autorité de sa personne. Il les justifie et les légalise. Il est un principe abstrait, cependant trop utile pour qu'on le remette en cause. Il ne compte plus, mais sans ce fantoche, tout le système s'effondrerait. Les Pépinnides devront faire leurs preuves, rendre des services répétés, sauver le royaume de périls majeurs, avant de s'imposer à l'aristocratie! Et encore avec quelle prudence agiront-ils! La leçon de Grimoald avait porté.

Lorsque Thierry III mourut en 690, Pépin de Héristal le remplaça par un enfant, Clovis III, qui régna quatre ans et eut pour successeur son frère Childebert III. A la mort de ce dernier, en 711, Dagobert III lui succéda; il régna jusqu'en 715. Tous ne durent pas porter la longue barbe décrite par Éginhard! Pépin respecta le tripartisme du royaume franc, du moins en apparence. Maire du palais d'Austrasie, il dota la Neustrie et la Bourgogne chacune d'un maire, afin de ménager la susceptibilité des grands et le particularisme des peuples. Mais le maire du palais de Neustrie était un de ses parents : Norbert, comte de Paris, et celui de Bourgogne, Drogon, son propre fils. Quand Drogon mourut en 708, il le remplaça par son frère cadet, Grimoald II. Il peuplait de même les évêchés et les grands monastères de membres de sa famille. Bref, sans y paraître, il gouvernait les trois royaumes, alliant d'ailleurs la souplesse à la fermeté. Officiellement il n'était que maire d'Austrasie et résidait à Metz. C'était dans cette région qu'il avait sa fortune et ses partisans les plus zélés. Il y régnait déjà en maître absolu. Les rois mérovingiens vivaient dans leurs domaines des subsides que leur envoyait Pépin, ou le comte Norbert. Ils paraissaient libres de leurs actes et de leurs déplacements, mais leurs faits et gestes étaient rapportés à qui de droit. On les traitait avec un feint respect. Ils ne pouvaient cependant ni refuser de signer un diplôme ou un édit, ni s'abstenir de répondre aux convocations du maire du palais. S'ils recevaient une ambassade, ils récitaient en effet la réponse qui leur avait été dictée. Ils récitaient de même le discours qu'il leur appartenait de prononcer devant l'assemblée des grands. Ils y paraissaient toutefois revêtus des insignes royaux, en grand appareil. Chacun manifestait à leur égard la plus grande déférence. Il est stupéfiant qu'aucun de ces princes ne se soit rebellé. S'ils l'ont fait, il ne subsiste aucune trace de leurs tentatives. Il est probable que la dégénérescence frappant la race mérovingienne depuis longtemps déjà abolissait leurs capacités de résistance. Ils tremblaient devant la toute-puissance des maires du palais, sachant bien que leur existence tenait à un fil. Nul ne sait quels drames intérieurs furent les leurs, ni quels désespoirs secrets! On ne leur laissait que le droit de se reproduire.

Prince des Francs à défaut d'être roi, en tout cas duc d'Austrasie (ce titre lui est attribué par les chroniqueurs contemporains), Pépin II n'eut aucun mal à maintenir l'ordre intérieur. Ni les Bretons, ni les Gascons ne parvinrent à s'émanciper. La situation extérieure lui donnait plus de tablature. Les Frisons qui occupaient l'embouchure du Rhin cherchaient à s'étendre vers l'ouest et menaçaient donc la frontière d'Austrasie. Pépin infligea une sévère défaite à leur chef Radbod et reconquit Utrecht. La soumission des Frisons s'accompagna de leur conversion au christianisme, car les moines suivaient l'armée austrasienne. Ils étaient les auxiliaires dévoués de Pépin. Les ducs des Alamans et des Bavarois étaient théoriquement dans la mouvance mérovingienne. Mais, par suite des guerres intestines qui avaient affaibli la monarchie franque, ils jouissaient d'une indépendance de fait. Ils prirent prétexte de la déchéance des rois « fainéants » pour se soustraire à leurs obligations et récusèrent l'autorité de Pépin. Celui-ci conduisit plusieurs expéditions contre les Alamans et les réduisit à l'obéissance. Il réussit par des mariages à annihiler les velléités d'indépendance des Algilolfingiens, famille des ducs de Bavière. Les missionnaires qu'il protégeait achevaient la besogne des soldats et des ambassadeurs. Parfois ils les précédaient. Sans craindre le martyre, ils s'enfonçaient toujours plus loin au cœur de l'Allemagne, s'efforçaient d'évangéliser les peuples restés païens, comme les Saxons et leurs voisins. Pépin leur procurait les moyens de fonder des monastères. En portant la Bonne Parole, ces moines héroïques augmentaient le renom du maire d'Austrasie. Lui-même construisait et dotait de fastueux couvents (à Metz, à Verdun, à Liège, à Rouen, à Utrecht). Son exemple était imité par les grands. Mais Pépin fit davantage. Clovis s'était appuyé sur l'influence des évêques. Pépin s'appuya sur celle du pape, reconnaissant par là même sa suprématie sur l'ensemble de la prélature. Cette innovation fit elle aussi tache d'huile. Sans doute Pépin révérait-il les évêques; mais il les connaissait bien et savait que certains d'entre eux songeaient surtout à transformer leurs diocèses en petites principautés. Or le pape détenait, en tant que successeur de saint Pierre, une autorité morale sans équivalence. Obtenir sa caution représentait donc un atout majeur. Je ne veux pas dire que Pépin était insincère. Tout laisse au contraire penser qu'il était un chrétien fervent. Cependant la foi n'occultait pas en lui les facultés politiques. Il avait de même mesuré l'importance du mouvement monastique. Si les moines qui recevaient ses dons priaient pour le salut de son âme, ils étaient aussi des instruments entre ses mains.

Les couvents étaient déjà nombreux dans le royaume franc. Ils avaient été fondés par les rois mérovingiens pour se rédimer de leurs péchés et par de pieuses reines, telle sainte Radegonde de Poitiers. Ils obéissaient à des règles diverses et formaient autant de petites entités, ou de républiques, placées sous le contrôle des évêques. Leurs abbés cherchaient généralement à se soustraire à cette encombrante tutelle. Il n'existait pas encore de puissantes maisons mères pour les protéger. Quelle que fût leur situation, les couvents exerçaient une attraction certaine sur les âmes mystiques ou tout simplement craintives. Ils étaient des asiles de sécurité et de calme. Ce fut saint Colomban qui donna l'impulsion définitive. Venu d'Irlande à la fin du VIe siècle, ce moine à la foi brûlante, plein d'énergie et d'activité, doué par surcroît de talents d'organisateur, imprima au monachisme occidental un mouvement irrésistible et, par voie de conséquence, modifia le comportement du clergé régulier et des fidèles. Il estimait en effet que « la religion était sans force, l'esprit de pénitence et de mortification avait presque disparu ». Il fonda trois grands monastères : Luxeuil, Anegray et Fontaines. Il leur donna une règle inflexible : obéissance absolue au Père abbé, anéantissement de la volonté individuelle, ascétisme rigoureux, ces préceptes étant durement sanctionnés en cas de manquement, même véniel. Il voulut davantage : imposer aux fidèles, aux laïcs, des pénitences proportionnées à leurs fautes. Il fixa l'échelle des peines, comme avaient fait les rédacteurs de la loi salique. Il ne prévoyait pas de wergelds en rachat des péchés, mais des jeûnes et des prières! L'Église régulière se montra plus nuancée. Elle admit que l'amende pécuniaire pouvait se substituer aux peines édictées par saint Colomban. C'était déjà le système des indulgences. Il serait hors du sujet d'évoquer les démêlés du moine irlandais avec les rois, les prélats et les comtes. Il suffit de préciser que ses disciples furent nombreux et actifs, fondèrent eux aussi des couvents ou devinrent évêques. La règle colombanienne fut bientôt en concurrence avec la règle bénédictine, dont la pondération et le pragmatisme s'accordaient mieux au tempérament occidental, et connut un vif succès. Quoi qu'il en soit, les uns et les autres accomplirent une œuvre prodigieuse. Ils évangélisèrent non seulement les païens de Germanie, mais le pauvre peuple des campagnes, la masse des paysans dont la foi incertaine était surtout faite de superstitions venues du fond des âges. Défrichant les âmes, ils défrichaient aussi les terres laissées à l'abandon, les contrées désertées par leurs habitants et rendues à la forêt originelle. Ils relevaient et repeuplaient les villages ruinés par la guerre; ils en bâtissaient de nouveaux à proximité de leurs couvents. Ils asséchaient les marécages. Infatigables, ils partageaient leur temps entre la prière et le travail manuel, les sermons et la méditation. On les aimait. L'esprit le plus fruste percevait la grandeur de leur humilité. L'espoir qu'ils répandaient effaçait les souvenirs amers, apaisait les craintes. Dans la quiétude de leurs cellules naissaient, page à page, les premiers livres enluminés. Ces rudes ouvriers étaient aussi des lettrés et des civilisateurs.

Le prince des Francs et duc d'Austrasie était leur bienfaiteur et leur principal soutien. Ces êtres qui allaient incessamment de la terre au ciel, ces organisateurs de premier ordre, ces cohortes ferventes et disciplinées répondaient à ses préocupations personnelles, à ses propres aspirations. Ce n'était certes pas un homme ordinaire que Pépin II, encore que la gloire de Charles Martel et surtout de Charlemagne ait estompé la sienne. C'était à sa manière un pionnier. Il débroussaillait la voie de leur triomphe.

Cependant sa disparition, en 714, compromit l'ascension des Pépinnides. Son fils aîné, Drogon, était mort depuis quelques années. Le cadet, Grimoald II, avait été assassiné. Pépin avait eu deux autres fils d'Alpaïde, une concubine: Childebrand et Karl. Affaibli par l'âge et par la maladie, il céda à l'influence de Plectrude, sa femme. Elle détestait les fils d'Alpaïde. Pépin eut la faiblesse de désigner comme maire du palais un enfant de six ans : Théudoald, fils naturel du défunt Grimoald. Plectrude assumerait la régence. Pépin mourut le 16 décembre 714 et, dès lors, comme jadis la reine Brunehaut, sa veuve gouverna l'Austrasie et la Neustrie au nom de Théudoald.

Les Neustriens en profitèrent pour secouer le joug. Ils battirent les partisans de Théudoald et de Plectrude dans la forêt de Cuise (Compiègne) en 715, puis se donnèrent un nouveau maire du palais nommé Ragenfeld. Dagobert III mourut la même année. Ils le remplacèrent par un moine, présumé de naissance royale, auquel ils donnèrent le nom de Chilpéric II. Ce n'était bien entendu qu'un simulacre de roi, analogue à ses devanciers. Les vrais maîtres de la Neustrie étaient Ragenfeld et les grands seigneurs qui l'avaient élu.

Ce Ragenfeld était entreprenant. Pour en finir avec les Pépinnides, il s'allia aux Saxons et aux Frisons, afin de prendre l'Austrasie à revers. Puis il attaqua sans prévenir et s'avança jusqu'à Cologne où résidait Plectrude. Il réussit même à s'emparer d'une partie du trésor laissé par Pépin. La situation semblait désespérée, lorsque, soudain, Karl prit sur lui d'intervenir. Ce prince Karl (dont nous avons fait Charles Martel) avait été emprisonné par ordre de Plectrude après la mort de Pépin. Il avait une trentaine d'années. Plectrude se méfiait de ses initiatives et plus encore de son ambition. Elle avait donc pris ses précautions. Apprenant les désastres de sa patrie, Charles s'évada, ramassa quelques partisans, livra bataille aux Frisons, mais, submergé par le nombre, dut rétrograder vers les Ardennes. Il harcela ensuite les Neustriens qui abandonnaient Cologne, et parvint même à s'emparer de quelques villes. Il reprit l'offensive en 717 et remporta sur ses adversaires une grande victoire à Cambrai (le 21 mars). Ragenfeld et ses partisans s'enfuirent vers Paris.

Maître de la situation, Charles Martel contraignit Plectrude à lui remettre le trésor d'Austrasie. Il l'évinça du pouvoir et recourut à la fiction habituelle d'un roi de carton. Il fit reconnaître par ses leudes un fils présumé de Thierry III, sous le nom de Clotaire IV. L'Austrasie et la Neustrie avaient donc chacune leur souverain théorique. Le gouvernement restait bien entendu aux mains de Charles Martel et de Ragenfeld, désormais ennemis irréductibles.

IV

« LE ROI CHARLES »

L'Aquitaine avait plus ou moins recouvré son autonomie. Elle formait une quasi-principauté, sous l'autorité du duc Eudes, lequel était accepté par les Gascons. Le maire du palais Ragenfeld sollicita son aide pour combattre Charles Martel et les Austrasiens. Je souligne au passage que les peuples austrasien et neustrien ne se haïssaient pas en tant que tels. L'animosité qui les opposait était simplement la conséquence de la rivalité des maires du palais et de leurs leudes. Il en avait été de même au temps où les rois mérovingiens régnaient véritablement et se disputaient le royaume franc. Eudes d'Aquitaine répondit à l'appel de Ragenfeld. Son armée, où prédominaient les Gascons, fit sa jonction avec celle de Ragenfeld dans la région de Soissons. Charles Martel accourut et mit les Neustriens en déroute. Eudes d'Aquitaine regagna précipitamment sa principauté, emmenant Chilpéric et le trésor royal. Ragenfeld s'enfuit à Angers. Charles Martel était désormais maître de la Neustrie comme de l'Austrasie. Ce n'était pas seulement un guerrier impétueux. Il savait analyser une situation, différer ses projets, ménager l'adversaire qu'il venait cependant de vaincre. Il ne poursuivit pas Eudes en Aquitaine. Il laissa Ragenfeld s'installer à Angers. Clotaire IV, le roi nominal d'Austrasie, étant mort, il reconnut pour roi Chilpéric II, le ci-devant moine. C'était le seul moyen de légaliser son pouvoir de fait sur le royaume franc reconstitué. Dès lors, Charles résida le plus souvent en Neustrie. La villa royale était à Noyon. Chilpéric songeait plus à la méditation qu'à la politique. Le pieux roi mourut d'ailleurs l'année suivante.

Charles Martel pouvait s'emparer du trône, puisque Chilpéric ne laissait pas de fils. Il exhuma de l'ombre d'un couvent le fils présumé du défunt Dagobert III et le fit reconnaître pour roi sous le nom de Thierry IV (721). Nul ne pouvait dès lors contester son pouvoir. Thierry IV – que l'on appelait Thierry de Chelles, du nom du monastère où il avait été élevé – n'était qu'un enfant! Il ne risquait pas de gêner Charles Martel. D'ailleurs, les moines de Chelles lui avaient enseigné la vertu d'obéissance et la discrétion. Thierry n'était rien de plus qu'une marionnette dont Charles tirait les fils, mais revêtue des insignes de la royauté et incarnant malgré tout la dynastie de Clovis. On ne sait s'il accepta ce rôle avec l'indifférence de ses prédécesseurs et se résigna à n'être qu'une ombre, ou si, retiré dans quelque chambre de la villa royale, à l'abri du regard des espions, une rage impuissante lui arrachait des larmes. Il ne fut, comme les autres rois « fainéants », qu'un nom dans les annales de l'histoire. Les honneurs dérisoires dont on l'entourait dans certaines circonstances ajoutaient à son insignifiance et à ses craintes. Une menace invisible mais permanente pesait sur lui. Il devait son élévation fictive à Charles Martel qui était en somme à la fois son bienfaiteur et son protecteur. Il n'était rien, mais il portait l'abondante chevelure des Mérovingiens. Toutefois une prompte et secrète mort eût étouffé ses velléités de résistance. Il ne le savait que trop.

Charles Martel déployait une incroyable activité et une énergie redoutable. Il abattit d'un revers de main la tyrannie de plusieurs évêques qui prétendaient à l'autonomie, tels l'évêque de Lyon, Hainmar, et Euchericus, évêque d'Orléans. Il laissa pourtant Ragenfeld devenir duc d'Anjou. La Germanie l'inquiétait. Deux campagnes décisives soumirent enfin la Bavière. Les Frisons furent écrasés et leurs temples païens, saccagés et détruits. Charles réprima une révolte des Saxons et les contraignit à payer tribut. Les frontières de l'est furent désormais tranquilles. Charles put alors combattre sur un autre front.

L'Europe était menacée d'une nouvelle invasion. Les Arabes (ou Sarrasins), convertis à l'islam, menaient une guerre sainte. Sous les quatre premiers califes, de 632 à 656, ils conquirent la Syrie, la Mésopotamie, la Perse, l'Égypte et la Libye. Sous le califat héréditaire des Omeyyades (661-750), ils progressèrent à la fois vers l'est et l'ouest, submergèrent l'Asie Mineure, poussèrent jusqu'à l'Inde, conquirent l'Afrique du Nord, attaquèrent l'Empire d'Orient mais ne purent s'emparer de Constantinople (717). Ils franchirent le détroit de Gibraltar en 711 et conquirent l'Espagne en moins de trois ans, hormis la Cantabrie où se réfugia Pélage, le roi wisigoth. El-Haur qui gouvernait l'Espagne au nom du calife de Damas, passa les Pyrénées en 720, envahit la Septimanie, s'empara de Narbonne, puis de Toulouse. En 725, les Sarrasins remontèrent la vallée du Rhône et pillèrent Autun. Eudes d'Aquitaine n'avait pu les arrêter. Il ne pouvait davantage les empêcher de s'installer dans son duché. Peut-être essaya-t-il de négocier avec l'envahisseur. En tout cas, il dut se résoudre à demander secours à Charles Martel. En 732, l'émir Abd el-Rhaman se rua sur l'Aquitaine, occupa Bordeaux dont il incendia les églises. Puis il se dirigea vers Poitiers. Il pilla et ruina la basilique Saint-Hilaire située hors les murs, mais ne put prendre la ville. Il décida alors de remonter vers Tours, afin de razzier le monastère de saint Martin, regorgeant de richesses. Le 17 septembre, il se heurta à Charles Martel au lieu dit « Moussais-la-Bataille » (sur la rive droite du Clain, au nord de Poitiers). Ses escadrons de cavalerie légère se brisèrent contre la muraille de fer que leur opposaient les Francs. La bataille ne cessa qu'avec la nuit. A l'aube, les tentes arabes se dressaient toujours à l'horizon, mais leurs habitants avaient déguerpi. Abd el-Rhaman gisait parmi les morts. On peut interpréter comme on voudra cette bataille de 732, mais on ne saurait en minimiser la portée. Elle fut le point d'arrêt de l'invasion arabe. Elle brisa l'élan des adeptes de Mahomet. Ils ne firent dès lors que refluer vers le sud.

La bataille de Poitiers pose un autre problème. Quelle était donc cette muraille de fer dont les intrépides cavaliers de l'émir ne purent avoir raison? L'armée franque était traditionnellement formée de fantassins, protégés par un casque et par un corselet de cuir sur lequel des plaques de métal étaient cousues. Seuls les chefs étaient montés. Il est à croire que ces cohortes de fantassins n'auraient pas résisté aux charges successives. Le seul poids des chevaux eût rompu leurs rangs, si compacts fussent-ils. Charles Martel disposait donc d'une cavalerie, mieux armée et surtout mieux protégée que celle d'Abd el-Rhaman. Elle était assez nombreuse pour envelopper l'infanterie d'une « muraille » indestructible. L'art de la guerre évoluait. L'extension de la vassalité permettait aux guerriers d'acheter un cheval et de mieux s'équiper. L'origine de la chevalerie remonte à ce corps d'élite.

Vaincus à Poitiers, les Arabes restaient maîtres de la Septimanie. Ils tentèrent de s'emparer de la Provence, prirent Avignon et Arles en 735. Puis ils recommencèrent leurs razzias dans le royaume de Bourgogne. Charles Martel les refoula une première fois de la vallée du Rhône en 736. Nombre de seigneurs bourguignons, supportant difficilement sa tutelle, pactisèrent avec les chefs arabes. En 737, Charles reprit Avignon, avec l'aide de son frère Childebrand. Il écrasa les Arabes dans les marais de Sigean, mais ne put reprendre Narbonne. Faute de quoi, il recourut à la tactique de la terre brûlée, détruisit les remparts de Nîmes, d'Agde et de Béziers. En 739, les Arabes réoccupèrent Arles. Charles s'allia avec les Lombards, reprit la totalité de la Provence. Ceux qui avaient collaboré avec les musulmans furent impitoyablement châtiés. Leurs biens furent attribués aux guerriers francs. Les Arabes tenaient encore, momentanément, Narbonne. La révolte des Berbères (consécutive à des dissentiments religieux) les réduisait à la défensive. Les Berbères étaient en effet le fer de lance de leur armée. Eudes d'Aquitaine était mort en 735. Son fils Hunald prêta serment de fidélité à Charles Martel. Avec lui, le midi rentrait dans l'obéissance.

Charles poursuivit et amplifia la politique religieuse de son père Pépin II. Il soutint et protégea l'action de Pirmin en Alémanie en vue d'extirper le paganisme, de réformer les monastères et d'en implanter de nouveaux. Il fit de même à l'égard de saint Boniface, apôtre de la Germanie, et facilita ses rapports avec Rome. Saint Boniface plaça les évêchés germaniques sous l'autorité du pape. L'œuvre immense qu'il accomplit n'eût pas été possible sans l'appui de Charles Martel. Celui-ci avait signifié aux comtes et aux ducs de Germanie que Boniface était sous sa « mainbour », c'est-à-dire sous sa protection personnelle. Lequel d'entre eux aurait osé le défier? Le pape Grégoire III lui envoya « les clefs de la confession de saint Pierre ». C'était une décoration formée de deux clefs d'or contenant un fragment des chaînes portées par saint Pierre lors de son martyre. Ce présent fut apporté « au vice-roi des Francs » par l'évêque Anastase et le prêtre Sergius. Ces ambassadeurs demandèrent à Charles de délivrer le souverain pontife de l'oppression lombarde. Dilemme pour Charles, car le roi des Lombards était son allié et l'avait aidé à expulser les Sarrasins de Provence. Mais il n'ignorait pas l'intention des Lombards d'achever la conquête de l'Italie. Il combla les envoyés pontificaux de présents, mais ne contracta aucun engagement. L'année suivante, Grégoire l'exhorta en vain « par le Dieu vivant et vrai de ne point préférer l'amitié du roi des Lombards à l'amour du prince des apôtres ». Charles séparait déjà le temporel du spirituel.

« Vice-roi des Francs », il l'était en effet, et même davantage. Ce titre que lui reconnaissait le pape n'était pas seulement une formule de courtoisie. Il traduisait une situation acquise et ménageait subtilement l'avenir. L'humble Thierry IV était mort en 737. Charles Martel ne lui donna pas de successeur, mais s'abstint de se faire proclamer roi par l'assemblée des grands. Il gouverna seul le royaume des Francs, reconstitué et doté d'une armature solide. Il nommait les ducs, les comtes, les évêques. Il prenait toutes les décisions. Il signait tous les diplômes et sauvait les apparences... en les datant de la mort de Thierry IV! Nul n'osait récriminer. Quel était son but inavoué, mais évident? Habituer ses peuples à oublier les Mérovingiens.

Il régnait depuis vingt-six ans (avec et sans Thierry) quand il mourut, le 22 octobre 741, à Quierzy-sur-Oise. On l'ensevelit dans la basilique de Saint-Denis, comme un véritable roi. Il avait pris la suite des descendants de Clovis et fondé une dynastie nouvelle. Les gens d'Église insinuaient qu'il était damné, parce qu'il avait chassé les intrigants et les indignes des évêchés, pour les remplacer par des hommes de son choix, et sécularisé des biens ecclésiastiques pour récompenser ses fidèles guerriers. Ils oubliaient l'évangélisation des peuples germaniques, les fondations fastueuses et les bienfaits d'un ordre rétabli. La mémoire populaire ne retint de cette vie si bien remplie et si glorieuse que le souvenir de la victoire de Poitiers sur les Sarrasins. Jamais ce prince ne s'accorda de repos, luttant parfois sur deux fronts et mêlant les exploits guerriers aux réussites politiques. Presque toutes ses campagnes furent couronnées de succès On perçoit bien que cette invincibilité n'était pas due au hasard ni à la seule vaillance, mais le fruit d'une préparation méthodique.

Charles laissait trois fils : Carloman et Pépin, nés de sa première épouse, et Griffon ou Grippan, né de la Bavaroise Swanahilde, sa seconde épouse, peut-être simple concubine. Il avait réglé sa succession. Carloman devait avoir l'Austrasie, la Thuringie et l'Alémanie. Pépin, la Neustrie, la Bourgogne, la Provence et un duché mosellan incluant les régions de Metz et de Trèves. Griffon se contenta de quelques domaines dispersés, ce qui motive en faveur d'une naissance illégitime.

La mort de Charles Martel provoqua quelques troubles. Pépin et Carloman se souvinrent alors qu'il existait un prince mérovingien dans le monastère de saint Bertin. Ils en firent un roi, sous le nom de Childéric III. C'était une concession toute provisoire à la tradition. Carloman résilia bientôt sa charge et, abandonnant le monde, s'enferma dans un monastère d'Italie. Pépin resta le seul maître. En 751, il déposa Childéric III, se fit proclamer roi et sacrer par les évêques. L'infortuné Childéric fut renvoyé au monastère de saint Bertin après avoir été tonsuré. Il y mourut en 755. Pépin (il s'agit de Pépin le Bref) fut le premier roi de la dynastie carolingienne. On peut tout aussi bien estimer qu'elle commença en 737, avec le roi Charles dédaignant de donner un successeur à Thierry IV. La race mérovingienne avait cessé d'être. On ne sait même pas quand mourut le jeune fils de Childéric.

V

LE RÈGNE DES MÉROVINGIENS

Certes les turbulences extraordinaires, les haines, les dévastations et les crimes qui jalonnent l'histoire des Mérovingiens nous laissent sur une impression de malaise. A peine la misérable fin des rois fainéants éveille-t-elle en nous un sentiment de compassion. Les premiers rayons de l'aube carolingienne effacent jusqu'à leurs noms dans notre mémoire collective. Les humiliations qu'ils subirent ne peuvent racheter à nos yeux les excès de toute nature perpétrés par les brutes sanguinaires qui les précédèrent. Il faut pourtant admettre que les hommes qui « font » l'histoire, subissent en général les mouvements qu'elle leur imprime. Aussi leurs entreprises, leurs décisions prennent-elles une direction qui souvent, presque toujours, leur échappe.

La plupart des historiens portent sur les Mérovingiens un jugement d'une grande sévérité. Jugement d'ailleurs subjectif et qui appelle de sérieuses restrictions. La cruauté, la cupidité et la fourberie des Mérovingiens ne font pas de doutes. Elles étaient à l'image même de leur peuple, proche encore de la barbarie, et d'une époque d'intenses bouleversements politiques. On ne saurait oublier que les Mérovingiens furent le trait d'union entre le Bas-Empire en décomposition et le spectaculaire redressement carolingien. Ils ont mis fin aux invasions des Barbares en Occident et, dans une certaine mesure, en raison de leur supériorité militaire, aux migrations des peuples venus de l'Est. Ils s'avancèrent plus loin en Germanie que les Romains n'avaient osé le faire au zénith de leur puissance. Anciens Barbares, issus eux-mêmes de Germanie, ils tentèrent, et réussirent, l'amalgame avec les Gallo-Romains. Ils ne détruisirent point les structures de l'Empire. Ils s'en réclamèrent et s'efforcèrent de les exploiter. Ils essayèrent aussi indirectement, en protégeant l'Église, de sauver la civilisation latine.

Mais ce qu'ils ne comprirent pas, et ne pouvaient sans doute comprendre, c'était la possibilité qui s'offrait à eux d'édifier un État sur le modèle romain. La grandeur des anciens Césars les fascinait. Ils se paraient volontiers des titres de patrice ou de consul que leur décernait l'empereur d'Orient, souverain fictif d'Occident. Cependant ils ne purent s'élever jusqu'à l'idée abstraite de l'État. Ils ne considéraient nullement la monarchie comme une magistrature suprême destinée à assumer le bien public, mais comme un patrimoine familial. De même le territoire sur lequel s'exerçait leur autorité. Chez eux tout enfant mâle avait vocation à régner. D'où ces partages périodiques, générateurs d'atroces rivalités. Par voie de conséquence, les ministériales, les leudes, les comtes et ducs étaient assimilés à des serviteurs personnels. Le produit de la fiscalité, les tributs, les dons plus ou moins volontaires constituaient le revenu propre des rois. Il n'y avait point de budget d'État. La justice était une autre source de profit, puisque les rois prélevaient une part de l'amende (wergeld) et bénéficiaient des confiscations de biens. Plus grave encore : l'armée n'était ni soldée ni entretenue, mais composée d'hommes libres auxquels il incombait de s'équiper et de se nourrir. Il n'y avait pas davantage de dépenses publiques. Les « fonctionnaires » étaient payés en gratifications prélevées sur le trésor, en donations prélevées sur le domaine royal. Il s'ensuit que le clan du roi s'enrichissait à ses dépens. A mesure que le domaine royal s'effritait, les grands du royaume augmentaient leur propre clientèle. Le temps vint où les clans particuliers l'emportèrent sur le clan royal par la richesse et la puissance. L'autorité des Mérovingiens chancela. On a vu avec quelle facilité les maires du palais s'emparèrent du pouvoir après la mort de Dagobert Ier. Parallèlement une dégénérescence certaine frappait la race des rois, consécutive aux mariages prématurés, à l'incontinence, aux excès répétés. Les premiers Mérovingiens ne dépassaient guère l'âge de quarante ans. Leurs successeurs furent des enfants-rois. La forte race de Clovis s'exténuait. Bien avant l'interrègne de Charles Martel et le coup d'État de Pépin le Bref, elle était condamnée à disparaître.

A vrai dire, ces rois chevelus, dignes des Atrides mycéniens, les furies qu'ils eurent parfois pour épouses, émergent à peine d'une histoire en pointillé. Leurs silhouettes convulsées, hautes en couleur, sont plaquées sur des pans de grisaille. La chronique de Grégoire de Tours, les Vies de saints laissent entrevoir les ombres des hommes du peuple. Les fouilles des archéologues nous ont restitué de somptueux bijoux, des lambeaux de soieries et des épées. Ce mobilier funéraire n'intéresse que les princes, les notables et les guerriers de haut rang. La toponymie nous renseigne sur les principales implantations franques. La loi salique, les diplômes royaux révèlent les rapports entre les Francs et les Gallo-Romains. Mais on ignore presque tout du peuple, dont l'immense majorité était composée d'agriculteurs et de petits artisans. On sait que les orfèvres connaissaient la damasquinerie et le cloisonnement. Que les forgerons pratiquaient le damas soudé. Que les architectes s'appliquaient à imiter les édifices romains et bâtissaient plus qu'on ne l'avait supposé. Que la céramique et la verrerie n'étaient pas oubliées. Que les ateliers monétaires se multipliaient avec l'usurpation des droits régaliens par les grands seigneurs. Mais on ne peut que supputer le mode de vie des habitants des villages et des hameaux, autour des grands domaines et des monastères. Tout ce que l'on perçoit, c'est un glissement progressif de la condition d'homme libre vers un demi-servage. C'est aussi la confusion qui tend à s'établir entre les colons et les esclaves. Dans toutes les provinces, l'évolution vers une économie fermée est également perceptible. Les villes se survivaient à elles-mêmes, grâce à la présence du comte, plus encore de l'évêque. Les échanges s'amenuisaient par suite de l'insécurité quasi permanente. Le fait le plus marquant, et le plus significatif, est le déplacement vers le nord et l'est des grandes voies commerciales. Elles suivaient désormais les vallées du Rhin et de la Meuse et le commerce avec l'Angleterre se développait. Désormais les Arabes avaient la maîtrise de la Méditerranée. Ce furent eux qui portèrent, au VIIIe siècle, le dernier coup au monde érigé par les Césars romains.

Un monde neuf s'élaborait, non sans souffrances, au terme d'une agonie qui avait duré plus de quatre siècles. L'Église avait, au cours de cette période tumultueuse, tenu un très grand rôle. Elle avait sauvé ce qui pouvait l'être de la civilisation latine, tempéré les effets de la coutume franque, adouci le caractère des anciens Barbares, dans la mesure de ses moyens. Elle seule s'était penchée sur le sort des humbles, spirituellement et matériellement. Au milieu de la décadence générale, elle restait debout et continuait ses progrès en évangélisant les païens frisons et saxons. Le baptême de Clovis avait été pour elle l'étape décisive.

L'héritage des Mérovingiens, complexe, contradictoire, pour cela même difficile à apprécier, n'est point aussi négatif qu'il le paraît au premier abord. C'est en effet la première ébauche de l'Europe chrétienne et politique. Il annonce l'Empire de Charlemagne et ce que l'on a appelé la renaissance carolingienne. Mettons que le règne des Mérovingiens soit à la fois une occasion manquée et une laborieuse germination. Mais la longue marche des hommes, tantôt porteurs, tantôt victimes d'événements qui les dépassent, est-elle autre chose?

ANNEXES

CARTES

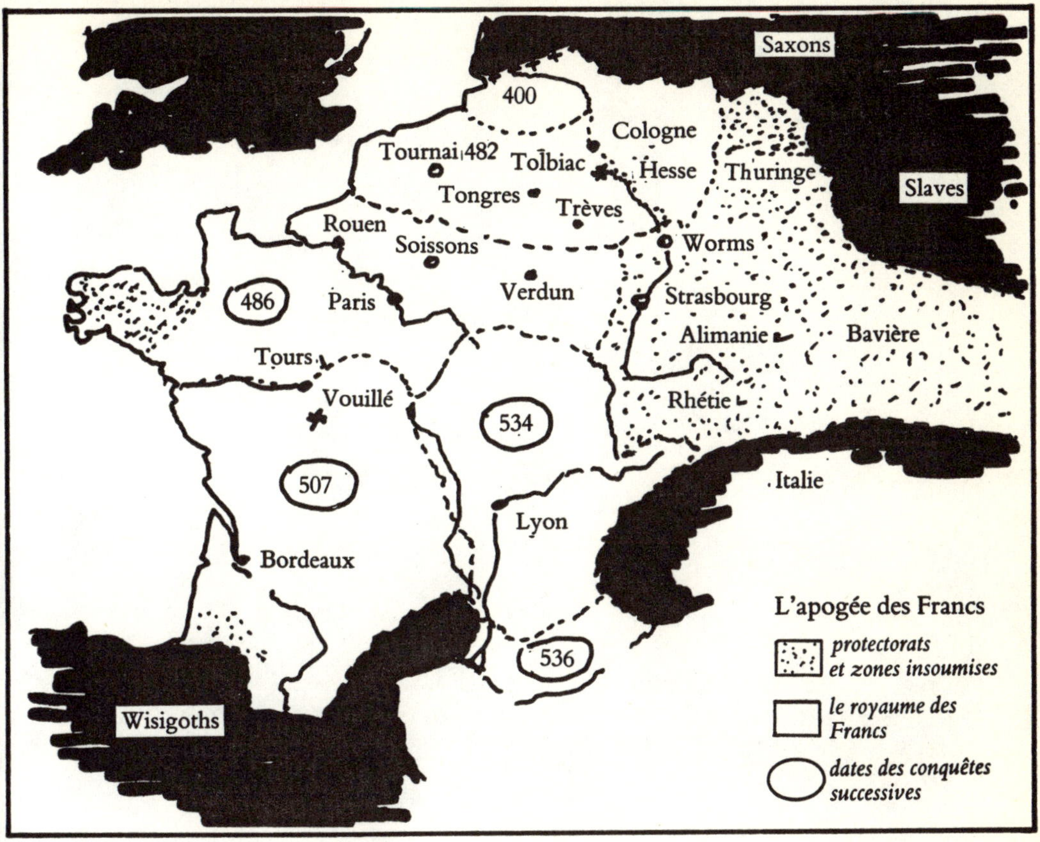

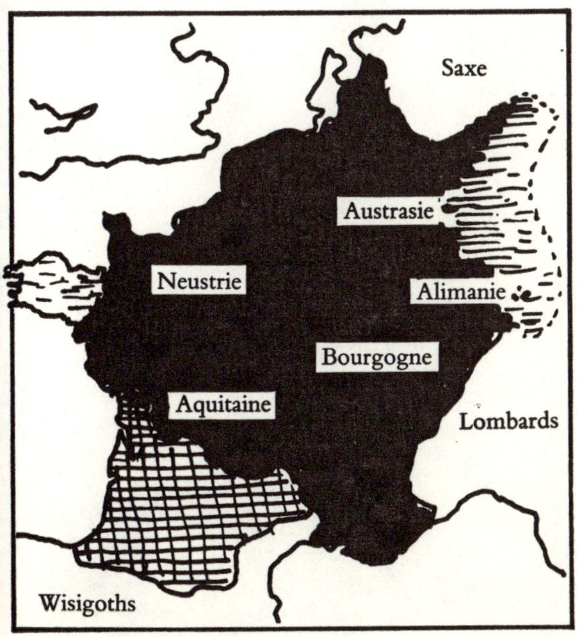

Le royaume des Francs sous Dagobert Ier

royaume de Dagobert

zones plus ou moins insoumises

principauté de son frère Caribert (vers 629)

Les conquêtes de Clovis Ier

① *le royaume des Francs saliens et ripuaires en 482*

② *le « royaume de Syagrius » conquis en 486*

③ *partie du royaume des Wisigoths conquise en 507*

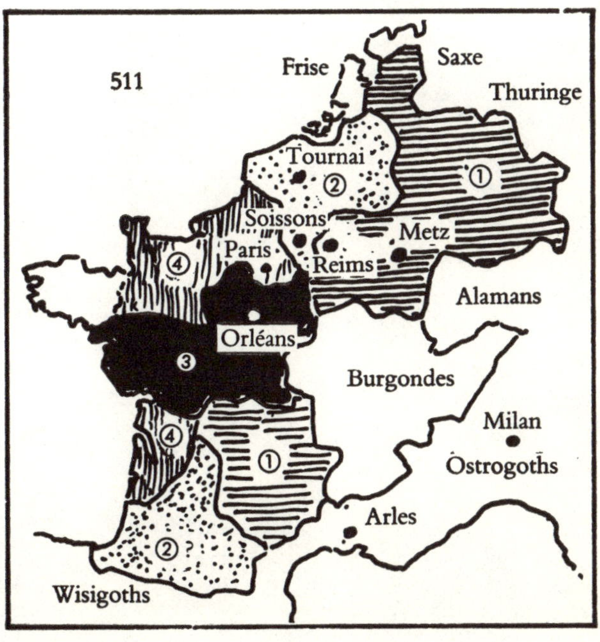

Le partage de 511 entre les fils de Clovis

① *Thierry Ier*

② *Clotaire Ier*

③ *Clodomir*

④ *Childebert Ier*

LA DESCENDANCE DE CLOVIS Ier

Les fils de Clovis Ier :

Thierry Ier, roi à Reims de 511 à 534, a pour successeurs *Théodebert* (534-548) et *Théodebald* (548-555).
Clodomir, roi à Orléans de 511 à 524 (ses fils sont assassinés par leurs oncles).
Childebert, roi à Paris de 511 à 558 (sans enfant).
Clotaire Ier, roi à Soissons de 511 à 558, puis roi de tous les Francs jusqu'en 561.

Les petits-fils de Clovis (ils sont tous fils de Clotaire Ier) :

Chilpéric Ier, roi de Neustrie de 561 à 584 (époux de Frédégonde).
Caribert, roi à Paris de 561 à 567.
Gontran, roi de Bourgogne de 561 à 592.
Sigebert Ier, roi d'Austrasie de 561 à 575 (époux de Brunehaut).

LES DESCENDANTS DE CHILPÉRIC Ier :

Clotaire II, roi de Neustrie en 584, puis d'Austrasie-Bourgogne (de 613 à 629).

Il a pour fils :

Caribert, duc ou prince d'Aquitaine, mort en 632.

Dagobert Ier, roi d'Austrasie en 623, puis de Neustrie-Bourgogne de 629 à 639.

LES DESCENDANTS DE SIGEBERT Ier :

Childebert II, roi d'Austrasie en 575, puis de Bourgogne de 592 à 595.

Il a pour fils :

Théodebert II, roi d'Austrasie de 595 à 612.

Thierry II, puis son fils *Sigebert II* (Bourgogne en 595, Austrasie de 612 à 613).

LES DESCENDANTS DE DAGOBERT Ier :

Clovis II, roi de Neustrie et de Bourgogne de 638 à 657.

Sigebert III, roi d'Austrasie de 634 à 656.

LES ROIS DITS FAINÉANTS :

Descendant de Sigebert III : Dagobert II, roi d'Austrasie de 676 à 679, après l'usurpation de Childebert l'Adopté (pépinnide).

Descendants de Clovis II :

Clotaire III, roi de Neustrie-Bourgogne de 657 à 673, puis *Clovis III*, roi d'Austrasie de 675 à 676.

Childéric II, roi d'Austrasie de 662 à 675, puis *Chilpéric II*, roi de Neustrie de 715 à 721, et *Chilpéric III*, roi de tous les Francs de 743 à 751, déposé par Pépin le Bref.

Thierry III, roi de Neustrie-Bourgogne en 673, d'Austrasie de 687 à 691 (?); puis *Clovis IV*, roi de tous les Francs de 691 à 695, *Childebert III*, également roi de tous les Francs de

695 à 711, *Clotaire IV*, roi d'Austrasie de 718 à 719. Le fils de Childebert III fut *Dagobert III*, roi de tous les Francs de 711 à 715. Il eut pour fils *Thierry IV*, roi de tous les Francs de 721 à 737 : interrègne de Charles Martel jusqu'à l'avènement de Chilpéric III ci-dessus, dernier roi mérovingien.

LEUDASTE, ESCLAVE ET COMTE

Dans son *Histoire des Francs* (Livres V et VI) Grégoire de Tours évoque, avec une compréhensible insistance, car il eut maille à partir avec lui, le personnage de Leudaste, esclave devenu comte au temps des petits-fils de Clovis Ier. Insérée dans son contexte, l'histoire de Leudaste eût ajouté à la complexité des événements. Il m'a paru préférable de l'isoler et de la renvoyer à la fin de cet ouvrage. Je ne pouvais en effet la passer sous silence. Elle suffit presque à décrire une époque. Elle montre ce que pouvaient l'intrigue et la ruse au sein d'une cour dépravée. Elle rend compte de la brutalité des mœurs, des mutations qui s'opéraient au niveau de la société. Elle révèle ce que pouvait être l'administration des comtes, nonobstant les engagements qu'ils souscrivaient envers le roi lors de leur nomination, les rapports conflictuels avec les évêques soucieux de protéger les fidèles. Elle souligne incidemment la nécessité dans laquelle se trouvaient les Mérovingiens d'étoffer leur clan personnel en recrutant des aventuriers sans compétence et sans scrupules.

Leudaste était fils d'un esclave nommé Léocadius, vigneron dans un domaine royal situé à l'île de Ré. Quand il fut en âge de servir, on l'enleva à sa famille et on l'affecta dans le service des cuisines de Caribert, roi de Paris depuis 561. Ces réquisitions de jeunes esclaves étaient alors fréquentes. Leudaste supporta mal son exil. Il se signala par son manque de zèle. Ayant les yeux « chassieux », il prétendit que la fumée l'incommodait. L'intendant le plaça à la boulangerie. Comme le dit plaisamment Grégoire de Tours : « On l'éloigne du pilon pour le charger du pétrin. » Il feignit de s'y plaire; c'était pour mieux donner le change. Il s'enfuit soudain, mais se fit prendre et ramener au palais royal. Il renouvela sa tentative d'évasion, deux fois, trois fois, sans plus de succès. On finit par lui inciser une oreille, marque ineffaçable de sa condition servile. Il trouva ensuite le moyen d'intéresser à son sort la reine Marcovège. Elle était fille d'un cardeur de laine et elle aussi de condition servile avant d'être épousée par le roi Caribert. Elle eut pitié du pauvre garçon à l'oreille fendue, lui confia la garde de ses chevaux et l'éleva au grade de maréchal. Leudaste avait le pied à l'étrier, si l'on peut se permettre ce mauvais jeu de mots. Il changea aussitôt de comportement. Oubliant sa première condition, il devint dur et méprisant à l'égard des autres serviteurs de la reine. « Il se gonfle de vanité, écrit Grégoire de Tours, s'abandonne à la débauche, s'enflamme de cupidité et, confident personnel de sa patronne, il se déplace çà et là pour ses affaires. » La mort prématurée de Marcovège le priva de toute protection. Mais son zèle avait été remarqué. De plus, Leudaste avait acquis assez de richesses pour briguer le poste de comte des écuries royales. Il sut attirer l'attention de Caribert et parvint, comble de faveur, à se faire nommer comte de Tours. C'était une carrière inouïe que celle de Leudaste. En peu d'années, le petit esclave de l'île de Ré avait pris place parmi les leudes de Caribert!

Les diplômes délivrés aux comtes définissaient très clairement leurs obligations tant envers le roi qui les nommait que des habitants de leur futur comté. En voici un exemple :

« S'il est des occasions où la clémence royale fasse éclater plus particulièrement sa perfection, c'est surtout dans le choix qu'elle sait faire, entre tout le peuple, de personnes probes et vigilantes. Il ne conviendrait pas en effet que la dignité de juge fût confiée à quelqu'un dont l'intégrité et la fermeté n'aient pas été éprouvées d'avance. Or, nous trouvant bien informés de ta fidélité et de ton mérite, nous t'avons commis l'office de comte dans le canton de ..., pour le posséder et en exercer toutes les prérogatives; de telle sorte que tu gardes envers notre gouvernement une foi entière et inviolable; que les hommes habitant dans les limites de ta juridiction, soit Francs, soit Romains, soit de toute autre nation quelconque, vivent dans la paix et le bon ordre sous ton autorité et ton pouvoir; que tu les diriges dans le droit chemin selon leur loi et leur coutume; que tu te montres spécialement le défenseur des veuves et des orphelins; que les crimes des larrons et des autres malfaiteurs soient sévèrement réprimés par toi; enfin, que le peuple, trouvant la vie bonne sous ton gouvernement, s'en réjouisse et se tienne en repos, et que ce qui revient au fisc des produits de ta charge soit, chaque année, par tes soins, exactement versé dans notre trésor. »

Leudaste n'avait que faire de ces recommandations. Il ne connaissait ni la loi gallo-romaine, ni la coutume franque. Savait-il même lire? Arrivé à Tours, « il s'y pavane encore davantage avec l'orgueil que lui donne une glorieuse dignité et il s'y montre rapace par ses brigandages, coléreux par son goût pour les querelles, immonde par ses débauches. En tenant la discorde et en lançant des accusations calomnieuses, il amassa des trésors qui n'étaient pas modiques » (Grégoire de Tours). Le roi Caribert mourut en 567, sans enfant. Tours échut en partage au roi d'Austrasie, Sigebert Ier, qui fit occuper la ville. Leudaste fut destitué de ses fonctions et ses biens furent saisis par les Austrasiens. Chilpéric Ier résolut de s'emparer de Tours. La ville fut occupée par son fils, le prince Théodebert. Grégoire venait de prendre possession de son épiscopat. Théodebert l'invita à reconnaître Leudaste pour comte. « Celui-ci, dit Grégoire, se montra plein d'humilité et de docilité à notre égard, jurant souvent sur le sépulcre du saint prélat [1], qu'il ne contreviendrait jamais aux principes de la raison et qu'il se conduirait loyalement envers moi tant pour les affaires personnelles que pour les besoins de l'église. » L'armée de Théodebert fut détruite près d'Angoulême. Le roi d'Austrasie remit la main sur Tours. Leudaste fut à nouveau chassé de son poste, mais cette fois, grâce à l'intervention de l'évêque, ses biens furent respectés. En 575, Sigebert fut assassiné sur l'ordre de la reine Frédégonde. Chilpéric Ier reprit Tours. Leudaste, qui s'était réfugié en Bretagne, refit surface et fut réinvesti de son comté. Grégoire de Tours : « Il s'enorgueillit avec une telle vanité qu'il faisait son entrée dans la maison ecclésiastique avec une cuirasse et un corselet, ceint d'un carquois et portant une pique à la main, la tête coiffée d'un casque, n'étant sûr de personne parce qu'il était

1. Sur le tombeau de saint Martin.

brouillé avec tout le monde. Siégeait-il dans une cour de justice avec des grands, laïcs ou clercs, et voyait-il un homme qui cherchait à obtenir justice, aussitôt il entrait en fureur et vomissait des injures contre les membres de la cité, il faisait tirer les prêtres par les manches, fouetter les soldats à coups de bâton et déploya une cruauté qu'on a peine à rapporter. »

Lorsque le jeune prince Mérovée (fils de Chilpéric Ier) passa par Tours et, au lieu de prendre la tête de l'armée, déserta pour rejoindre Brunehaut, Leudaste insinua qu'il avait agi sur les conseils de l'évêque. C'est qu'il haïssait Grégoire et pour deux raisons : parce que l'évêque était issu de la classe « sénatoriale », mais plus encore parce qu'il tentait de refréner le despotisme du comte. Il n'osait s'en prendre à sa personne, mais résolut de le perdre par artifice. Il s'aboucha avec un prêtre nommé Ricou, qui jalousait l'évêque et brûlait de prendre sa place. Les deux complices en recrutèrent un troisième : le sous-diacre Rikulf. Le complot fut monté avec le plus grand soin. Après quoi, Leudaste s'en fut trouver le roi Chilpéric et lui révéla que Grégoire de Tours accusait la reine Frédégonde d'adultère avec Bertrand, évêque de Bordeaux. Saisi par la fureur, Chilpéric le roua de coups, le fit charger de chaînes et incarcérer. Cependant Leudaste avait eu le temps de déclarer que le sous-diacre Rikulf avait été témoin de l'accusation proférée par Grégoire en présence de deux autres clercs de son église : Gallienus et l'archidiacre Platon. Pendant ce temps, Rikulf s'efforçait de compromettre Grégoire. Brouillé avec lui en raison de sa mauvaise conduite, il sollicita son pardon. Il avoua même qu'à l'instigation du comte Leudaste il avait tenu des propos dangereux pour son existence et demanda permission de quitter Tours au plus vite, afin de se soustraire aux poursuites. Si l'évêque avait permis au seul témoin cité par Leudaste de disparaître, Chilpéric n'eût pas douté de la véracité de l'accusation. Un instant ému par le désarroi de Rikulf, Grégoire hésita. Puis il flaira le piège et opposa un refus :

– « Si tu as dit quelque chose de déraisonnable, ton propos restera fixé sur ta tête; ainsi donc je ne t'expédierai pas dans un autre royaume, afin de ne pas me rendre suspect au regard du roi. »

Peu de jours après, Rikulf fut arrêté discrètement et conduit à Soissons, où résidait Chilpéric. Puis Leudaste, libéré de prison, vint lui-même appréhender Gallienus et l'archidiacre Platon et les amena à Soissons. Grégoire fut bientôt convoqué et dut comparaître devant un synode présidé par le roi. Les amis de Leudaste lui avaient conseillé de s'enfuir. Il n'en tint aucun compte et se présenta à Soissons. Le menu peuple manifesta en sa faveur. Quant à Chilpéric, le bon sens lui était revenu. Il doutait de la sincérité de Leudaste et de Rikulf. Il n'avait point voulu faire torturer Gallienus et Platon, comme ils le lui suggéraient. Grégoire de Tours nia fermement avoir accusé la reine Frédégonde d'entretenir une liaison coupable avec l'évêque de Bordeaux.

– « Incriminer ma femme, déclara le roi, c'est me déshonorer. Si vous estimez qu'on doive produire des témoins contre l'évêque, les voici, ils sont présents! Toutefois, si on estime qu'on ne doive pas le faire, mais s'en remettre à la bonne foi de l'évêque, dites-le, je déférerai volontiers à vos ordres. »

Leudaste s'était abstenu de paraître, arguant du fait qu'il avait simplement rapporté les confidences du sous-diacre Rikulf, lequel était donc l'unique témoin à charge. Les prélats estimèrent que son témoignage, émanant d'un personnage de rang inférieur, n'était pas valable. Grégoire dut néanmoins célébrer successivement trois messes et jurer sur l'autel qu'il était innocent. Le sous-diacre fut condamné à mort. Grégoire obtint qu'on lui fît grâce de la vie, mais non de la torture. Il resta suspendu à un arbre pendant six heures, puis fut attaché à un chevalet et battu de verges et de courroies. Il révéla tous les détails du complot. Leudaste fut excommunié. Il s'était réfugié à Paris. Apprenant la sentence qui le frappait, il gagna subrepticement Tours, emporta ses richesses et se réfugia en Berry. Quant à son complice Ricou, il se voyait déjà évêque et, croyant Grégoire perdu, avait distribué une partie de ses trésors. Lorsque Grégoire reparut, Ricou prit la fuite et fut recueilli par Félix, évêque de Nantes. Ce Félix détestait Grégoire; il se fit un plaisir d'accorder asile au prêtre coupable et de le prendre sous sa protection. Leudaste, redoutant d'être capturé, abandonna ses coffres et trouva refuge dans la basilique Saint-Hilaire de Poitiers. Mais, sortant de la basilique, il se livrait à un brigandage éhonté. Il se fit prendre en flagrant délit d'adultère sous le porche même de l'église. La reine Frédégonde ordonna de le chasser de Poitiers. Toujours errant, il retourna en Berry.

Mais il ne renonçait à rien et il avait toutes les audaces. Un jour, il osa se présenter à Grégoire de Tours avec deux fausses lettres: l'une lui enjoignait de se réinstaller à Tours et d'y reprendre la vie commune avec sa femme; l'autre, souscrite de la main de plusieurs évêques, levait la sentence d'excommunication. Grégoire de Tours ne fut pas dupe. Il autorisa Leudaste à résider provisoirement dans la ville et différa la communion jusqu'à plus ample informé. Il lui conseilla même, paternellement, de se tenir tranquille.

Leudaste ne se consolait pas d'être redevenu simple citoyen. Il joua son va-tout, à la manière des hommes de son temps. Chilpéric se trouvait alors dans les environs de Melun, avec son armée. Leudaste y comptait de solides amis. Ils supplièrent le roi de lui accorder une audience. Leudaste avait infligé à Chilpéric l'affront que l'on sait. Il risquait donc sa vie. Il faut croire qu'il avait un extraordinaire don de persuasion, car Chilpéric lui accorda son pardon et dit :

– « Montre-toi encore un peu circonspect et, après avoir vu la reine, on conviendra comment tu pourras rentrer en grâce auprès d'elle envers qui tu t'es montré très coupable. »

Leudaste crut avoir regagné la faveur du roi et tenir sa revanche! Il oubliait simplement que Chilpéric avait accordé son pardon, hors de la présence de sa très chère reine Frédégonde. Le roi regagna Paris. Leudaste l'y suivit en toute sécurité. Le dimanche suivant, comme le couple royal entrait à l'église pour assister à l'office, Leudaste se jeta aux pieds de Frédégonde et la supplia de pardonner sa faute. « Mais celle-ci, grinçant des dents et maudissant sa vue, le repoussa loin d'elle. » Et, fondant en larmes, elle s'écria :

– « Puisqu'il ne me reste plus de fils pour venger le crime dont on m'accuse, c'est à toi, Jésus mon Seigneur, que je confie ma vengeance! »

Puis elle se prosterna devant Chilpéric et soupira :

– « Malheur à moi qui vois mon ennemi et ne puis l'emporter sur lui! »

Il en fallait moins pour troubler Chilpéric. Frédégonde le possédait véritablement corps et âme. Il ne pouvait supporter ses larmes, s'il se rebellait parfois contre ses colères. Il ordonna que Leudaste fût expulsé de l'église. Pendant la messe, Leudaste, nullement ému, se promenait sur la place. Il marchandait des bijoux, des parures, répétant qu'il avait chez lui « beaucoup d'or et d'argent ». Il ne pensa pas un instant que Chilpéric venait de l'abandonner à la fureur vengeresse de Frédégonde. Il vit soudain les hommes de la reine courir vers lui, dégaina, blessa l'un d'entre eux, reçut un coup sur la tête, parvint à se dégager et se jeta sur le pont qui traversait la Seine. Les planches du tablier étaient disjointes. Il trébucha, tomba et se cassa une jambe. On l'amena au roi. Chilpéric voulait complaire à Frédégonde. Il ordonna aux médecins de le soigner aussi bien que possible, afin de le rendre apte à subir un long supplice. Leudaste fut transporté dans l'une des villas royales des environs de Paris. La science des médecins était courte. Ils ne surent empêcher la gangrène. Apprenant qu'une mort prochaine allait soustraire Leudaste à sa vengeance, la reine Frédégonde donna ses instructions. Ses hommes tirèrent Leudaste de son lit, l'étendirent sur le sol, lui placèrent une lourde masse de fer sur le visage et à coups de masse lui écrasèrent la tête.

Telle fut la fin misérable du petit esclave des vignes royales de l'île de Ré, devenu successivement cuisinier, boulanger, maréchal de l'écurie de la reine, comte de l'écurie du roi et comte de Tours et qui se crut assez puissant pour défier Frédégonde.

NOTICES BIOGRAPHIQUES

Aegidius, ou **Égidius**, dit comte Gilles, mort en 464, maître de la milice en Gaule, il combattit victorieusement les Burgondes et les Wisigoths, avec l'aide des Francs, fut cependant refoulé par les Wisigoths jusqu'à la Loire. Rejetant la tutelle de Rome, il constitua une sorte de royaume indépendant entre la Somme et la Loire. Son fils Syagrius lui succéda.

Aetius, né vers 390, mort en 454. Envoyé en otage chez les Huns, il leva une armée chez ces derniers et prit part à la tentative d'usurpation de Jean, avant de s'imposer à Placidie, mère de l'empereur Valentinien III. Devenu patrice et consul, il fut pendant vingt ans le vrai maître de Rome. Il défendit brillamment l'Empire contre les Barbares (Wisigoths, Burgondes et Francs) et vainquit Attila aux champs Catalauniques (451). Valentinien III le fit assassiner. On le considère à juste raison comme le dernier grand Romain.

Alamans, confédération germanique établie sur le Rhin au IIIe siècle. Ils furent refoulés à plusieurs reprises par les empereurs Caracalla, Alexandre Sévère, Maximin, Postumus, Probus, Constance Chlore. Ils tentèrent de s'établir en Alsace, mais furent repoussés par Julien et Valentinien. Ils seront finalement vaincus par Clovis.

ALARIC Ier, né vers 370, mort en 410. Roi des Wisigoths, il commanda les mercenaires de l'empereur Théodose, puis ravagea et pilla la Grèce, avant d'envahir l'Italie. Il prit Rome en 410 et mourut en tentant de s'emparer de la Sicile.

ALARIC II, mort en 507. Roi des Wisigoths après la mort de son père, Euric, il régna sur la plus grande partie de l'Espagne et, en Gaule, de la Loire aux Pyrénées. Brillant administrateur, il fit rédiger le célèbre *Code* qui porte son nom. Clovis prit prétexte de l'appartenance d'Alaric à l'hérésie arienne pour l'attaquer. Alaric fut vaincu et tué à Vouillé, près de Poitiers.

AMALARIC, mort en 531, roi des Wisigoths à partir de 507. Fils et successeur d'Alaric II, il était encore enfant quand il monta sur le trône, sous la tutelle de Théodoric le Grand, roi des Ostrogoths, son grand-père. Arien convaincu, il dut soutenir une guerre contre le roi Childebert. Vaincu à Narbonne, il périt assassiné.

ANASTASE Ier, dit le Silentiaire, né vers 430, mort en 518, empereur d'Orient de 491 à 518. D'origine obscure, il occupa d'abord le modeste emploi de silentiaire. Ariane, veuve de l'empereur Zénon, l'épousa et l'éleva au trône. Il combattit victorieusement les Perses et éleva le rempart de Constantinople.

APOLLINAIRE, voir SIDOINE.

AUGUSTULE, Romulus Momyllus Augustus, surnommé Augustulus par dérision, fut le dernier empereur romain. Fils d'Oreste qui évinça Julius Nepos, il fut renversé après un an de règne (475-476) par Odoacre, roi des Hérules, qui renvoya les insignes impériaux à l'empereur d'Orient, mettant ainsi fin à l'Empire d'Occident. Augustulus fut relégué en Campanie et pourvu d'une confortable rente.

AUSONE (Decimus Magnus), poète latin, né à Bordeaux en 309, mort en 394, juriste et lettré, fut le précepteur de Gratien, fils de l'empereur Valentinien. Ayant reçu le titre de comte, il devint ensuite questeur, puis préfet d'Italie, d'Afrique et des Gaules et fut nommé consul en 379. On lui doit des idylles, des églogues, des épigrammes et des épîtres. Ses qualités de style ne compensent pas son manque d'inspiration. Toutefois, certaines de ses descriptions constituent de précieux témoignages pour les historiens.

AVIT, saint, Alcimus Ecdicius *Avitus*, mort en 510, il succéda à son père Isychius comme évêque de Vienne en Dauphiné. Il détermina la conversion de Sigismond et des Burgondes au catholicisme et contribua à la fondation de la célèbre abbaye d'Agaune. On a de lui quelques épîtres et de courts poèmes, outre une lettre à Clovis.

BONIFACE, saint, né vers 672, mort en 754, moine d'origine anglaise, il reçut d'abord le prénom de Wynfrith. D'abord professeur à Nurstling, il partit en 716 évangéliser la Frise. Le pape Grégoire II le sacra évêque et lui donna le nom de Boniface. Il se rendit ensuite en Bavière et en Thuringe. Il organisa l'Église germanique et fonda le monastère de Fulda, avec l'appui de Charles Martel. Il tint plusieurs synodes afin de réformer l'Église franque et sacra Pépin le Bref. Il mourut en Frise massacré par les païens.

BURGONDES, peuple germanique originaire de la Baltique (île de Bornholm) et qui émigra d'abord entre l'Oder et la Vistule, puis au IIIe siècle dans la région du Main. Le premier royaume burgonde, avec pour capitale Worms, fut détruit par les Huns en 436. La mort du roi Gondicaire et de ses principaux guerriers suscita la légende des Nibelungen. Les survivants burgondes s'établirent dans la haute vallée du Rhône. Ils ne cessèrent de s'étendre à partir de 461 et connurent leur apogée sous Gondebaud. Ariens, ils se convertirent au christianisme sous le règne de Sigismond, fils de Gondebaud. Le royaume burgonde fut annexé par les Mérovingiens après la défaite du roi Gondemar II en 534.

COLOMBAN, saint, né vers 540, mort en 615. Moine irlandais, formé à l'école de Bangor, il vint en Armorique en 575. Il fonda le célèbre monastère de Luxeuil qui devint rapidement le foyer du renouveau monastique en Occident. Expulsé en 610, il passa en Germanie, où il convertit les Alamans et les Suèves. Accueilli par le roi des Lombards, Agilulf, il fonda le monastère de Bobbio, où il mourut. La règle qu'il édicta fut progressivement supplantée par la règle bénédictine.

CONSTANTIN Ier LE GRAND, Flavius Valerius Constantinus, né vers 280 (?), mort en 337, empereur romain à partir de 306. Fils de Constance Chlore, il parvint à réunifier l'Empire en 312 après sa victoire sur Lucinius, empereur d'Orient, et fixa sa capitale à Constantinople. Il accorda la tolérance aux chrétiens en 313 (édit de Milan), se convertit au christianisme mais imposa son autorité à l'Église romaine. Il présida le premier concile œcuménique à Nicée en 325. Au plan de la politique intérieure, il aggrava les tendances étatiques et la sclérose sociale. A sa mort, l'Empire fut partagé entre ses trois fils.

EURIC, né vers 420, mort en 485, devint roi des Wisigoths, après avoir assassiné son frère, Théodoric II. Il étendit son royaume jusqu'à la Loire, conquit la Provence, le centre de la Gaule et le nord de l'Espagne. Il fut un arien convaincu.

FORTUNAT, Venantius Honorius Clementianus Fortunatus, né vers 530, mort en 609, prélat et poète. Élevé à Ravenne, il vint en Gaule vers 565, à la cour de Sigebert, roi d'Austrasie. Chapelain du monastère fondé à Poitiers par sainte Radegonde, épouse de Clotaire Ier, il devint ensuite évêque de Poitiers. Ses poèmes, assez emphatiques, souvent incorrects, constituent pourtant d'utiles témoignages pour la connaissance de cette époque.

GONDEBAUD, ou GONDOBALD, mort en 516, roi des Burgondes en 480. Son royaume s'étendait des Alpes à la Loire et du Rhin supérieur à la Provence. Bien qu'il eût accordé sa nièce Clotilde en mariage à Clovis, ce dernier tenta de le dépouiller, avant de contracter avec lui une alliance contre les Wisigoths. Gondebaud est surtout connu pour avoir fait rédiger le code connu sous le nom de *loi Gombette*, amalgame de la coutume burgonde et du droit romain.

GRÉGOIRE Ier LE GRAND, saint, né vers 540, mort en 604, pape de 590 à sa mort. Issu d'une grande famille patricienne de Rome, arrière-petit-fils du pape Félix III, il fut d'abord préfet de la ville, puis embrassa la vie monacale. Le pape Pélage II le désigna comme régionnaire à Rome, puis comme nonce à Constantinople. Il put constater le désintérêt des empereurs d'Orient à l'égard de l'Occident. Il regagna son monastère. Élu pape à la mort de Pélage II, il dut faire face à une situation désespérée. Il orienta résolument l'Église vers la christianisation du monde germanique. Se posant en maître de l'Italie, il signa un traité de paix avec les Lombards (593). Il entretint de même de bons rapports avec les peuples barbares, notamment les Francs. Il affirma la primauté de Rome sur le patriarcat de Constantinople et lutta impitoyablement contre les hérésies. Il accéléra l'évangélisation des Anglais et des Saxons avec le concours des bénédictins. Moraliste et théologien, il composa de nombreux écrits qui influencèrent la pensée religieuse du Moyen Age.

GRÉGOIRE DE TOURS, né vers 538, mort vers 594. Issu d'une famille patricienne gallo-romaine, il fut élu évêque de Tours en 573.

Il s'opposa courageusement à Chilpéric et Frédégonde, entretint d'étroites relations avec les princes et administra son diocèse avec fermeté. Il écrivit l'*Historia Francorum* (*Histoire des Francs*). Cet ouvrage, en dépit de certaines faiblesses imputables à l'époque, constitue néanmoins un témoignage irremplaçable sur celle-ci, notamment sur la société mérovingienne.

GRÉGOIRE III, pape de 731 à 741, il condamna les iconoclastes, affranchit l'Église de la tutelle byzantine (représentée par l'exarque de Ravenne) et, menacé par les Lombards, rechercha l'alliance de Charles Martel. Il envoya le pallium à saint Boniface et le chargea d'organiser les églises d'Alémanie et de Bavière.

HÉRULES, peuple germanique, venu de Suède au IIIe siècle, divisé en deux branches: les Hérules occidentaux installés à l'embouchure du Rhin furent promptement amalgamés aux Francs; les Hérules orientaux se fixèrent sur le pourtour de la mer Noire, furent soumis par les Ostrogoths, conquirent l'Italie en 476 avec leur roi Odoacre, en furent chassés par Théodoric le Grand (493), se réfugièrent en Illyrie et furent dispersés par les Lombards. Ils passaient pour les plus féroces des Barbares.

JUSTINIEN Ier, né en 482, empereur d'Orient de 527 à 565, il succéda à son oncle Justin Ier. Son épouse, Théodora, fut véritablement l'associée de son règne. Imbu de romanité, il consacra tous ses efforts à reconstituer l'Empire des anciens Césars et fit rédiger le célèbre *Code Justinien*, le *Digeste* ou *Pandectes* (recueil de jurisprudence), les *Institutes* et les *Novelles*. Il eut à réprimer plusieurs révoltes suscitées par les grands et à combattre les Perses. Il reconquit l'Afrique du Nord sur les Vandales, puis l'Italie sur les Ostrogoths, grâce à Bélisaire et Narsès, ses généraux. Il combattit divers schismes, supprima les derniers vestiges du paganisme et, grand constructeur, érigea notamment l'église Sainte-Sophie. Son œuvre juridique exerça une grande influence en Occident.

LÉON Ier LE GRAND, saint, pape de 440 à 461, lutta énergiquement contre les hérésies et affirma la suprématie du siège de Rome. Il eut le courage d'aller au-devant d'Attila, roi des Huns, en 452, et traita avec lui au nom de Valentinien III, mais ne put empêcher Genséric, roi des Vandales, de piller Rome en 455. Il a laissé une œuvre abondante, comprenant notamment 141 lettres et le code rassemblant les anciens canons.

LIUTPRAND, roi des Lombards, mort en 744. Il s'empara de Ravenne et crut pouvoir réunifier l'Italie à son profit. Bien que prince chrétien, il menaça Rome à deux reprises et obligea le pape à lui faire des concessions. Son règne marque l'apogée de la puissance lombarde. Allié de Charles Martel, il l'aida à combattre les Arabes.

LOMBARDS, peuple germanique établi au Ier siècle sur le cours inférieur de l'Elbe, puis transféré au Ve siècle sur le moyen Danube, avant de conquérir le nord de l'Italie (de 568 à 572). L'anarchie qui régnait entre les chefs lombards les empêcha de chasser les Byzantins de la péninsule. Convertis au christianisme sous le règne d'Agilulf, ils parvinrent ensuite à repousser la tentative de reconquête de l'empereur Constantin II. Le roi Liutprand se posa en protecteur du pape. Il attaqua l'exarchat de Ravenne et menaça Rome. Le pape s'allia avec les Francs. Pépin le Bref conduisit deux expéditions en Italie et arrêta l'avance des Lombards. Ils envahirent à nouveau l'État romain. Charlemagne anéantit leur armée et coiffa la couronne de fer (des rois lombards).

MARTIN, saint, né en Pannonie vers 316, mort vers 400. Fils d'un tribun militaire, il servit dans les légions de l'empereur Constance et se distingua par sa charité (le manteau de saint Martin). Sa piété le poussa à se rendre auprès de saint Hilaire, évêque de Poitiers, qui lui conféra les ordres. Saint Martin fonda le monastère de Ligugé, puis fut appelé à l'évêché de Tours et fonda à proximité de cette ville le monastère de Marmoutier (Martini monasterium). Après avoir converti son diocèse, il devint l'apôtre de l'ouest et du nord de la Gaule. Il fut considéré sous les Mérovingiens comme l'un des patrons de la Gaule.

MAURICE, ou Maurikios, ou Flavius Mauricius Tiberius, empereur d'Orient de 582 à 602. Originaire de Cappadoce, ce vaillant soldat succéda à son beau-père Tibère II. Il vainquit les Perses, fut moins heureux dans ses campagnes contre les Slaves et les Avars. Il fut renversé par une rébellion militaire et périt assassiné avec ses six fils.

ODOACRE né vers 433, mort à Ravenne en 493. Roi des Hérules, il fut battu par les Ostrogoths et entra au service des Romains. Chef de la garde germanique de l'empereur d'Occident, il prit part à la révolution qui porta Oreste au pouvoir et plaça

Augustulus, fils de ce dernier, sur le trône (475). Ses soldats n'ayant pas obtenu les terres qu'on leur avait promises, il vainquit et tua Oreste à Pavie et déposa Augustulus (476). Maître de l'Italie, il tenta de réorganiser le pays. Inquiet de sa puissance, Zénon, empereur d'Orient, incita Théodoric, roi des Ostrogoths, à envahir l'Italie. Après plusieurs défaites, Odoacre s'enferma dans Ravenne, où il se défendit pendant trois ans. Théodoric le fit assassiner.

ORIENT (empereurs d'), pendant le règne de Clovis : ZÉNON (474-491), ANASTASE Ier (491-518).

PAPES, pendant le règne de Clovis : Saint Simplicius de 468 à 483, Saint Félix II ou III de 483 à 492, Saint Gélase Ier de 492 à 496, Saint Anastase II de 496 à 498, Symmaque de 498 à 514. Les papes qui se succédèrent pendant les règnes des fils et petits-fils de Clovis sont trop nombreux pour être cités.

SIDOINE APOLLINAIRE, C. Sullius Sidonius Apollinaris, né vers 430, mort en 489. Issu d'une illustre famille de Lyon, il fut préfet de Rome sous l'empereur Avitus, son beau-père. Quoique marié, il fut élu évêque de Clermont en 472. Chassé de sa ville par les Goths, il parvint à recouvrer son siège épiscopal. On a de lui des Lettres, des Panégyriques et des Épithalames, dont le style est obscur et abrupt, sinon barbare, mais qui donnent d'utiles indications sur les mœurs de l'époque.

STILICON, ou STILICHON, Flavius Stilicho, né vers 359, mort en 408. Fils d'un Vandale au service de l'empereur Valens, élevé à Rome, il épousa la nièce de l'empereur Théodose. Maître de la milice, il fut tuteur d'Honorius et Arcadius, empereurs d'Occident et d'Orient. Il défendit pied à pied l'Empire contre les Wisigoths d'Alaric Ier. Il périt assassiné par ordre de Valentinien. Deux ans après sa mort, Alaric entrait à Rome. Seul homme d'État de son temps, Stilicon avait tenté vainement de sauver l'unité impériale.

SYAGRIUS, mort vers 486 (?). Fils d'Aegidius, il gouverna à sa suite un territoire s'étendant de la Somme à la Loire, avec Soissons pour capitale et représentant l'ultime vestige de la puissance romaine en Gaule. Grégoire de Tours le qualifie même de « roi des Romains ». Battu par Clovis à Soissons, il trouva refuge auprès d'Alaric II, roi des Wisigoths, qui le livra aux Francs. Clovis le fit exécuter.

SYMMAQUE, Caelius Symmacus, pape de 498 à 514, triompha de l'antipape Laurent avec l'appui de Théodoric le Grand, roi des Ostrogoths, et se signala par son zèle à combattre les hérésies. Il passe pour avoir introduit le chant *Gloria in excelsis* à la messe des dimanches et des fêtes des martyrs.

THÉODORIC Ier, né vers 418, mort vers 451, roi des Wisigoths. On peut le considérer comme le fondateur du royaume wisigothique. Ayant établi sa capitale à Toulouse, il tenta vainement de s'emparer de Narbonne et d'Arles. Il mourut aux côtés d'Aetius, en combattant Attila aux champs Catalauniques.

THÉODORIC II, mort en 466. Fils du précédent, il devint roi des Wisigoths après le meurtre de son frère Thorismond et fut lui-même assassiné par Euric, un autre de ses frères. Il avait agrandi son royaume de l'Aquitaine.

THÉODORIC LE GRAND, né vers 455, mort à Ravenne en 526, roi des Ostrogoths. Envoyé en otage à Constantinople, à l'âge de sept ans, il apprit le grec et le latin. Il contribua en 476 au rétablissement de Zénon, empereur d'Orient, qui lui accorda les titres de patrice, maître de la milice et consul. Alarmé par son ambition, Zénon l'incita à attaquer l'Italie. Théodoric en devint le maître après avoir vaincu et tué Odoacre. Il rendit promptement à ce pays l'ordre et l'économie. Il l'agrandit de la Rhétie, de l'Illyrie, de la Pannonie et du Norique. Joignant à ses talents de général et d'administrateur ceux de diplomate, il tenta d'établir son hégémonie sur l'Occident. Le conflit entre les catholiques et les ariens assombrit la fin de son règne. La fameuse rotonde de Ravenne est son tombeau. Certains historiens voient en Théodoric la préfiguration de Charlemagne.

WISIGOTHS : sauvée par l'intervention de Théodoric le Grand, roi des Ostrogoths, la monarchie wisigothique, réduite à l'Espagne et à la Septimanie, eut pour capitale Barcelone, puis Tolède. Les révolutions de palais et la lutte contre l'arianisme et le catholicisme ne cessèrent de l'affaiblir. Léovigilde (568-586) tenta d'imposer l'arianisme. Récarède Ier, son successeur, unifia au contraire son royaume autour du catholicisme. Cependant le pouvoir royal subordonné à l'Église espagnole édicta des mesures d'intolérance qui affaiblirent les forces vives de l'État. Les Arabes ne mirent que deux ans (711-713) à submerger l'Espagne.

ZÉNON, né en 430, mort en 491, empereur d'Orient à partir de 474. Détrôné par Basiliscus, il parvint à remonter sur le trône en 476. Odoacre, roi des Hérules, lui envoya les insignes impériaux et, dès lors, Zénon régna fictivement sur l'Empire romain réunifié. Il incita Théodoric le Grand à chasser Odoacre d'Italie. Ses mesures religieuses déterminèrent un schisme avec l'Église romaine.

BIBLIOGRAPHIE

BABELON (Ernest). – *Le tombeau du roi Childéric,* in *Mémoires Soc. Antiq. de France,* T. LXXI, Paris, 1924 (111 p.).
BARRIÈRE-FLAVY (M.-C.). – *Les arts industriels des peuples barbares de la Gaule,* Toulouse-Paris, 1901 (2 vol.).
BAYET (C.), PFISTER (C.) et KLEINCLAUSZ (A.). – *Le christianisme, les Barbares, Mérovingiens et Carolingiens,* T. II de l'*Histoire de France* de Lavisse, Paris, 1903.
BLOCH (Marc). – *La conquête de la Gaule par les rois francs,* in *Revue historique,* CLVII, Paris, 1927 (17 p.).
BLOCH (Marc). – *Sur les grandes invasions.* Quelques positions de problèmes, in *Revue de Synthèse,* LX, Paris, 1940-1945 (26 p.).
BORDONOVE (Georges). – *Les rois qui ont fait la France,* Paris, 1981-1988.
BRÉQUIGNY et PARDESSUS. – *Diplomata, chartae et instrumenta aetatis merovingicae,* Paris, 1843-1845 (2 vol.).
CATALOGUE de l'exposition : *Childéric-Clovis,* rois des Francs, Paris, 1983.
CLERCQ (Carlo de). – *La législation religieuse franque de Clovis à Charlemagne,* Louvain-Paris, 1936.

COCHET (Abbé). – *Le tombeau de Childéric Ier, roi des Francs,* restitué à l'aide de l'archéologie, Paris, 1859.
COURCELLE (Pierre). – *Le titre d'Auguste décerné à Clovis,* in *Bull. Soc. Nat. Antiq. de France,* Paris, 1948-1949 (11 p.).
COURCELLE (Pierre). – *Histoire littéraire des grandes invasions germaniques,* Paris, 1964.
DUVAL (Paul-Marie). – *La Gaule jusqu'au ve siècle,* Paris, 1971.
FAIDER-FEYTMANS (G.). – *La Belgique à l'époque mérovingienne,* Bruxelles, 1964.
FAVIER, voir WERNER.
FEFFER (Louise-Charlotte) et PÉRIN (Patrick). – *Les Francs à l'origine de la France,* Paris, 1987.
FLEURY (Michel). – *Paris du Bas-Empire au début du XIIIe siècle,* in *Paris, croissance d'une capitale,* Paris, 1961 (23 p.).
FORTUNAT, voir VENANCE.
FOURNIER (Gabriel). – *L'Occident de la fin du ve siècle à la fin du IXe siècle,* Paris, 1970.
FOURNIER (Gabriel). – *Les Mérovingiens,* Paris, 1966.
FRÉDÉGAIRE. – *Chronicon,* édit. B. Krusch, Monumenta Germaniae historica, Scriptores Rer. Merov., II, Hanovre, 1951.
GRÉGOIRE DE TOURS. – *Historia Francorum (Histoire des Francs),* traduit par R. Latouche, Paris, 1963-1965 (2 vol.).
HALPHEN (Louis). – *Grégoire de Tours, historien de Clovis,* in *Mélanges F. Lot,* Paris, 1925 (9 p.).
HATT (Jean-P.). – *Histoire de la Gaule romaine* (120 avant J.-C.-451 après J.-C.), Paris, 1966.
HOMO (Léon). – *Nouvelle histoire romaine,* édit. revue par C. Pietri, Paris, 1941-1969.
JULLIAN (Camille). – *Histoire de la Gaule,* Paris, 1908-1926 (8 vol.).
JUNGHANS (Wilhelm). – *Histoire critique des règnes de Childéric et Clodovegh...,* traduit de l'allemand par G. Monod, Paris, 1879.
KURTH (Godefroy). – *Histoire poétique des Mérovingiens,* Paris, 1893.
KURTH (Godefroy). – *Clovis,* Tours, 1896, Paris, 1901, Bruxelles, 1923.
KURTH (Godefroy). – *Études franques,* Paris et Bruxelles, 1919 (2 vol.).
LATOUCHE (Robert). – *Les grandes invasions et la crise de l'Occident au ve siècle,* Paris, 1946.
LAUER (Philippe) et SAMARAN (Charles). – *Les diplômes originaux des Mérovingiens,* Paris, 1908.
LAVISSE, voir BAYET.
LEVILLAIN (Léon). – *La conversion et le baptême de Clovis,* in *Revue hist. de l'Église de France,* XXI, Paris, 1935 (31 p.).

LOT (Ferdinand). – *La fin du monde antique et le début du Moyen Age,* Paris, 1927.
LOT (Ferdinand). – *La conquête du pays d'entre Seine et Loire par les Francs.* La ligue armoricaine et les destinées du duché du Maine, in *Revue historique,* CLCIV, Paris, 1930 (11 p.).
LOT (Ferdinand). – *Les invasions germaniques.* La pénétration mutuelle du monde barbare et du monde romain, Paris, 1935.
LOT (Ferdinand). – *Les invasions barbares,* Paris, 1937 (2 vol.).
LOT (Ferdinand). – *Liste des cartulaires et recueils contenant des pièces antérieures à l'an mil,* in *Archivium Latinatis Medii Aevi,* XV, 1940.
LOT (Ferdinand). – *Naissance de la France,* Paris, 1948.
MAGNOU-NORTIER (Élisabeth). – *Foi et fidélité.* Recherches sur l'évolution des liens personnels chez les Francs du VIIe au IXe siècle, Toulouse, 1976.
MARIËN (M.-E.). – *L'art mérovingien,* Musées royaux d'art et d'histoire, Bruxelles, 1954.
MONOD (Gabriel). – *Études critiques sur l'histoire mérovingienne,* Paris, 1872-1885.
MUSSET (Lucien). – *Les invasions. Les vagues germaniques,* Paris, 1965.
PANGE (Jean de). – *Le roi très chrétien,* Paris, 1949.
PARDESSUS, voir BRÉQUIGNY.
PASSIONES VITAEQUE SANCTORUM AEVI MEROVINGICI. – Édit. B. Krusch et W. Levison, in Monumenta Germaniae historica, Scriptores Rer. Merov., t. III-VII, 1896-1920.
PROU (M.). – *La Gaule mérovingienne,* Paris, s.d.
RICHÉ (Pierre). – *Les invasions barbares,* Paris, 1953.
RICHÉ (Pierre). – *Éducation et culture dans l'Occident barbare* (VIe-VIIIe siècles), Paris, 1962.
SALIN (Édouard) et FRANCE-LANORD (Albert). – *Le fer à l'époque mérovingienne.* Étude technique et archéologique, Paris, 1943.
SAMARAN, voir LAUER.
SIDOINE APOLLINAIRE. – *Opera,* édit. Luetjohann, 1887.
STEIN (Ernest). – *Histoire du Bas-Empire,* Paris, 1949-1959 (2 vol.).
TARDIF (Jules). – *Études sur les institutions politiques et administratives de la France,* Genève, 1980.
TEISSIER (Georges). – *Le baptême de Clovis,* Paris, 1964.
THEIS (Laurent). – *Dagobert,* Paris, 1982.
THÉVENIN (Marcel). – *Textes relatifs aux institutions privées et publiques aux époques mérovingienne et carolingienne,* Paris, 1887.
THIERRY (Augustin). – *Lettres sur l'Histoire de France,* Paris, 1827.

THIERRY (Augustin). – *Récits des temps mérovingiens,* Paris, 1840.
VAN DE VYVER (André). – *La victoire contre les Alamans et la conversion de Clovis,* in *Revue belge de philologie et d'histoire,* XV, XVI et XVII, Bruxelles, 1936, 1937, 1938.
VAN DE VYVER (André). – *La chronologie du règne de Clovis d'après la légende et d'après l'histoire,* in *Moyen Age,* LIII, Bruxelles et Paris, 1947 (19 p.).
VENANCE FORTUNAT. – *Opera,* édit. Krusch et Leo, 1881-1885.
WERNER (Karl Ferdinand). – *Les origines* (*Histoire de France,* sous la direction de Jean Favier), Paris, 1984.

TABLE DES MATIÈRES

TABLE DES MATIÈRES

CHEZ LE MÊME ÉDITEUR

LES ROIS QUI ONT FAIT LA FRANCE

par Georges Bordonove

Les Capétiens :

Hugues Capet, le fondateur.
Tome 1 : Philippe Auguste. Tome 2 : Saint Louis
Tome 3 : Philippe le Bel.

Les Valois :

Tome 1 : Charles V. Tome 2 : Charles VII. Tome 3 : Louis XI.
Tome 4 · François Ier. Tome 5 : Henri II. Tome 6 : Henri III.

Les Bourbons :

Tome 1 : Henri IV. Tome 2 : Louis XIII.
Tome 3 · Louis XIV. Tome 4 : Louis XV. Tome 5 : Louis XVI.

FOUCQUET
COUPABLE OU VICTIME?
par Georges Bordonove

•

NAPOLÉON
par Georges Bordonove

•

LOUIS XVIII
par Philip Mansel

•

LOUIS-PHILIPPE
ET LA RÉVOLUTION FRANÇAISE
par Marguerite Castillon du Perron

•

CHAMPOLLION
par Hermine Hartleben

LES GRANDS MAÎTRES DE LA CHASSE ET DE LA VENERIE

LA CHASSE AU FUSIL
par Magné de Marolles

•

MANUEL DE VENERIE FRANÇAISE
par Le Couteulx de Canteleu

•

LES VEILLÉES DE SAINT-HUBERT
par le Marquis de Foudras

•

LE CHASSEUR RUSTIQUE
par Adolphe d'Houdetot

•

LES HOMMES DES BOIS
(Le curé de Chapaize et autres contes)
par le Marquis de Foudras

Cet ouvrage a été réalisé sur
Système Cameron
par la SOCIÉTÉ NOUVELLE FIRMIN-DIDOT
Mesnil-sur-l'Estrée

Imprimé en France
Dépôt légal : octobre 1988
N° d'édition : 323 – N° d'impression : 10362